唐中期的净土教

以法照禅师研究为中心

[日]塚本善隆 ／ 著

宗柱 ／ 译

上海古籍出版社

图书在版编目（CIP）数据

唐中期的净土教：以法照禅师研究为中心 ／（日）
塚本善隆著；宗柱译.—上海：上海古籍出版社，
2024.1
ISBN 978 - 7 - 5732 - 1013 - 5

Ⅰ.①唐… Ⅱ.①塚…②宗… Ⅲ.①净土宗—佛教
史—研究—中国—唐代 Ⅳ.①B946.8

中国国家版本馆 CIP 数据核字（2023）第 229953 号

唐中期的净土教：以法照禅师研究为中心

（日）塚本善隆　著

宗柱　译

上海古籍出版社出版发行

（上海市闵行区号景路 159 弄 1-5 号 A 座 5F　邮政编码 201101）
(1) 网址：www. guji. com. cn
(2) E-mail：guji1@guji. com. cn
(3) 易文网网址：www. ewen. co

印刷　上海惠敦科技印务有限公司印刷
开本　890×1240　1/32
印张　14.125　插页3　字数 294,000
版次　2024 年 1 月第 1 版
　　　2024 年 1 月第 1 次印刷
ISBN　978 - 7 - 5732 - 1013 - 5 / B·1371
定价　68.00 元

译者序

法照大师是在中国净土教史上留下深刻足迹之人。据敦煌出土的有关法照大师赞偈的数量来看，至少在唐、五代的敦煌地区，他的影响力尚在善导大师之上。但就是这样一位净土教大师，远在两宋时，对他的五会念佛已经出现了理解错误，甚至将他与善导混淆。虽然近现代以来，他的《五会法事赞》广略二本相继回流中国或被发现，但即便是对净土素有信仰之人，对其人其思想依然知之甚少。近几十年，国内有关法照大师的研究成果出了不少，但专门对法照大师作研究的专著依然阙如。这是我将塚本先生这本著作译介到国内的初衷。

本书原为塚本善隆先生于1929至1931年在东方文化学院京都研究所所作的系列研究报告之一，系其中的第四册，出版于1933年。1975年，又交由法藏馆出版了增订版。本书的价值，引用牧田谛亮先生的话说，是当时中国佛教史研究的划时代著作。作者打破了传统以藏内资料研究中国佛教的条框，广泛搜集运用正史、文集、金石等藏外文献，不仅对中国佛教史，对当时整个佛教学、东洋史学界都产生了很大的影响。本书是法照大师研究的开山之作，也是迄今为止法照大师研究的唯一专著。随着新资料的发现，虽然在今天看来，本书的部分内容（特别是法照生年、籍贯方面的考证）稍显陈旧，但作为法照大师研究的奠基之作，其价值仍然是不可替代的。称此书为 20 世纪法照大师研究的扛鼎之作，毫不过分。

进入 21 世纪以来，法照大师的研究出现了新的进展。齐藤隆信先生尝试从礼赞偈的发展入手，评价定位法照大师及法照大师净土教。2015 年出版的《中国净土教仪礼的研究——以善导、法照赞偈的律动为中心》一书，即是以善导与法照大师的赞偈为中心，对中国净土教赞偈全面考察的力作。据齐藤先生的判分，中国净土教赞偈的发展经历了三个阶段，而法照大师的赞偈代表了中国净土教礼赞偈的最高峰。这三个阶段是：

第一期（无韵的赞偈、仪礼）

这个时期，仅有口业的赞叹，不伴随身业的礼拜。属于这个时期的著作，有《往生论》（入藏本系统）、《赞阿弥陀佛偈》（敦煌本系统）等原本版本。这些著作专说赞偈，每个赞偈之间不进行礼拜。

第二期（插入无韵的礼赞偈、定型句，使之保持一定的旋律）

这个时期，礼拜与赞叹结合。处在这一时期的著作，有《般舟赞》及附加上定型句"南无至心归命礼"的《往生论》（《往生礼赞偈》所收本系统）、《赞阿弥陀佛偈》（现行流布本系统）等。可以定位为向第三期过渡的黎明时期的作品。

第三期（有韵的礼赞偈、仪礼）

这个时期的礼赞偈不单纯是宗教仪礼性的作品，还添加了文学性的因素。前半期为文学胚胎期，著述有善导的日中礼赞、《法事赞》。后半期为文学成熟期，代表著述是法照的《净土五会念佛略法事仪赞》《净土五会念佛诵经观行仪》等。

齐藤先生对法照大师赞偈的考察绵密周详，惜乎译者对音律相关的术语生疏，未能掌握这方面的专业知识，不敢贸然译之。只能抽取书中不涉及赞偈的一章，作为新世纪日本法照大师研究的代表加以介绍。又，塚本先生的《南岳承远传及其净土教》，作为法照大师研究的姊妹篇，与本书的内容可以互相发明，对了解法照大师的生平履历及思想形成也有帮助，一并作为附篇收录于此。若译者之译稿能为国内中国净土教特别是法照大师研究之一助，则幸甚。

目 录

第一章

序　说

中国佛教的性质与净土教

　　唐末、五代敦煌佛教界五台山信仰的盛况，我们经由现存可称为之五台山巡礼地图的、画有五台山圣地的壁画，以及现存赞美五台山的赞诗写本等得以确知。五台山信仰，不用说，发源于文殊菩萨显圣的圣地五台山，以接触到文殊感应的信仰为中心。唐中期以来，五台山成为僧俗巡礼的圣地，庶民阶层的信仰尤其兴盛。这其中，以普度凡俗一切众生为宗旨的念佛往生信仰，尤其高涨与普及。而作为五台山念佛往生信仰的有力指导的，是唐末、五代时期影响力辐射到敦煌地方、据传是经由文殊菩萨的启示而创立的法照禅师的五会念佛净土教。其一证明，即是龙谷大学所藏的题为《法照和尚念佛赞》的敦煌净土赞文集。这是汇集了继承法照五会念佛法事的门徒们的赞歌集。佐藤哲英博士对其内容作了详细的介绍。[1]集中共有七个赞文，即是：

　　（1）阿弥陀赞文　　　　　八十七行

　　（2）往生极乐赞文　　　　十二行

　　（3）五台山赞文　　　　　三十八行

　　（4）宝鸟赞文　　　　　　六行

（5）兰若空赞文　　　　　九行

（6）归极乐去赞文　　　　十二行

（7）法华廿八品赞文　　　两行

就中，（1）《阿弥陀赞文》的一节中，这样仰赞法照：

　　　　和上法照非凡僧　　救度众生普皆同

　　　　演说言辞等诸佛　　元无才学是天聪

　　　　一自发心礼胜迹　　台中亲见文殊宗

　　　　传法真言劝念佛　　太原一路至京东

　　　　但有初心若登会　　同心受学自然通

　　　　发心念佛须呈课　　每日期限莫相容

　　　　普劝四众常无退　　和上宗正不虚功

　　　　努力及时来念佛　　临终定获紫金容

　　法照为继承并实践其净土教的信徒，即是信奉五会念佛法事赞净土教的人们所敬慕归仰不已，以至于将其升格为圣人，对其奉献赞歌。

　　从英法两国所藏的敦煌文书中，再各试举一例。

五台山赞

　　　　梁汉禅师出世间　　远来巡礼五台山

　　　　白光引入金刚窟　　得见文殊及普贤

　　上为英国斯坦因氏、法国伯希和氏各自从敦煌带出的古写经中所存的《五台山赞》[2]开头的一节。"梁汉禅师"，[3]即是开创五会念佛的法照禅师。赞文赞扬了他远赴五台山巡礼，感应到灵异一事。

金刚窟圣境

文殊火宅异常灵　　　境界幽深不可名

金窟每时开梵响　　　楼台随处现光明

南梁法照游仙寺　　　西域高僧入化城
・・・・

无限圣贤都在此　　　逍遥云外好修行

上面也是伯希和氏带出的敦煌古文书中所发现的，名为《五台山圣境赞　金台释子玄本述》卷子[4]中的一章。赞中"南梁法照[5]游仙寺"，同样也是在称扬首创五会念佛教的法照的事迹。

被远在唐、五代、北宋时代的敦煌地方的佛教徒所称颂赞扬的法照，活动于唐中叶代宗（762—779）、德宗（779—805）的治世，其时正是长安文化极其辉煌灿烂的时代。法照以五台山、太原（以上山西境内）以及长安（陕西境内）为弘法据点，宣扬具有音乐旋律的"五会念佛"弥陀教，在中国净土教传教史上，其教化成就可与唐朝的道绰、善导相比肩，有"善导后身"之称。

日本的净土教从法然以来，即尊奉中国的昙鸾、道绰、善导诸师，特别是尊善导作为教义的指导者而普及壮大。然而，在念佛教的成长普及，特别是称名念佛的实践流布上，无论是镰仓时代之前还是其后，受益于法照净土教之处很大。尽管如此，法然以来的净土诸宗，专依昙鸾、道绰、善导三师为教义的指南，标榜"偏依善导"，故此善导以后的中国净土教家的研究不被重视。法照净土教的思想至今仍未被充分发掘，即是其中的一例。本书拟对法照的传记、教义性质、法系及其影响加以研究，以此探讨中日佛教史、净土教史上法照净土教的历史意义，并阐明以帝都长安为中心的净土教的发展大势。

在具体展开论述之先，我想要预先说明的是，我所作的研究是对经过中国民众接纳、理解并实践，业已成为中国社会的宗教的中国佛教的研究，不是对印度佛教的研究。不是想由汉译佛典追溯其原典，对释迦牟尼的思想信仰乃至印度佛教徒思想信仰的本质进行阐述，而是阐述"中国人理解信奉的佛教""以佛教之名，在中国社会中存在的佛教"。这里，对中国佛教的性质，首先有必要留意。

中国佛教，大致是在公元2世纪以来，经过千余年陆续译出的汉译佛典的基础上而成立。但是，在印度，佛教业已分为诸多的部派，各自传承本部的经典，教义、实践迥异。此后又流传广大的西域诸国，经过若干的变化。在这样的时代，经由语言、人种、风俗存在诸多差异的印度以及西域诸国——这些经典被传译过来。即是，中国佛教并不是原汁原味地传承了释迦牟尼的宗教，而是由人种、语言、传承各异的人们，相互之间没有联络协定，在极其复杂的状态下，将流传到后世的释迦牟尼的教法或发展变化了的传播到各地的佛教——这些都等同于"佛说"，陆续翻译传承而来。这一点，首先应该要注意。从中，也可以看出中国佛教特殊的发展形态。

对于将虽然教祖相同，但经由了印度、西域不同地域、各色人等，在颇为错综复杂的状态下传译过来的，教义、实践上已经出现差异的"某时代、某地方的某派"的诸教说——这些统统都等同于佛说而传承的中国佛教徒来说，必然有一个迫切的问题摆在面前。即是，面对为数诸多的教说，如何作为"一佛说"而去认识呢？由此中国佛教展开了新的发展。中国佛教史上由"教相判释"而开宗立派的历史，即是在这样的背景下，将为数诸多的佛陀教说加以体系化、单一化的努力的结果。而且，中国的佛教徒，基本上对从事翻译的三藏虔诚信仰，除了少数人之外，大多数都对译出的冠以"佛说"的经典不抱任何怀疑。最终，不是对经典文字内容上的相违之处以非佛说加以处理，或者是将其视为佛灭度后经过了长远的年代，经由各地各人的编纂述作的作品而对待，而是对冠以"佛说"的传译诸经，统统信为是"这是记录佛陀在某处的说法"。在此基础上，采取了将数量诸多的圣典加以价值批判，作为一佛教说而统筹重新组织的方法。在这些系列价值批判当中，有将《华严经》视为最圆满教法的华严宗的教相判释和将《法华经》视为最圆满教法的天台宗的教相判释。中国佛教南北朝以来诸多的教相判释，实际上是对繁杂的汉译佛典的巧妙的统一整理与说明，是在将全部经典都作为记录佛陀生涯数十年间说法的设定下而进行的。换言之，即是无视"各种经典未必是佛陀直说的教法，而是由佛陀以后的某时代、某地方、某派的人物编述而成的，是佛陀灭后发展的佛教"这一历史事实的组织与说明。这种将非历史研究方式而组织起来的教相判释作为历史事实而信仰，并在此基础上展开的思想信仰的诸建设、诸运动，即是中国佛教诸宗。这其中虽然存在有中国佛教的特异性，然而同时也显示了中国佛教的所说未必就是印度佛教的事实。

唐中叶，华严宗、天台宗等教相判释论已然广为普及。据华严、天台的判释，《华严经》是佛陀成道当初将自己所证悟的境界和盘托出的经典，阿含系统的小乘经典是为了宣说大乘经典而曲垂方便的手段，大乘经典才是畅佛本怀的经典。由此，大乘经典被普遍信仰尊重而流行。法照的佛教，不用说也是建立在这样的信仰基础上。

我现在所作的研究，就是力图弄清在这种背景下的中国佛教史上出现的法照的宗教的事实。不是为了考证其与印度佛陀所说的是否一致（法照当然相信是一致的，将诸经统统作为佛说而引用），也不是讨论佛陀的教义是否正确地得到了传承。

其次要注意的是，在中国，由一部分僧界的大德学匠研究体验组织发展起来的佛教教义，与一般中国人作为宗教而理解信奉的、在社会上所普及的中国佛教的事实，未必相同。从六朝初期的道安、罗什的时代以至于唐代，空、涅槃、实相、缘起、中道、佛性、佛身等佛教重要的理念被广泛研究议论，天台、三论、涅槃、摄论、唯识、华严等诸宗派次第组织兴起，这是中国佛教最值得称道的业绩。然而，某个时代佛教普及繁荣，并不意味着它的教理、教义就直接指导了当时的中国社会，指导了一般中国人的生活。这并不是要否认那些埋头于教理研究，又将之付诸实践的高僧们的存在。此外，这些大多数仅是止步于佛教学问，或者是未付诸一般社会实践的特殊的专家型的佛教。对某个时代中国社会的作为佛教化宗教的佛教和一般中国人所理解信奉的佛教，两者的性质与内容，应该分别思考。

作为在实际社会运行的宗教的佛教，简言之，有如下两个特征：

（一）跨越过去、现在、未来三世的因果报应、轮回转生的信仰。今生感召的果报，是自己前世所种下的业因，也即是过去生所造作的善恶业的总决算的显现。今生善恶业的果，必然应报到死后的世界。根据生前相应的善恶业，我们感召到来生投生于六道（地狱、饿鬼、畜生、修罗、人间、天上）中的一生。次生结束之后，再受生到第三生，在生死轮回中转生无穷。

（二）神圣世界以及佛菩萨等存在的信仰。与苦恼众多的现实世界，尤其是众苦充满甚可怖畏的地狱相对，存在有清净快乐神圣的佛菩萨的世界。佛菩萨业已脱离生死轮回之苦，具足神通之力，是能够拔苦与乐、救济守护众生的超人间的神格。

一个无可否认的事实是，无论僧俗，中国佛教徒信仰的很大部分，都是建立在对以上两者信仰的基础上，或者包含着这样的信仰。

大凡伦理性文明达到某种程度的古代民俗社会中，死后世界的审判，善恶业相应的来世生活——来世苦乐两个世界的想法，轮回转生说——的发达，这些观念的出现，是再普通不过的事情了。这其中，尤以印度的宗教为代表，结合了来世苦乐的世界与轮回转生说，被视为是将善恶报应与来世苦乐巧妙地组织起来的范例。而像中国这样自古以来道德观念非常发达的伦理型社会，很容易接纳这种基于道德报应的宗教教义。尤其是中国，以家族宗法制度为基础的道德发达，重视祭天法祖，子孙对故去的家族近亲特别是尊长死后的生活状态，必然会忧虑心痛。这种忧虑心痛，容易被佛教的三世因果报应、轮回转生、净土地狱的教说所打动,身为子孙,为了让已故先人的幽冥生活得以改善,而不得不积累善根功德,向佛菩萨祈愿。三世因果报应、轮回转生说让诸多的中国人成为佛教徒,也就不难理解了。

《弘明集》《广弘明集》两书,收录了体现中国佛教初期知识阶层佛教观的很多文献,其中,灵魂不灭、三世因果报应、轮回转生、净土往生等,作为实际问题而被频频提起。又,六朝以来盛行的伪撰经典,也即是所谓的疑伪经典,最能显示当时作为宗教而在社会上流行的中国佛教的实质,其内容也如上述一样,以宣说三世报应、佛菩萨的灵验之类居多。还有,六朝盛行的造像,也可以看出,以为父母近亲、自己乃至广大人类祈愿来世生活的幸福为最普遍。

例如下面的碑记:

　　○大代太和廿三年,岁次己卯十二月壬申朔九日庚辰,比丘僧欣,为生缘父母并眷属师僧,造弥勒石像一区。愿生西方无量寿国,龙华树下三会说法,下生人间侯王子孙,与大菩萨同生一处。愿一切众生普同斯福,所愿如是。

　　○佛弟子翟蛮,为亡父母、洛难弟,造弥勒像一坯。愿使亡者上生天上,托生西方,侍佛左右。

又同碑刻有:

　　夫兴造福果者,悉知天堂之快乐,乃知地狱之酸楚。[6]

像这样的石刻，数量多到难以枚举。如同初期的中国佛教徒将三世因果报应、轮回转生、来世苦乐两界的教说作为佛教的主要教义而理解和信奉，唐以来的佛教徒亦复如是。特别值得一提的是，在法照的时代，立足于这样的信仰，纯粹以中国式的组织方式而成立的宣说死后审判的《十王经》之类的经典流行，而且这种信仰是作为佛教而普及于中国社会的。[7]

简要言之，中国佛教在某一方面，至少在现实社会中作为宗教而存在的中国佛教，相信灵魂不灭、三世因果报应、转生、死后苦乐的世界，相信神圣的佛菩萨的存在，向佛菩萨修集种种功德以此祈愿赐福禳灾，是这样的一个形态。而且，这样的信仰当然与净土教相关联，或者说包含了净土信仰。因此中国社会所信奉的佛教，从初期以来，就逐渐具有净土教的性质。当然，如上形态的中国佛教徒的信仰，是否符合原始佛教是另外的问题。虽然佛陀本人否认有作为独立实体的灵魂的存在，将对来世苦乐世界的忧虑祷之于神灵斥为迷妄戏论，其教法可以说是无神论的或泛神论的，但是大多数的中国佛教徒将不灭的灵魂与神结合起来而信奉，毋宁说是有神教、多神教的信徒。泛神论在通俗社会采取多神教的形式，是自然的过程。在知识阶层，泛神论占据支配地位，而通俗社会中，多神教性质的信仰发达。在中国佛教中，也可以看到这样的事实。要之，中国佛教虽然发源于佛陀，但与原始佛教或者印度佛教相比，已然有了显著的变化。我要说明的是，我现在的研究，是对中国佛教事实的研究，即是据实地探究"作为中国人的法照的宗教"，而不是将原始佛教作为尺度来对其加以裁断与批判。

另外，之前的中国佛教研究，给人的感觉，是对个人传个人的教义传承的研究，在解释法的探究上做足了工夫。中国佛教与其说是中国国民的宗教，不如说是成了一部分僧人的教学，只是将思辨研究的继承发展作为问题而提起。作为宗教团体的僧人整体的信仰及他的生活如何，这种僧人佛教是怎样与一般社会共存共生的，僧俗社会相互影响，又是怎样指导了一般社会的生活的，诸如此类的研究，也即是将佛教作为中国社会实际运行的宗教来考察，被等闲忽视之。但是，佛教同时又是作为宗教而存在的，将中国佛教作为一思想学说而提起之外，作为在社会上运行的宗教来加以研究也有相当的必要。尤其是与哲理性倾向很重的学派性的佛教诸宗相比，在极其简单的信条下以实践为主的净土教更有此必要。宗教拥有某种社会大众共通的礼拜，共同的行仪。对社会性显著的宗教进行研究，首先有必要理解它所在的时代，社会的文化诸相。回顾之前的中国佛教研究，可发现对时代、社会的思考很少。故此，本书拟用相当的篇幅来对法照的时代加以论述，在厘清作为唐代一种宗教的法照净土教的同时，对唐中期净土教发展的大势亦可明了。

注释

[1] 龙谷大学所藏的《法照和尚念佛赞》，在英国斯坦因本和法国伯希和本中都有收存。龙谷大学名誉教授佐藤哲英在《慶華叢書Ⅰ》(1951 年刊) 中，以《法照和尚念仏讚》为题全文刊出，并在与斯坦因本、伯希和本对校的基础上，附以详致的解说而印行 (收入《西域文化研究》第 6 卷，1963 年)。我本想据博士此书补

订旧稿，惜乎没有闲暇。

[2] 斯坦因本（斯 370），收入矢吹博士的《鸣沙余韵》80。另外，大英博物馆所藏斯坦因带出的敦煌卷子，在东洋文库以及京都大学人文科学研究所都已经能够阅览。

[3] 《五会念佛略法事仪赞》卷上称法照为"梁汉沙门法照"。又，"梁汉禅师"云云的赞诗的内容，可以证明法照传所说的他在五台山的感应是确凿的。参照第六章《法照传考》之一"乡贯俗姓"一项。

[4] 在北京见到这个卷子的蒋斧氏说："此本字体清劲，是唐写。"伯希和氏所带出本中，还有一名为《五台山圣境赞》的卷子，但只有最初的七赞，缺了后续的金刚窟圣境以下部分，字体也很好。蒋斧氏判定为"五代后抄本"。参照《敦煌石室遗书》。

[5] 《广清凉传》卷中说："释法照者，本南梁人也。"（T51，1114页上）

[6] 引用的两例，出自《匋斋臧石记》卷 6。后者是北魏神龟三年（520）之物。这种石刻的范例，在《金石萃编》《八琼室金石补正》等中多见。

[7] 参照拙稿《引路菩薩信仰について》(京都《東方学報》第 1 册)（收于本著作集第 7 卷），以及 Waley, *A Catalogue of Paintings recovered from Tun-huang by Sir Aurel Stein*. xxvi-xxxii。

第二章
代宗、德宗时代的长安佛教

唐朝的封演，在他的《封氏闻见记》卷5"第宅"一项中，这样说道：

太宗朝，天下新承隋氏丧乱之后，人尚俭素。太子太师魏征，当朝重臣也，所居室宇卑陋。

……

高宗时，中书侍郎李义琰亦至褊迫。

……

则天以后，王侯妃主，京城第宅，日加崇丽。至天宝中，御史大夫王铁，有罪赐死，县官簿录太平坊宅，数日不能遍。宅内有自雨亭，从檐上飞流四注，当夏处之，凛若高秋。又有宝钿井栏，不知其价，他物称是。安禄山初承宠遇，敕营甲第，瑰材之美，为京城第一。太真妃诸姊妹第宅，竞为宏壮，曾不十年，皆相次覆灭。

肃宗时，京都第宅，屡经残毁。

代宗即位，宰辅及朝士当权者，争修第舍，颇为烦弊，议者以为土木之妖。无何，皆易其主矣。

中书令郭子仪，勋伐盖代，所居宅内，诸院往来乘车马，僮客于大门出入，各不相识。

又，《长安志》卷7"长兴坊邠宁节度使马璘宅"条，引用《德宗实录》说：

及安、史二逆之后，大臣宿将，竞崇栋宇，无复界限，力穷乃止。人谓之木妖。而马璘之堂尤盛，计钱二千万贯。（参照《唐书·马璘传》）

这两段与宅地建筑有关之文，充分显示了唐代帝都权贵阶层奢侈生活的发达过程。其最高峰，间隔着肃宗一代而前后展开。这从一个侧面，也显示了唐代文化的发达过程。

玄宗天宝时代（742—755），以朝廷为中心的权贵阶层的荣华，达到了极致。然而天宝十四载（755）十一月爆发的安禄山之乱，让处于巅峰的帝都文化圈彻底覆灭，长安、洛阳相继陷落，玄宗等仓皇出奔蜀地。肃宗即位，于至德二载（757）十月，经郭子仪等人的努力，终于夺回了两京，然而史思明等余党的叛乱仍未平定。陷于财政赤字的政府，不得不靠铸造新币、卖官鬻爵甚至兜售度牒[1]之类的下策，暂时克服难关。战乱后，不可避免地饥馑流行，物价暴涨，帝都的生活困顿之极。[2]肃宗（756—762）在位数年间的长安生活，尽管可以回想起大乱前的荣华，然而劫后的余波尚未消散。

其次代宗即位，此时安史之乱初平，国家慰劳有功之臣，百废待兴。然而好景不长，同年（763年）十月吐蕃侵入，代宗迁幸陕州，长安再度被劫掠一空。《资治通鉴》卷 221 记载：

> 吐蕃剽掠府库市里，焚闾舍，长安中萧然一空。

幸运的是，吐蕃军很快退去。经此之乱，各路军队的逃兵进入帝都以南的终南山谷，落草为寇，其势力威胁到帝都近郊。次年广德二年（764）十一月，草寇渐被平定，又次年的正月，改元永泰。地方的和平虽还无望，不管怎样，在帝都开始看到相隔十年的和平曙光。改元诏书表达了对长达十年的战乱中所失去臣民的悲痛，终于盼到了安定曙光的喜悦，以及锐意推进国家复兴的奋发意气。

长安的和平到来之际，长安人特别是有权势的有产阶级所热切期望的，应该就是复活十年前的天宝盛况。经由永泰（765—766）、大历（766—779）时代的政府首脑人物——被后世史家以豪奢和崇佛而饱受责难的元载、王缙、杜鸿渐、裴冕等为中心的权贵阶层的提倡，天宝时代长安的奢侈生活得以逐渐再现。[3]前述被称之为"土木之妖"或"木妖"的投入巨资建设豪华建筑的竞争，正是显示天宝繁荣盛况复现的其中一例。

天宝时代长安极尽奢侈的生活，在大历年间再现，并持续到贞元年间，此后，唐文化由盛转衰。唐朝的李肇在《唐国史补》卷下这样记载：

> 长安风俗，自贞元侈于游宴，其后或侈于书法图画，或侈于博弈，或侈于卜祝，或侈于服食，各有所蔽也。

刻画出了唐文化极盛时期中，帝都生活各方面的奢侈生活、趣味生活、游戏生活中的颓废之态。长安生活的变迁，相应地在文学创作上也能显现出来。同书记载：

> 元和已后，为文笔，则学奇诡于韩愈，学苦涩于樊宗师。歌行，则学流荡于张籍。诗章，则学矫激于孟郊，学浅切于白居易，学淫靡于元稹。俱名为元和体。大抵天宝之风尚党，大历之风尚浮，贞元之风尚荡，元和之风尚怪也。

一般认为，唐文化在开元、天宝时代大成，进入极盛。可以说，大历、贞元两代，是经过了安史之乱，继承了开元、天宝时代唐文化的鼎盛，最终迈向晚唐颓废的时代。那么，大历、贞元时代的佛教又是何等景况呢？

天宝时代的长安，佛道二教与权势阶层的豪奢生活相结合而繁荣。壮丽的佛寺道观，成为彼时豪华的贵族文化的最佳象征。其中，佛教在当时的宗教界占据着压倒性的势力。天宝时代在帝都生活的韦述所记载的帝都108坊宗教建筑（寺观）的数目，就充分证明了这一点。

> 僧寺六十四，尼寺二十七，道士观十，女观六，波斯寺二，胡袄祠四。隋大业初，有寺一百二十，谓之道场，有道观十，谓之元坛。天宝后所增，不在其数。[4]

唐朝的佛教，经由太宗、高宗以至于则天武后、中宗的时代，在历朝的保护下高僧辈出，又加上天下承平，故大为兴隆。另一方面，其弊端也渐次出现。尤其是佛教徒参与策划则天武后篡夺唐室政权成功以来，僧徒中不少人凭借朝廷的优渥而极尽豪横。另外，由于权势贵族的特权滥用而无节制地造寺、度僧，反而扰乱了佛教界内部的纲纪，形成了诸方面弊害百出的状态。[5]

玄宗即位当初，锐意推进各方面的纲纪整肃，对出现弊害的佛教界也加以大刀阔斧的廓清，勒令伪妄僧徒还俗。度僧的同时，又对创建、维修寺院加以严格的限制。[6] 但是，这是致力于除去佛教界的积弊，并不是对佛教的压制，也不是想动摇建国以来乘国势兴隆而发展起来的佛教的基础。何况朝廷对精通天文历法的一行极其重视，委以重任，[7] 善无畏、金刚智等外国僧人也展开新佛教经典的翻译工作。进入天宝时代，伴随着朝纲松弛、奢侈生活的发展，对佛教廓清的禁令最后也成为了一纸空文。佛教以长安贵族、权势阶层为背景而愈发繁荣。[8]

一般说来，贵族特权阶级在特定的文化圈内，得以持续太平之时的奢侈生活的话，贵族文化就能得到长足的发展。宗教在这样的贵族文化发达鼎盛的社会里，则容易迎来繁荣。在帝都宫殿豪宅为中心的特定的文化圈内，沉湎于豪奢生活的贵族社会，必然会失去刚健的气质，变得柔弱，走向享乐和感官的世界。在这样的社会，必然是疏于理智和学究的。与此相反，必然是感性方面——游乐趣味发达，喜欢神秘、空想，文艺方面容易获得发展。在这样感性发达疏于理智学究的社会里，人们失去了自己信赖的精神，特立独行的意志

减弱，最终如果不依靠一种超人间的神秘力量，就不能安心
地生活。因此，容易走向皈依僧道、依赖神佛的生活。

此外，以统治阶级而自命的贵族，不仅对被统治的庶民
阶层提供衣食生产视作当然，而且对"他们的为日常生计而
忙碌的下贱生活"，也思考以具有高度教养的人文生活、丰富
高雅的趣味生活，来彰显维系属于自己阶层的尊贵与特权。
这样的贵族社会中，宗教作为贵族的教养，或者说丰富贵族
生活的道具而成为一种需要。贵族阶级从其精神的病弱不安，
或者贵族的教养乃至趣味的要求出发，迎接拥有丰富文学、
美术因子的佛教，装饰寺院，供养僧众，作盛大的法会。依
此，他们将精神的不安依靠僧、依靠佛，依靠"修诸功德"
而消解的同时，也追求他们享乐的生活。这种成熟的华丽的
贵族文化的绝好例子，在我国平安时代可以看得到。

可以推察，唐中期长安权势阶层与佛教的关系，也几乎
是同样的情形。在长安的特权社会，很多人把佛教作为一种
知识、教养而具备。另外，大修功德，通过僧道依靠神佛寻
求禳灾招福的同时，又追求奢侈的生活，促成了开元、天宝
文化的成熟。恰巧这样的时代中，善无畏、金刚智、一行、
不空等密教大家辈出，与仪式、祈祷以及艺术作品有着极其
密切关系的新宗教日趋兴隆，也充分应对了这个时代的要求。
而且，唐朝的长安是世界性的市场，对印度、西域以及内外
四方的文物流入持开放的态度，特权社会对此极为欢迎，这
是玄宗治世长安文化发达的重要原因。不用说，这对佛教的
兴隆也是有利的。开元初期的名相姚崇（650—721）给子孙的
遗诫一文，很好地说明了开元时代的社会生活怎样和佛教难

以分离。

姚崇在此文中，强烈地抨击了则天、中宗时代的皇族外戚等盛行度僧、造寺，或者以社会一般的写经、造像之类而求功德，以至于倾家荡产的弊风，告诫子孙，人死后举行追荐法会毫无意义。

最后他又特意叮嘱说：

> 吾亡后，必不得为此弊法。若未能全依正道，须顺俗情，从初七至终七，任设七僧斋。(《旧唐书》卷 96
> 《姚崇传》)

承认他的遗族不能完全无视当时作为一般风俗的追善法事。姚崇是在形式主义、尚古主义氛围浓厚的政界，不拘泥于过去的先例和习俗，革故鼎新，推行实用主义的政治之人。就连他这样的人，虽然在理论上完全否认、主张废弃死后举行追善，但是也承认在现实中实际上是不可能的。所谓的中阴七七日的追善法会，在社会大众中已经习俗化，他不得不承认遗族不能不做的事实。从中可以看到，当时社会生活的佛教化程度是如何之深了。

如同我国的平安朝一样，在中国，佛道二教都具有相当的势力。佛教虽然不能说掌握了全体权势阶级的生活，天宝时代的长安权势阶级生活的大部分，与佛教之间有着密切的交涉，这一点是可以明确的。已经紧密结合的贵族生活和佛教，并没有由于安史之乱而分崩离析。肃宗朝廷即使在面对叛军尚未平定，国事多难、财政窘迫之际，也不忘记大作法会和斋僧。

肃宗时常在宫中设立道场，延请数百僧人日夜诵经（《资治通鉴》卷219）。又颇好鬼神，王玙专以鬼神之事而得宠（《资治通鉴》卷220）。上元二年（761）四月、七月两月，设立释道二教讲法的高座，令辅宰百官列席，设斋、听法（《册府元龟》卷52、《南部新书》丁）。同年九月的天成地平节（肃宗诞辰），在麟德殿设立道场，以宫人为佛菩萨，以武人为金刚神王，宣召大臣，令他们膜拜转绕（《资治通鉴》卷222）。在帝晚年，时值龙体欠安，百官在佛寺斋僧，张皇后亲为血书佛经，以此祈愿帝体痊愈（《旧唐书》本纪）。此外，在肃宗朝廷占据要职的房琯、刘秩、李揖等，在国家多难之时，常高谈释老（《资治通鉴》卷219）。

不难想象，亲身经历了安史之乱变幻无常的人生，在持续国事多难、生活不安的动荡之世生存的权贵阶层，是多么地仰求于神佛。另外，他们长久以来已经将佛教吸收到趣味享乐的生活中，故此即便在国家多难之秋，也很难与之分离。这种情况，颇像我国平安朝末期的贵族，即使在京洛频繁被扰乱，面临贵族生活没落的关头，也不忘庄严佛寺，供养僧尼，严修法事，丝毫不减其热衷。或许要见过像我国平家纳经那样豪华亮丽的宗教作品的人，才比较容易理解吧。

佛教和贵族生活的关系就是如此。进入代宗永泰、大历时代，长安的和平再次露出曙光，天宝的奢侈生活复活起来，佛教当然也复活过来。此时政府的首脑，被前述热心奉佛的杜鸿渐、元载、王缙等人所占据，代宗也被他们三位所诱导，成为热心的崇佛者。此外，前代以来就被朝廷信任的密教大师不空三藏为首，他的一门在人们的尊信归依中，积极从事翻译、建寺、造像、讲法、忏仪等活动，长安的佛教以非常之势而兴隆起来。大历、贞元时代，显示出了胜于天宝时代的繁荣景象。

本来代宗虽好祭祀，然奉佛并不殷重。但是立元载等三相之后，他们频频地向代宗宣说因果报应之事，说："国祚长久，皆是由于宿世所植福业而定，虽有小灾，然终不能为害。安史等叛逆之贼气势虽盛，然皆蒙子祸（安禄山被安庆绪所杀，史思明被史朝义所杀）。仆固怀恩虽发逆军，然中途病死。回纥吐蕃大举入侵京缁，然亦不战而退。[9]此皆是人力之所不能及，报应所定。"将最近经验的事实，据因果报应而说明。代宗的心甚受打动，以至于成为热情的佛教归依者。自此以来，他常在禁中饭食百余僧人，有寇来至，则延僧讲读《护国仁王经》，寇去则赐厚赏于僧。昭告天下，官吏不得棰曳僧尼。兴唐寺僧廓清由于修功德有功，蒙赐大济之号，又被授予班秩，允许自由出入禁中（《册府元龟》卷 52）。不空虽是外国沙门，官至卿监，爵至国公，出入禁中，其势力能够调动权贵。京缁的良田多归于寺，僧尼所受的优遇不受限制，频繁举行度僧、斋僧，不惜耗费巨万之财建寺、修法。[10]元载等任宰相时，常服侍代宗，主持佛事，大历的宫廷生活可以说到了几乎围绕着佛教转的状态（参照《旧唐书》卷 118《王缙传》、《资治通鉴》卷 224）。

上有所好，下必效之。在皇帝、宰相也为佛教挥金舍财造寺无度的示范下，举国上下崇佛之风盛行。《新唐书》卷 126《杜鸿渐传》中说道：

鸿渐自蜀还（大历二年，767），食千僧，以为有报，搢绅效之。[11]

对佛教素无好感的司马光如是说：

由是中外臣民，承流相化，皆废人事而奉佛，政刑日紊矣。（《资治通鉴》卷224）

将大历以来政刑松弛，归因为由于天子宰相的崇佛之风，波及到广大普通臣民，风靡一世所致。

此外，我想提醒注意下面一点。依据前面用大量篇幅引用的代宗及三位宰相有关的记述，我们可以获知，当时上流阶层的佛教信仰，是立足于三世因果报应的信仰之上。即是，现在尽量修集功德，凭此善因以期待明天以后生活的幸福，或者寻求来世的幸福生活。这种修集功德思想的外在显现，即表现为盛行建寺造像、举办法会、供养僧人，由此导致佛教教团过分的经济膨胀。下面将要讨论的净土教的流行，也与此有着莫大的关系。

大历时代的长安贵族，投入巨资，竞相显示建筑的豪华，以至于被称为前述的"土木之妖"。这些住宅上的"土木之妖"，在衣食方面的竞显奢华也是惊人的，这从史传当中所载的元载、王缙、裴冕、鱼朝恩、郭子仪等当时权臣之间所举行的奢华的宴会生活等当中，可见其一斑。这种衣食住行奢华的生活，与他们相信因果报应，现在尽量积累功德，以祈求明日以后幸福的"修诸功德"的佛教信仰相结合，从而导致了大历佛教寺院的盛观。这里，我想举出和法照关系最深的两个大历初期的寺院作为案例，一个是长安的章敬寺，另一个是五台山的金阁寺。

章敬寺是由颇受宠遇的宦官鱼朝恩的奏请，于大历二年（767），以长安通化门外所赐的庄园，作为为章敬皇太后修荐冥福而兴建的，是一处极尽庄严华丽的大寺院。其规模庞大的土木工程，以至于成为当时的问题。宋敏求《长安志》卷10引用《代宗实录》之文说：

> 《代宗实录》曰，是庄连城对郭，林沼台榭，形胜第一。朝恩初以得之，及是进幸，穷极壮丽，以为城市材木不足充费，乃奏，坏曲江亭馆、华清宫观风楼，及百司行廨，并将相没官宅，给其用焉。土木之役，仅逾万亿。

为此，卫州进士高郢[12]于大历二年八月、九月两度上书谏说：

> 先太后圣德，不必以一寺增辉，国家永图，无宁以百姓为本。舍人就寺，何福之为！

又说：

> 今兴造急促，昼夜不息，力不逮者随以榜笞，愁痛之声盈于道路。以此望福，臣恐不然。

朝廷不惜苦役人们，以急促完工的盛大土木工事可见一斑。最终，高郢的上书没有被采纳。倾朝廷与鱼朝恩的权力财力，总四千一百三十余间、四十八院的规模巨大的章敬寺很快落成。大历三年正月，代宗行幸章敬寺，度僧尼一千人。同年七月，在寺中修设盂兰盆法会，祭祀祖先七庙，此后成为定例。自此以后，章敬寺成为代宗、德宗时代长安佛教的一大中心寺院，法照即在此时代，于此寺的净土院中宣扬他的五会念佛教。[13]

其次，五台山金阁寺[14]也是中唐显贵文化社会浪漫和豪奢的象征。开元二十四年，浙江衢州僧道义为求见到大圣文殊菩萨的示现，远赴五台山，在一童子的导引下渡过金桥，进入金色晃耀光彩夺目的一幢三层楼阁，面见文殊。基于这个灵异传说，让文殊菩萨胜迹显现于现实世界的就是金阁寺。金阁是九间三层、高百尺的大建筑，覆以铜制的瓦，在其上镀金，就像道义在感应中看到的那样，照耀五台山的山谷。不空热情地奉劝代宗，奏请让官民一致协力，完成这个耗资巨大的土木工程。宰相王缙等也成为热心的支持者。考虑到募捐的方便，代宗特下诏命节度使援助成事。以如此的权势建立起来的金阁寺的壮观程度，是可想而知的了。据七十年余年后亲自参拜金阁寺的圆仁的记载，从中可推知其大体的模样。

代宗、德宗时代的五台山，不只有金阁寺。以朝廷为首，长安的显贵以及全国广大僧俗热诚的助力下，诸多的佛教建筑和装饰如火如荼地进行着。山上十余座大寺院竞显壮丽，五台山的佛教迎来了全盛时期。法照就是以这样全盛时期的五台山作为活动的舞台。

以上，显示了安史之乱后的复兴气势高涨之时，得到代宗、三位宰相这样的崇佛者以及不空等内外高僧的推动，佛教顿然兴盛之一斑。

大历十四年（779）五月，代宗崩，德宗立。德宗即位之初，《旧唐书》本纪中这样记载：

> 自今更不得奏置寺观及度人。（大历十四年，799 年六月）

> 高怡献金铜像。上曰："有何功德，非吾所为。"退还之。（建中元年，780 年四月）

> 罢内出盂兰盆，不命僧为内道场。（同年七月）

此外，剑南东川节度使李叔明（贞元三年，787 年卒），力陈当时佛道二教迷内饰外的弊害，提议整理沙汰剑南的佛道二教。德宗欲让此沙汰案成为天下的统制，于是将议案交付尚书省，让大臣们商议。彭偃也广论僧尼之弊，提出以课税沙汰僧道案，得到德宗的赞同。但是，大臣们由于二教实行已久，且历代奉行，认为不可沙汰，所以否决了议案的实施。[15]

德宗即位之初发生的君臣间沙汰佛教论的抬头，以及大臣们的反对和否决，最终雄辩地说明了大历佛教的盛大和普及。其结果，连抱有压制整顿佛教想法的德宗，也转而成为佛教的保护者和兴隆者。贞元六年，将岐州无忧王寺的佛骨迎到宫中供养，又让广大士庶瞻拜帝都佛寺。下面的一段记述，充分显示了当时朝廷上下崇佛的状态：

> 贞元六年二月乙亥，诏葬佛骨于岐阳。初，岐阳有佛指骨寸余，葬于无忧王寺。或奏请出之以示众。帝乃出之，置于禁中精舍。又送于京师佛寺，倾都瞻拜，施财物累巨万。是日，命中官送归岐阳，左神策行营节度使、凤翔尹邢君牙迎护，葬于旧所。（《册府元龟》卷 52）

另外，逢德宗诞辰，会在宫中举行儒官、道士、僧侣的对论。据说一开始三教互有攻讦，但最终如江海同归，达成宗旨一致。[16]据此可以看出，佛教在贵族生活中已经礼仪化、趣味化，其影响不是那么容易去除掉的。

贞元朝廷崇佛的事例不多赘述，要之，大历佛教的盛况，到贞元年间也持续着。我试作了一幅唐长安城内的寺观分布图，以示当时的盛况（译者按：见书末插页）。[17]

图中佛寺百余座，道观三十八。比起韦述讲的"佛寺九十一，道观十六"，有所增加。其原因是，韦述自己也说过"天宝后所增，不在其数"。如果将天宝、大历、贞元时代宗教界的盛况一并考虑的话，这是没什么不可能的。当然，这个图表不能说就完全准确。天宝以来，帝都饱经战祸破坏，应该有尚未恢复的寺观。此外，大历、贞元时代，没有像《两京新记》这样的著述，我认为也存在经过武宗会昌废佛而名字已经不传的寺观。特别是，存在不少没有被赐寺号的私创寺院、佛堂之类。

武宗在会昌五年大规模的废佛之前，同年的四月，下令拆毁不满二百间、没有寺额的私建寺院和佛堂，让其中的僧尼还俗，然而据说长安城里像这样的佛堂多达三百余座，并且各佛堂的气派能与外州的大寺相匹敌。[18]如果是这样的话，现在即便假定将私创的数字由"三百多"减至"二百"来推算，也能够想象得到，大历、贞元时代佛教全盛时期的长安城内大约百余座寺院（其中有拥有数十院、占了一坊大半的寺院，也有跨越两坊住有数百僧人的大寺院）之外，还有两倍于此数的没有公开的佛堂之类存在。即是，以大约一坊有三座寺院的比率的话，长安城108坊应该有大约三百余座大小佛寺建筑。进一步将城外近郊尤其是终南山存在的数量诸多的大寺名刹考虑进来的话，可以想象出帝都长安佛寺之盛了。而且这些佛寺，很多拥有巨大的财产和雇工，经济方面拥有特权。佛寺所占据的这种状态，如果是非佛教徒在反省的时候，特别是国家财政困乏的时代，对佛教没有好感的人身居高位的时候，他们会怎样想就可想而知了。所以，德宗驾崩四十年后推行的会昌废佛运动，在佛教全盛时期就已经埋下诱因了。

不用说，这些帝都寺院中，很多是由权势阶层所建立的，因此也成为诸多上流阶层的出入之所。当时知识阶层的一大半都接触过佛教，且有初步的了解。看过他们的诗文就能知道，他们甚至对一些难懂的佛教教理都能理解。在此，我想对唐代佛教的大众化略作说明。

贵族建立的长安寺院当中，不可否认有一些是专作僧人修行的清净道场，禁止俗人打扰，又或有贵族阶层可出入，一般大众无缘涉足的。但是，也有不少是作为供普通庶民还愿的场所，甚至有一些寺院会将寺院境内或以寺院为中心的区域辟为繁华的游乐场所、商业市场。《南部新书》中写道：

> 长安戏场，多集于慈恩，小者在青龙，其次荐福、永寿。

唐中期的佛教，不仅是僧侣间研究传承的所谓的"出世者"的宗教，还出入世俗界，广泛普及于社会的各阶层。尤其是在参礼者众多的名山道场、大都市的寺院，善于说法的大家辈出，以广大僧俗男女为对象的说法布教活动异常发达。例如，道宣撰《集神州三宝感通录》卷上"西晋会稽鄮塔缘"一条下，有如是记载：

> （贞观十九年）敏法师者……领徒数百，来寺一月，敷讲经论，士俗咸会。（T52，405 页中）

另外，在同书"周岐州岐山南塔缘"条下，这样记道：

> （龙朔二年）于时京邑大德行虔法师等百余僧，为众说法，裴尚宫比丘尼等数百，俗士五六千人……（T52，407 页下）

频频召集僧俗男女举行说法。以山林隐栖为主的禅，也在天宝年间于市井间广泛宣教。圆仁对当时针对俗人的布教，留下一些有趣的记载。《入唐求法巡礼行记》卷1记述唐朝僧侣的类别说：

> 又有化俗法师，与本国道飞教化师同也，说世间无常苦空之理，化导男弟子女弟子，呼道化俗法师也。讲经论律记疏等，名为座主和尚大德。若衲衣收心，呼为禅师，亦为道者。持律偏多，名律大德，讲为律座主。（B18，17页上）

这里提到的化导男女弟子的化俗法师，是指专门以教化一般世俗人为主的僧人。这种特殊僧人的存在，从中可以看出佛教民众化的情况。此外，在同书卷3中，还可以看到在长安所举行的俗讲。

> 会昌元年（正月），又敕于左右街七寺开俗讲。左街四处。此资圣寺，令云花寺赐紫大德海岸法师讲《花严经》。保寿寺，令左街僧录三教讲论赐紫引驾大德体虚法师讲《法花经》。菩提寺，令招福寺内供奉三教讲论大德齐高法师讲《涅槃经》。……右街三处。会昌寺，令内供奉三教讲论赐紫引驾大德文溆法师讲《法花经》，城中俗讲，此法师为第一。……又敕开讲道教。……并皆奉敕讲，从太和九年（835）以来废讲，今上新开，正月十五日起首，至二月十五日罢。（B18，88页上）

即是，从正月十五日开始，长达一个月的时间中，佛道二教奉命在长安的各佛寺和道观中举行俗讲。圆仁还记载，在同年的五月和九月，据此敕命，在长安的诸寺院中举办有佛教的讲经活动。[19]如果是根据圆仁所述，这种奉命举办的俗讲，是复活了太和九年以来中断的传统，则在此以前就已经有俗讲存在了。现今流通的《资治通鉴》（卷243）中，有一条宝历二年（826）敬宗在兴福寺观看沙门文溆俗讲的记载：

> （六月）己卯，上幸兴福寺（胡三省注：《唐会要》：兴福寺在修德坊，本王君廓宅，贞观八年，太宗为太穆皇后追福，立为弘福寺，神龙元年改名。元和十二年，筑夹城，自云韶门过芳林门，西至修德里，以通于兴福佛寺），观沙门文溆俗讲（胡三省注：释氏讲说，类谈空有，而俗讲者又不能演空有之义，徒以悦俗邀布施而已）。

所谓俗讲，如胡三省注解中所说，是以大众俗人为对象的佛教通俗演讲，为了迎合听众的心意，逐渐走向流俗，讲谈化、歌谣化的倾向浓厚，以至于发展成为一种庶民的娱乐。如文溆，就是9世纪前半时期长安具有代表性的俗讲法师，据说他巧妙的说教能让长安的士女们倾倒，他的住所被称为和尚教坊，效仿他俗讲的歌曲成为当时的流行音乐。[20]敦煌文献中发现的为数不少的通俗性佛教文学歌曲类，和俗讲的发达也有相当的关联。[21]与佛教的说教谈义相关，失去了说教本来的意义，出现的一类娱乐化、职业化的讲谈师、俗谣师，这种现象在日本也能够见到。[22]总之，这种现象出现在佛教充分普及、通俗化的社会。还有，像这样的俗讲、化俗的法师等，对提升佛教的普及通俗化的效果之大，是自不待言的。帝都的数座寺院一齐举行长达一个月的俗讲，可以说是佛教庶民化、通俗化最有力的证明。圆仁所记述的俗讲中，有《法华经》《涅槃经》《金刚经》等经典。这些都是唐中期为僧俗两界所最尊信，也是常受持的大乘经典，法照也屡屡引用这三部经。想来，像这样的9世纪上半期所见到的化俗法师、俗讲之类，在8世纪下半时期的代宗、德宗时代的佛教全盛时期，也已经出现并很发达了。

要之，大历、贞元时代的长安佛教，与天宝佛教一样，由处在奢华生活最顶端的权势阶层的保护而兴隆，具有浓厚的贵族色彩。与此同时，又广泛地渗透于一般社会，常识化、通俗化，具有庶民性的特点。这个时期社会所奉行的佛教，与龙树、提婆的哲学性的佛教，以及世亲、护法的侧重于心理分析、现象说明的伦理性、思索性的佛教相比，毋宁说是一种宣说神秘灵验的、拥有简明的教义实践的、盛行举办各种法会仪式的佛教。法照的净土教最具有后者的特性。这种风格，在大历、贞元时代的社会，也是容易迎合大众口味，为大众所喜闻乐见的。

注释

[1] 卖度牒

《旧唐书》卷48《食货志》中说道：

及安禄山反于范阳……杨国忠设计，称不可耗正库之物，乃使御史崔众于河东纳钱度僧尼道士，旬日间得钱百万。

《旧唐书》卷113《裴冕传》中又说：

> 肃宗即位，以定策功，迁中书侍郎、同中书门下平章事，倚以为政。……乃下令卖官鬻爵，度尼僧道士，以储积为务。人不愿者，科令就之，其价益贱，事转为弊。

王圻的《续文献通考》卷246中，对肃宗至德二载的贩卖度牒之事这样记述：

> 或纳钱百缗，请牒剃落，亦赐明经出身。及两京平，又于关外（《佛祖历代通载》作"关辅"）诸州，纳钱度僧道万余人。进纳自此而始。（参照元代念常《佛祖历代通载》卷13）

此外，《宋高僧传》卷8《洛阳荷泽寺神会传》中，记载了当此非常之时，神会为纳钱度僧，积极活动，对筹集军饷颇为有功的一则事例：

> （天宝）十四年，范阳安禄山举兵……用右仆射裴冕权计，大府各置戒坛度僧，僧税缗谓之香水钱，聚是以助军须。初，洛都先陷，会越在草莽。时卢弈为贼所戮（卢奕，是诬奏、排斥神会之人），群议乃请会主其坛度。于时寺宇宫观鞠为灰烬，乃权创一院悉资苫盖，而中筑方坛，所获财帛顿支军费。代宗、郭子仪收复两京，会之济用颇有力焉。肃宗皇帝诏入内供养，敕将作大匠，并功齐力，为造禅宇于荷泽寺中是也。

据上引文，安禄山刚一反叛，首先就有杨国忠在山西地方从民间征钱，度僧道。此后，又有裴冕作宰相，为了筹措军费，在全国卖度牒，缴纳百钱才准许剃度。这种征收的钱，被称作香水钱。当时希望交钱得度的人相当多。同时也能看出，这种半强制性的交钱得度的方式，是被鼓励的。如此公然以卖度牒而获得钱财的政策，一直持续到唐末，节度使等地方的掌权者都使用，其弊害也越发显著。此事不仅导致国家财政紊乱，同时对佛教界，也招致了僧人无节制地增加，以及僧人素质趋向低劣，弊害甚大。进入宋代，由于朝廷的财政贫乏，卖度牒到了惊人的没有节制的程度。在此宋朝度牒泛滥之前，赞宁已经论及唐朝卖度牒的弊害，并告诫说：

> 俄有浇时，乃求利国，虽是权宜之制，终招负处之殃。今序少端，用遮后世。唐肃宗在灵武新立，百度惟艰，最阙军须，因成诡计。时宰臣裴冕随驾至扶风，奏下令卖官，鬻度僧尼道士，以军储为务。人有不愿，科令就之，其价益贱，事转成弊。鬻度僧道，自冕始也。后诸征镇，尤而效焉。如徐州王智兴，奏置戒坛于临淮佛寺，先纳钱，后与度，至有输贿后不受法者多矣。李德祐在润州，具奏其事云（参照《旧唐书》卷174《李德裕传》）：自唐末已来，诸侯角立，稍阙军须，则召度僧尼道士先纳财，谓之香水钱，后给公牒云。念此为弊事，复毁法门，吁哉！（《大宋僧史略》卷下"度僧规利"条，T54，252页中）

关于宋代的卖度牒，请参照拙著《宋の財政難と仏教》（收入本著作集第5卷）。

[2] 肃宗时代长安的穷困

《资治通鉴》卷221"上元元年（760）六月"条中，记载道：

> 三品钱行浸久，属岁荒，米斗至七千钱，人相食。京兆尹郑叔清捕私铸钱者，数月间，榜死者八百余人，不能禁。

《旧唐书》卷10《肃宗本纪》"乾元三年四月"条，记说：

> 是岁饥，米斗至一千五百文。

同书"闰四月"条说：

> 自四月雨至闰月末不止。米价翔贵，人相食，饿死者委骸
> 于路。

又说，可称之为帝都谷仓的江淮地方，在上元三年也因为遭受安
史之乱，复经饥馑，人相为食云云。

[3] 大历宰臣奢侈的一例

《册府元龟》卷338"宰辅部·奢侈"条云：

> 裴冕，为左仆射，兼掌兵权留守之任，俸钱每月二千余贯。
> 性本侈靡，好尚车服，乃营珍馔，名马在枥，价盈数百金者常十
> 数。每会宾友，滋味品类，坐客有昧于名者。

> 元载，为中书侍郎平章事。城中开南北二甲第，室宇宏丽，
> 冠绝当时。又于近郊起亭榭。所至之处，帷帐什器皆如宿设，储
> 不改供。城南膏腴别墅连疆接畛，凡数十所。婢仆曳绮罗亦百余
> 人。恣为不法，侈僭无度。

[4] 唐代长安的寺院

唐代长安的大寺院，没有普通百姓创立的，几乎都是贵族富
豪出资建立，可以说是贵族文化的象征。有关唐代长安寺院创建
的记载，见于唐韦述的《两京新记》、宋宋敏求的《长安志》以
及我国入唐僧的记录中。又，清代徐松的《唐两京城坊考》《嘉
庆咸宁县志》等，广引诸书而有著录。此处引用的韦述之文，出
自宋敏求的《长安志》卷7，书中虽有"韦述记曰"云云，但是
没有出示书名，应该是出自《两京新记》。韦述的《两京新记》
五卷在中国虽然佚失了，但是在日本，前田家中传有卷3的残缺
抄本，现收录于《佚存丛书》《正觉楼丛刻》《粤雅堂丛书》等
中。《两京新记》的价值，由韦述传（《新唐书》卷132）可知。需

要注意的是，据韦述所述，"天宝后所增，不在其数"。例如，像高力士在翊善坊舍宅建立的保寿寺，就是极尽豪华的天宝时代的新寺院。（参照书末《唐长安寺观一览图》）

[5] 则天武后与佛教

则天武后在唐中宗嗣圣七年（690）改国号为周，改纪元年号为天授。天授二年，下诏置佛教于道教之上。"爰开革命之阶，方启惟新之运。……自今以后，释教宜在道法之上，缁服处黄冠之前。"（《唐大诏令集》卷113）或许是由于《大云经》在武周革命维新中有助推之功，故将道先佛后的位次颠倒过来。《大云经》是僧怀义、法明等于载初元年（690）所献，经中的谶记称则天武后当为女王。朝廷将此经颁宣天下，于诸州置大云（经）寺，度僧上千人，以宣传其说，为武周革命造势。武周革命与佛教的关系，详见矢吹博士的《大雲経と武周革命》（《三階教之研究》，685—761页）。

献上《大云经》的怀义、法明等，被受封为县公，得朝廷厚待。尤其是受到武后宠遇的僧怀义，其横暴之行在《旧唐书》卷183《薛怀义传》，以及《资治通鉴》卷203—204，唐张《朝野金载》卷5中等都有记载。如，怀义为白马寺寺主，常有十余宦官随从，乘马出入于禁中。途中有士民靠近，即击其头。又或遇有道士，辄殴打之，髡其发。又令无赖少年为僧，横行市里，干犯国法，人不敢言。御史冯思勖因其屡犯国法，上书弹劾，被其侍从殴打，几被杀害。武后一族的武承嗣、武三思，以童仆之礼为其执马辔。又营造佛授记等寺，举办无遮大会，靡费国资。证圣元年（695）正月，在明堂设立无遮会，掘地五尺，以彩色丝绸画宫殿亭台。又造金刚佛像，从坑中引出，号称是从地涌出。又以牛血画二百尺大佛像头，声称是刺怀义的膝血而成，并将此像悬挂于天津桥南，设斋祝祷。不一而足。

最后，怀义被武后密加杀害，他毕竟只是试图取代唐室的武氏一族的一个傀儡而已。但是，由僧徒的权势而兴隆起来的则天佛教界的弊害，却是不可不察的。

狄仁杰说：

今之伽蓝，制过宫阙，穷奢极壮，画缋尽工，宝珠殚于缀饰，瑰材竭于轮奂。……膏腴美业，倍取其多，水碾庄园，数亦非少。逃丁避罪，并集法门，无名之僧，凡有几万，都下检括，已得数千。（《旧唐书》卷89《狄仁杰传》）

韦嗣立说：

比者营造寺观，其数极多，皆务取宏博，竞崇瑰丽。大则费耗百十万，小则尚用三五万余，略计都用资财，动至千万已上。转运木石，人牛不停，废人功，害农务。（《旧唐书》卷88《韦嗣立传》）

袁楚客说：

今度人既多，缁衣半道，不本行业，专以重宝附权门，皆有定直。昔之卖官，钱入公府，今之卖度，钱入私家。（《新唐书》卷122《魏元忠传》）

辛替否说：

今出财依势者尽度为沙弥（一作"门"，下同），避役奸讹者尽度为沙弥，其所未度者，唯贫穷与善人。……臣以为，出家者，舍尘俗，离朋党，无私爱。今殖货营生，非舍尘俗；援亲树知，非离朋党；畜妻养孥，非无私爱。……今之天下之寺，盖无其数，一寺当陛下一宫，壮丽甚之矣，用度过之矣。是十分天下

之财，而佛有七八，陛下何有之矣，百姓何食之矣。（《文苑英华》卷 698、《旧唐书》卷 101《辛替否传》）

这一方面表达了则天时代以及承绪则天朝的中宗时代的佛教的隆盛之状，同时也显示了其弊害之重。

则天时代至中宗时代，佛教界的高僧也为数不少。像华严宗的贤首、兴隆禅门的神秀、净土教善导门下的高足怀感、怀恽以及从事翻译事业的菩提流志、义净等，都是活跃于长安、洛阳一带，在佛教史上留下显著功绩之人。然而，从这个时代的佛教全体来看，佛教的功与过，很难遽然判定孰轻孰重。玄宗即位后，对佛教采取了抑制廓清的政策，也许是必然之举。

[6] 玄宗对佛教的政策

玄宗初期的政治，主要是由宰相姚崇策划并推行的。姚崇是中国历史上非常稀有之人，他是一个不循惯例而注重实际效益的政治家。与此同时，他对社会上佛教酿成的种种弊害，深感愤慨，在对子孙的遗言中也论及佛教之弊。大力革除旧有政弊的玄宗和姚崇，对佛教采取限制是必然的。玄宗对宗教界廓清的相关诏令，在宋朝宋敏求的《唐大诏令集》卷 113 及《全唐文》卷 21—30 中有收载。今试举其若干如下：

令僧尼道士女冠拜父母敕（开元二年）（《诏令集》）

断书经及铸佛像敕（开元二年）（《诏令集》）

禁创造寺观诏（开元二年，此据通鉴）（《全唐文》）

禁断妖讹等敕（开元三年）（《诏令集》）

禁士女施钱佛寺（《全唐文》）

分散化度寺无尽藏财务诏（《全唐文》）

（上二诏，是说三阶教徒的无尽藏之弊。据《两京新记》，颁

布于开元元年）

禁僧道掩匿诏（《全唐文》）

禁僧道不守戒律诏（《全唐文》）

括检僧尼诏（《全唐文》）

诫励僧尼敕（开元十九年）（《诏令集》，《全唐文》作"禁僧徒敛财诏"）

不许私度僧尼及住兰若敕（开元十九年）（《诏令集》）

需要注意的是，据《唐大诏令集》来看，这些诏令并不属于天宝时代，都属于开元时代（《全唐文》并没记载年月）。但到了天宝时代，这些革新澄清的诏令都成为了一纸空文。

[7] 一行（683—728），不仅撰写了玄宗颁布施行天下的《大衍历》，以天文历数的大家而在新旧两《唐书》中被立传（《旧唐书》卷191、《新唐书·艺文志》），还担任了密宗宝典《大日经》翻译的笔受，撰写了《大日经疏》，作为真言宗传承的第六祖而受到尊崇。

一行，俗姓张氏，出身名门。依止通达四分律特别是作为天台教传人而受朝廷厚遇的荆州玉泉寺弘景出家，然后投北宗禅的巨匠嵩山普寂（651—739）门下修学。后来又转而师事荆州玉泉寺惠真（673—751）（《宋高僧传》作"僧真"。望月博士的《佛教大辞典》"一行"项作"真纂"，系误读僧传）。

惠真虽然在《高僧传》中没有立传，然而据唐李华的《荆州南泉大云寺兰若和尚（惠真）碑》以及《故左溪大师（玄朗）碑》等，可知他是通达戒律，继承了弘景衣钵主持玉泉寺，以天台教的大家而广受皈依之人。法照的师父承远，也是依惠真而剃度出家。一行从开元五年以来受朝廷征召，至开元十六年入灭中间，一直从事《大衍历》的撰述以及《大日经》的翻译和注疏的工作，受到玄宗的厚遇。他在担任《大日经》翻译的笔受之时，曾经有疑问请正于荆州惠真。

如我国智证大师圆珍所说：

> 圆珍又看图记，初传教师鉴真同学法兄，唐玄宗国师一行禅师，久传天台教……对译《大毗卢遮那经》，兼述义释，傍引《法华》之要妙，正辨总持之密门，通会诸教之千途，同归醍醐之一味。(《大日本佛教全书》大师全集第 4 卷，1305 页)

一行也是与天台教有密切关系之人。深受朝廷皈依信任的一行，不仅是密教的大家，同时又与天台教以及普寂、义福的北宗禅渊源颇深。这在思考玄宗时代长安贵族佛教的性质之时，应充分注意。

[8] 如前所引韦述"天宝后所增，不在其数"之言，正显示了天宝以来长安寺院、道观增加之现状。可以看出，开元初期所颁宣的严禁创设寺观的禁令，最终成为一纸空文。天宝七载，有关高力士建立宝寿寺的一段记述，就是其中的实际事例，从中亦可看出长安贵族佛教豪奢盛观之一斑：

> 力士……于西京作宝寿寺，寺钟成，力士作斋以庆之，举朝毕集。击钟一杵，施钱百缗。有求媚者至二十杵，少者不减十杵。(《资治通鉴》卷 216)

[9] 仆固怀恩邀回纥、吐蕃，纠集数十万之众入寇中土，为永泰元年九月之事。详细请参照新旧两《唐书》的《仆固怀恩传》以及《资治通鉴》卷 223 等。

[10] 试举《册府元龟》卷 52 代宗度僧、斋僧的数例如下：

> （广德元年　七月）制，河南河北，伪度僧尼道士女冠，并

与正度。

（同 二年）四月壬申，以玄宗讳日，度僧道凡数百人，以肃宗讳日，度僧道凡数百人。

（大历三年）正月乙丑，帝幸章敬寺行香，凡度僧尼一千人。

（同 四年）正月，帝以章敬皇太后忌辰，度僧尼道士凡四百人。

（同 八年）正月乙未，敕天下寺观僧尼道士不满七人者，宜度满七人，三七人以上者，更度一人，二七人以下者，更度三人。

（同年）五月庚子，以太宗讳日，命有司修四千僧斋于昭成寺。

（同年）八月戊午，修一万僧斋于慈恩寺，为百姓祈福。

[11]《旧唐书》卷 118《王缙传》说：

缙弟兄（以画家、文学家而闻名的王维是王缙之兄，而且是虔诚的佛教信仰者）奉佛不茹荤血，缙晚年尤甚，与杜鸿渐舍财造寺无限。

王缙所建立的寺院，有大历四年为妾李氏而舍宅为寺、位于帝都道政坊的宝应寺。建造过程中，王缙利用自己的权势，让入朝的地方官施舍援助。其事见于《唐书·王缙传》、《册府元龟》卷 338 及卷 821、宋敏求《长安志》卷 9、《唐会要》卷 48 等。诸书所记，间有不同。《旧唐书·王缙传》这样说：

妻李氏卒，舍道政里宅为寺，为之追福，奏其额日宝应，度僧三十人住持。每节度观察使入朝，必延至宝应寺，讽令施财，为己修缮。……李氏，初为左丞韦济妻，济卒，奔缙，缙嬖之，冒称为妻，实妄也。

《册府元龟》卷821说：

> 大历初，缙上言，妻李氏（卷338作"为嬖妾李氏"）疾
> 患，经今七年，请舍道政坊私第为寺，度僧三七住持，仍乞赐
> 寺额为宝应，帝许之。

《长安志》据《代宗实录》和《唐会要》说：

> 《代宗实录》与《会要》曰，本王缙宅，缙为相，溺于释
> 教，妻李氏，实妄也，大历四年以疾请舍宅为寺，代宗嘉之，
> 赐以题号。设有节度使至，辄讽令出钱助之。

此外，据《寺塔记》《历代名画记》等，宝应寺有韩干、张璪、
边鸾等名流的画作（参照徐松《两京城坊考》卷3）。

[12] 高郢的传记，见于《旧唐书》卷147、《新唐书》卷165。两传
都收载了高郢两度上书的部分摘要。又，《资治通鉴》卷224
"大历二年"条下，也记载了此次上书之事。两次上书的全文，
收录于《唐文萃》卷26。

[13] **章敬寺**

关于章敬寺的建立，宋代宋敏求《长安志》卷10中说，始
建于大历元年：

> 大历元年，作章敬寺于长安之东门，总四千一百三十余间，
> 四十八院。

宋王溥的《唐会要》卷48则说是大历二年：

> 章敬寺，通化门外，大历二年七月十九日，内侍鱼朝恩请
> 以城东庄为章敬皇后立为寺，因拆哥舒翰宅，及曲江百司看屋
> 及观风楼造焉。

又《旧唐书》卷184《鱼朝恩传》说：

> 大历二年，朝恩献通化门外赐庄为寺，以资章敬太后冥福，仍请以章敬为名，复加兴造，穷极壮丽。以城中材木不足充费，乃奏，坏曲江亭馆、华清宫观楼，及百司行廨、将相没官宅，给其用。土木之役，仅逾万亿。

《资治通鉴》卷224中，也在"大历二年七月丁卯"（据陈垣的《二十史朔闰表》，为七月二十日）条下，记载了鱼朝恩为建立章敬寺的奏请之事。对照宋敏求的"《代宗实录》曰"的引用之文，可以推定，这些记载都是出自同一资料，也即是《代宗实录》。现在所流传的清毕沅校正的《长安志》记作"大历元年"，或许是传写之误。当然，毕沅也注意到了鱼朝恩传中为大历二年。上述高郢前后两次的上书，第一次是在大历二年八月二十五日，第二次是在同年九月十二日，显示了当时建筑工事正在进行之中。另外，第一通上书中有"况用武以来十三年"之语，天宝十四载安禄山反叛，（用武以来）第十三年正好是大历二年。若此属实，则章敬寺的建筑工事，在大历二年的八九月之际还在进行着，其落成，当在二年末或三年初。

而且，《册府元龟》卷52中有如是记述：

> 大历三年正月乙丑，帝幸章敬寺行香，凡度僧尼一千人。

> 七月，特赐章敬寺盂兰盆，时寺宇新成，帝增罔极之思，敕百官诣寺行香。

大历三年正月代宗去章敬寺行香和度僧，应该是寺院落成时之事。在新建的章敬寺中安置几位高僧，是必然的。《宋高僧传》卷10《章敬寺怀晖传》中说道：

> 元和三年，宪宗诏入于章敬寺毗卢遮那院安置，则大历中，

敕应天下名僧大德三学通赡者，并丛萃其中，属诞辰，多于此修斋度僧焉。晖既居上院，为人说禅要，朝寮名士日来参问。复诏入麟德殿赐斋，推居上座。（T50，768 页上）（《怀晖传》为权德舆所撰写，可参照《故章敬寺百岩大师碑》）

有名的牛头禅的法钦（大觉禅师）（714—792），在大历三年为代宗迎请入帝都，即居其寺，并赐国一之号。据传士庶王公前来拜谒的，日达千人云云。另据圆照的《贞元续开元释教录》卷中所述，奉代宗之旨参加不空的《仁王般若经》的新译并为此经撰写了三卷疏文的良贲，在章敬寺殿宇初成之际，于此寺讲疏，常有数百听众听讲。法照在此寺的净土院，于大历时代撰写了《五会法事赞》。此外，亦可见到章敬寺惠林（《不空表制集》卷 2）、章敬寺希照、章敬寺临坛大德普震（二人同为为调和《四分律》新旧两派的论争而奉敕担任新疏撰写之人。参照《贞元续开元释教录》卷中）等人之名。由此可知，章敬寺中配属了各方面的大德。结合本文中引用的《资治通鉴》卷 224 "大历三年" 条中的记述：

> 正月乙丑，上幸章敬寺，度僧尼千人。七月丙戌，内出盂兰盆，赐章敬寺，设七圣神座，书尊号于幡上，百官迎谒于光顺门。自是岁以为常。

可以推察到代宗时代章敬寺的繁盛之况。大历三年十月，沙门崇惠邀请鱼朝恩至章敬寺。在百官星驰、万人云集当中，崇惠或登百尺之刀梯，或过猛火焰，令众人惊叹，佛教信徒狂喜（参照《不空表制集》卷 6《登刀梯歌序颂谢表等三首》，及《宋高僧传》卷 17。顺便提一下，《宋高僧传》中的 "京师章信寺"，应为 "章敬寺"）。此外，大历四年正月，安史之乱以来被公认为功勋第一的郭子仪入朝，鱼朝恩曾邀请他游览章敬寺。发愿建造的大寺建成，鱼朝恩不无得意。然而，好景不长，建寺的愿主鱼朝恩在大历五年被秘密杀害，章敬寺作为长安有数的大寺之一，从此失去了其代宗、德宗两朝贵族佛教一大中心的地位。长达四十年在外国生活，于贞元六年归还长安的悟空，即住章敬寺。又，担任《大乘理趣六波罗蜜经》撰述（贞元五年）之职的智通(《贞元续开元释教录》卷中)、通达禅法的戒律学者道澄（贞元十九年寂）（同上）。又见《宋高僧传》卷16《章信寺道澄传》)、担任般若三藏《华严经》译出润文之职的鉴灵(《贞元释教目录》卷17)等，都是章敬寺所属的僧人。特别是道澄，可以出入于宫廷内道场。《宋高僧传》卷16《道澄传》记云：

贞元二年二月八日，帝于寺（章敬寺，传作"章信寺"）受菩萨戒。京甸倾瞻，赐赍隆洽，所受而回施二田矣。五年，帝幸其寺，问澄修心法门，又敕为妃主嫔御受菩萨戒。十六年四月，敕赐号曰大圆。十九年九月十八日，终于此寺焉。(T50，806页中)

再结合下面的两则记述：

贞元四年八月，御通化门，观章敬寺，迎御书院额，并鼓吹阅神策马技。(《册府元龟》卷52)

贞元七年七月癸酉，上幸章敬寺，赋诗九韵。皇太子与群臣毕和，题之寺壁。(《旧唐书》卷13《德宗本纪下》、《唐会要》卷27等)

可知章敬寺在德宗的时代，也继续保持着与朝廷的密切关系和繁荣。

[14] 金阁寺

道义入五台山，在化金阁寺面见圣人巡礼圣寺之事，详见《宋高僧传》卷21《五台山清凉寺道义传》，以及《广清凉传》卷中"道义和尚入化金阁寺"条。

参与建筑金阁寺的僧人，主要有泽州（山西）道环、不空、含光、纯陀、道超、惠晓。据《不空表制集》卷2所收的《请舍衣钵助僧道环修金阁寺制一首》（永泰二年五月一日）云：

五台山金阁寺

右大兴善寺沙门，特进试鸿胪卿大广智不空奏。上件寺，先圣书额，寺宇未成。准开元二十四年，衢州僧道义至台山所见文殊圣迹，寺号金阁，院有十三间，居僧众云有万人，台殿门楼，兹金所作。登时图画一本，进入在内。天下百姓咸欲金阁寺成，人谁不愿。令泽州僧道环，日送供与山，景慕道义禅师所见之事，发心奉为国家，依图造金阁寺，院宇多少，一如所见。今夏起手，工匠、什物兹自营办，将满先圣御额，终成道义感通。观夫此僧，志愿非小。

据此奏文，可知：其一，金阁寺建立的规划，早在前代就有了；其二，当时，有关道义在五台山感得灵异的图画，被进送到朝廷，其事迹于是为人所知；其三，泽州道环仰慕道义的灵异之事，按照其所目睹的情形欲建立金阁寺，以满足先圣的御额。工程于永泰二年夏开始着手。

不空在奏请中进一步又说：

且五台灵山寺额有五，清凉、华严、佛光、玉花四寺先成，独唯金阁一所未就。既是圣迹，谁不具瞻。不空愿舍衣钵，随助道环建立盛事。……结构金阁，非陛下而谁。……非夫宰辅赞成，军客匡助，百寮咸续，千官共崇，则何以表君臣之美，以光金阁之大也。保寿寺大德沙门含光，奉使回台，恭修功德。（T52，834 页上）

为了金阁寺的建设，不空率先施舍，并冀希望天子以下百官都能够援助，以实现金阁寺的完成。此外，他还特别派遣高足含光至五台山，督造建寺，为国修行功德。

含光，是不空付法弟子当中的上首高足。在大历九年五月的不空遗书（《不空表制集》卷 3）中，不空自道：

吾当代灌顶三十余年，入坛受法弟子颇多。五部琢磨，成立八个，沦亡相次，唯有六人。其谁得之，则有金阁含光。（T52，844 页上—中）

含光的传记，见于《宋高僧传》卷 27、《付法传》卷 2。含光自开元以来，师事不空。后随不空西归，至师子国，于其地受五部灌顶。归朝后，协助不空的译经事业。大历元年金阁寺建立之时，由不空推荐，至五台山，监督工匠，指挥工程建设。金阁寺落成后，留山为国家修法。又据《不空表制集》卷 2 的《请修台山金阁玉华等巧匠放免追呼制一首》（大历二年二月），以及《请台山五寺度人抽僧制一首》（同年三月），大历二年之初，金阁寺已经落成。其时，修功德沙门含光等担任选拔之任，在五台山五寺各置僧人二十一名，常为国转读《仁王护国经》以及《密严经》。又将吴摩子寺改名为大历法华寺，为国转读《法华经》。另外，含光逗留五台山期间，作为五台山学者而有名的湛然，与四十余位江淮僧人一起入山，与含光谈论天台法门，此点在考察法照净土教之时必须注意。还有，《不空表制集》当中，出现有五台山圣金阁寺都料僧纯陀的名字。据《宋高僧传·道义传》所载，纯陀曾经担任金阁寺营造的土木技术工作。又云，纯陀元是西域那烂陀寺的僧人。这个纯陀，与《宋高僧传》卷 29 的京兆镇国寺西域僧纯陀，即是上元中来到中国，颇受代宗尊崇，大历三年（僧传作永泰三年，系误。《册府元龟》卷 25 记载，大历三年胡僧纯陀示寂）在镇国寺圆寂的僧纯陀是否同一人，难以遽断。

道绍之事，在《贞元续开元释教录》卷中，记述潜真为不空所译《大圣文殊师利菩萨佛刹功德庄严经》撰疏之事时有提到：

> 有金阁寺大德道超禅师，学尽法源，行契心本，亲睹灵境，密承圣慈。故久在清凉，屡兴净业。仍于金阁现处，建窣堵波。寻觐法缘，来诣京国，以此经为本事，以大圣为本师。（T55，759 页下）

据此可知，他久居五台山，兴办种种的佛教事业。又曾在金阁显现之处建立佛塔，是金阁寺所属的大德。在大历八年之前至帝都。特别信仰文殊菩萨，对不空所译的《文殊菩萨佛刹功德庄严经》非常崇信。

另外，关于天子宰相等对金阁寺建立的援助和王缙对协助营造金阁寺之事，在《王缙传》（《旧唐书》卷 118）中有如此记述：

> 五台山有金阁寺，铸铜为瓦，涂金于上，照耀山谷，计钱巨亿万。缙为宰相，给中书符牒，令台山僧数十人分行郡县，聚徒讲说，以求货利。

僧传《道义传》中这样说：

> 大历元载，具此事由，奏宝应元圣文武皇帝。蒙敕置金阁

寺，宣十节度助缘。（T50，844 页上）

据此可知，得到天子的后援和指令后，化缘的僧人开始巡回各地游说，从中央到地方都共同为金阁寺的实现而努力。虽然寺院的落成大约在大历二年初就已经完成了，然而内部的完善和庄严肯定要持续相当长的时间。在不空圆寂（大历九年）之后的大历十二年，惠晓的《往五台山修功德辞谢圣恩表》（《不空表制集》卷 6）中这样说：

令往五台山，检校大圣金阁寺尊像颜色契印。（T52，858页中）

甚至经过七十余年的建设后，圆仁巡礼之时，第二层墙壁上的诸尊曼陀罗还没有填完色。另外，据大历十三年惠晓的《恩命令与惠朗同修功德谢表》《进五台山修护摩功德表》等，朝廷派遣了为数众多的使者送供养至金阁寺。

大历时代的金阁寺，是朝廷最重要的修功德的道场，而且是不空、含光、惠晓等不空一系的密教家活动的中心场所。

我国的圆仁巡礼金阁寺，是在开成五年（840）。他的记录在考察代宗、德宗两朝以来金阁寺建筑的辉煌和当时的佛教文化的一个侧面之时，是重要的参考。兹将相关记述引述如下：

开金阁，礼大圣文殊菩萨骑青毛师子圣像，金色颜貌，端严不可比喻。又见灵仙圣人（长庆二年入山的日本僧）手皮佛像及金铜塔。又见辟支佛牙，佛肉身舍利。当菩萨顶，悬七宝伞盖，是敕施之物。阁九间三层，高百尺余。壁檐橡柱，无处不画，内外庄严，尽世珍异。颙然独出杉林之表，白云自在下而暖靆，碧层超然而高显。次上第二层，礼金刚顶瑜伽五佛像。斯乃不空三藏为国所造，依天竺那兰陀寺样作，每佛各有二胁侍，并于板坛上列置。次登第三层，礼顶轮王瑜伽会五佛金像。
每佛各一胁侍菩萨。二菩萨作合掌像，在佛前面向南立。佛菩
萨手印容貌，与第二层像各异。粉壁内面，画诸尊曼荼罗，填
色未了。是亦不空三藏为国所造。瞻礼已毕，下阁到普贤道场，
见经藏阁大藏经六千余卷，总是绀碧纸，金银字，白檀玉牙之
轴。看愿主题云，郑道觉，长安人也。大历十四年五月十四日
巡五台，亲见大圣一万菩萨及金色世界，遂发心写金银字大藏
经六千卷云云。……次开持念曼荼罗道场，礼拜尊像。此则不
空三藏弟子含光，为令李家昌运长远，奉敕持念修法之道坛。
面三肘，以白檀汁和泥涂作。……三尊并立，背上安置一菩萨
像。堂内外庄严，彩画镂刻，不可具言。七宝经函，真珠绣佛，
以线串真珠，绣着绢上，功迹奇妙。自余诸物，不暇具录。
（B18，75 页上—76 页上）

[15] 参照《新唐书》卷 147《李叔明传》及《旧唐书》卷 127《彭偃
传》。后者引述如下：

时剑南东川观察使李叔明上言，以佛道二教，无益于时，
请粗加澄汰。其东川寺观，请定为二等（《新唐书·李叔明传》
云"寺为三等，观为二等"）：上寺留僧二十一人，上观留道士
十四人，降杀以七，皆精选有道行者，余悉令返初。兰若、道
场无名者皆废。德宗曰："叔明此奏，可为天下通制，不唯剑南
一道。"下尚书集议。偃献议曰：王者之政，变人心为上。……
今陛下以惟新之政，为万代法，若不革旧风，令归正道者，非
也。当今道士，有名无实，时俗鲜重，乱政犹轻。唯有僧尼，
颇为秽杂。自西方之教，被于中国，去圣日远，空门不行五浊，
比丘但行粗法。……且佛之立教，清净无为，若以色见，即是
邪法，开示悟入，唯有一门，所以三乘之人，比之外道。况今

出家者，皆是无识下劣之流，纵其戒行高洁，在于王者已无用矣，况是苟避征徭，于杀盗淫秽，无所不犯者乎。……今天下僧道，不耕而食，不织而衣，广作危言险语，以惑愚者。一僧衣食，岁计约三万有余，五丁所出，不能致此。举一僧以计天下，其费可知。……臣伏请，僧道未满五十者，每年输绢四匹；尼及女道士未满五十者，每年输绢二匹；其杂色役与百姓同。有才智者令入仕，请还俗为平人者听。但令就役输课，为僧何伤。臣窃料其所出，不下今之租赋三分之一，然则陛下之国富矣，苍生之害除矣。其年过五十者，请皆免之。……议者是之，上颇善其言。大臣以二教行之已久，列圣奉之，不宜顿扰，宜去其太甚，其议不行。（《新唐书·李叔明传》："刑部员外郎裴伯言曰：'臣请僧、道士一切限年六十四以上，尼、女官四十九以上，许终身在道，余悉还为编人，官为计口授地，收废寺观以为庐舍。'议虽上，罢之。"）

据此可知，德宗初期，佛教对道教等具有着压倒性的优势。此外，佛教在举办法会、寺塔经像等外在形式方面比较兴盛。我们还可以想象，五浊末代的思想也在此时普及，像法照这样具有仪式感的净土教，很受社会的欢迎。

[16]《南部新书》乙中说：

贞元十二年，天子降诞日，诏儒官与缁黄讲论。初若矛盾相向，后类江海同归。三教谈经，自此始也。

[17] 作者批注：此图系参考徐松《两京城坊考》而作。大历以前的废寺不录，只录大历、贞元时代所存者。不过，其中也有像17奉慈寺、32大中报圣寺这样武宗、宣宗时所建立而被误录入者。另外，3荐福寺浮图院、60宝应坊也应从寺院数目中剔除。

[18] 圆仁《入唐求法巡礼行记》"会昌四年七月"条下这样说：

> 又敕下，令毁折天下山房兰若、普通佛堂、义井、村邑斋堂等未满二百间，不入寺额者。其僧尼等，尽勒还俗，充入邑役。具令分折闻奏。且长安城里坊内，佛堂三百余所，佛像经楼等庄严如法，尽是名工所作。一个佛堂院，敌外州大寺，准敕并除。（B18，101 页上）

[19] 其文曰：

> （五月一日）敕开讲，两街十寺讲佛教，两观讲道教。当寺内供奉讲论大德嗣标法师，当寺讲《金刚经》，青龙寺圆镜法师，于菩提寺讲《涅槃经》。自外不能具书。（B18，90 页下）

[20] 唐赵璘（开成二年进士，大中七年左补阙，后为衢州刺史）的《因话录》卷 4（收于《稗海》)中这样记述道：

> 有文淑僧者，公为聚众谭说，假托经论，所言无非淫秽鄙亵之事。不逞之徒，转相鼓扇扶树。愚夫冶妇，乐闻其说，听者填咽寺舍，瞻礼崇奉，呼为和尚。教坊效其声调，以为歌曲。其氓庶易诱，释徒苟知真理，及文义稍精，亦甚嗤鄙之。近日，庸僧以名系功德使，不惧台省府县，以士流好窥其所为，视衣冠过于仇雠，而淑僧最甚，前后杖背，流在边地数矣。

唐段安节的《乐府杂录》"文叙子"条中云：

> 长庆中，俗讲僧文叙善吟经，其声宛畅，感动里人。乐工黄米饭依其念四声观世音菩萨，乃撰此曲。

宋王灼《碧鸡漫志》卷 5 进一步对《文淑子》曲有如是记述：

> 《文淑子》，《卢氏杂说》云："文宗善吹小管，僧文淑为入内大德，得罪流之。弟子收拾院中籍入家具，犹作师讲声，上

采其声制曲，曰《文溆子》。"予考《资治通鉴》，敬宗宝历二年六月己卯幸兴福寺，观沙门文溆俗讲。敬、文相继，年祀极近，岂有二文溆哉？至所谓俗讲，则不可晓。意此僧以俗谈侮圣言，诱聚群小，至使人主临观，为一笑之乐，死尚晚也。今黄钟官、大石调、林钟商、歇指调，皆有十拍令，未知孰是，而"溆"字或误作"序"并"绪"。

据上述引文，可知文溆的俗讲在长安士女之间是何等受喜爱的了。此外，我们还可以想象得到，从此种俗讲中所产生的歌曲歌词，会衍生出很多与佛教相关联的东西。法照的五会念佛，可以设想与这些有明里暗里的关联，至少可以说是从同等氛围的佛教社会中所产生的。研究这一时代以长安为中心的唐文化的论著甚多。1957 年出版的向达著《唐代长安与西域文明》一书，共收录作者论文二十三篇，为其中的翘楚之作。

[21] 敦煌所出的佛曲，各处不少。北平图书馆（译者按：今中国国家图书馆）所藏的《目连变文》《佛本行集经俗文》《八相成道俗文》《维摩诘所说经俗文》《地狱变文》等，向达氏都有说明。上虞罗氏所藏的三种佛曲，收录于《敦煌零拾》，其中就有《维摩诘俗文》。法国国家图书馆的 3248 号《丑女缘起》、2955 号《阿弥陀经俗文》（《敦煌掇琐》的编者题为《佛国种种奇妙鸟》，实为《阿弥陀经俗文》）、2734 号《太子十二时》等卷子，收录于《敦煌掇琐》。

　　另外，郑振铎氏在《中国文学史》（第 33 章）中论及变文。长安菩提寺的维摩变壁画上，有"元和末俗讲僧文溆装之"（《寺塔记》）的题记。俗讲、变相、变文三者之间，应该是有密切关联的。变文之中，或许就有民间说教僧人通俗说法、佛画解说所用的文本，或者由此发展衍变出来的产物。敦煌变文的

汇编，有王重民等所编著的《敦煌变文集》上下两卷（1957 年
发行）等。

[22] 德川末期摩岛松南在其所著《娱语》卷 4 中，对比唐《因话录》
的文叙，举出了近世日本相同的事例：

> 京师有一种游方僧，非乞人，非缁徒，然祝发披法衣，开
> 场说法。始则陈因果报应之事，渐而鄙言诙谐，随口而发，尤
> 善关东歌曲。且巧作优倡态，轻薄士女，观者如堵。唐赵璘
> 《因话录》云，元和中有文叙者，聚众论说内典，托言鄙亵之
> 事，不逞同辈，争学其音调为歌曲，呼所居为和尚教坊。其丑
> 态彼此相符，可供一噱。

这种现象，不单是近世日本才有。在佛教普及兴隆的社会中，
这是难免的现象。《元亨释书》卷 29《音艺志》中，慨叹佛教中
与音韵有关的经师、声明、唱导、念佛逐渐演技化、求利化，
失去了本来的意义。据此也可以知道中古时代的情形。今抄录
部分如下：

> 本朝以音韵鼓吹吾道者，四家焉。曰经师焉，曰梵呗焉，
> 曰唱导焉，曰念佛焉。……盖四者皆行也，可立焉。流而为伎，
> 不可废也。古者四者皆行也，岂可不立乎。今者伎也，欲不
> 废不可得矣。

> 唱导者，演说也。……夫谕扬至理，启迪庶品，鼓千百之
> 众，布闻思之道，……演说之益，何术如焉。争奈何，利路才
> 开，真源即塞，数它死期，寄我活业。诡谲交生，变态百出。摇
> 身首，婉音韵，言贵偶丽，理主哀赞。每言檀主，常加佛德，欲
> 惑人心，先或自哭泣。痛哉，无上正真之道，流为诈伪俳优之伎。

> 念佛者，……遗派末流，或资于曲调，抑扬顿挫，流畅哀

婉，感人性，喜人心，士女乐闻，杂沓骈阗，可为愚化之一端
矣。然流俗益甚，动炫伎戏，交燕宴之末席，受盃觞之余沥，
与瞽史倡妓，促膝互唱。痛哉，真佛秘号，荡为郑卫之末韵。

想来，唐朝的俗讲也像《元亨释书》中被慨叹为俳优之伎的唱
导之类一样。中唐时期的法照、少康的念佛教，换个角度来说，
也有《释书》所说的堕于"郑卫之末韵"的性质。

第三章

代宗、德宗时代的佛教诸宗派

第一节 不空的佛教

作为法照时代长安佛教的指导者，首先必须要举出的是受到玄宗、肃宗、代宗三朝尊信，被礼遇为国师的西域高僧不空及其门下。

不空（705—774），在开元时代曾参加金刚智（671—741）的译场，后游历印度，得密教传承。归朝后，在朝廷的礼遇下，先后译出总计八十三部、一百二十卷的经典、密教仪轨，是长安佛教界的领军人物。[1]

大历九年（774）六月，不空以七十岁之龄入寂。代宗为此特废朝三日，另赠送司空之号，谥为大辩正广智三藏。从中可以看出，崇佛的代宗是如何地尊信和归依不空的。此外，不空受长安显贵的推崇，站在兴隆大历佛教第一线活动的事迹，在《不空表制集》《续开元释教录》等中记载甚详。

不空的主要成就，不用说是密教的弘传。讲到不空，并不是像日本真言宗那样，专事于整顿宗义和组织，宣说密教。他的宗派排他性很少，对佛教各宗派都存有宽容和包容。由不空而兴隆起来的佛教，其显著的特征，可以举出如下四点。

一、据仪轨建坛修法

不空所译出的数量众多的经典仪轨，并没有全部在当时的佛教界被付诸实行。尽管如此，这些新出的仪轨，针对特定的祈祷对象设定了相应的建坛修法的规范仪则，对法会仪式，特别强调了绝对的价值和神秘意义。对作为祈祷对象的雕像、图画，每一个都付与了特殊的意义和价值，要求设置特定装饰的道场，尊重由特定的修法者（僧人）举行的仪式。这其中，僧人作为神秘力量与人世间的中间媒介，以及修法仪式的主宰者，被赋予很高的地位。修法仪式的兴盛，促进了庙宇建筑的庄严，雕刻、绘画的兴隆。像这种带有仪式感的佛教，与华丽的唐中期长安佛教最相应。

二、国家色彩浓厚

通常，据仪轨而举行的建坛修法，以为生活禳灾祈福为多见。而不空的佛教，国家色彩非常鲜明。不空一门以朝廷为背景展开活动，他的佛教具有明显的国家性质。由于前有安史之乱，后来又有外族入侵及内乱不停，处在这样的时代，他特意将禳灾退敌与祈愿国祚长久、国富民安相结合来兴隆密教。永泰元年，不空译出《仁王护国般若波罗蜜多经》和

《密严经》，并常为国转读。[2]在《不空表制集》中，处处可以看到鲜明的国家性佛教的色彩。

三、宣扬兴隆五台山信仰、文殊信仰

不空直到圆寂前还念念不忘的，是文殊菩萨的尊崇及五台山佛教的兴隆。进入隋唐时代，原本就是佛教圣地的五台山突然兴旺了起来。人们相信此山中有文殊菩萨与一万菩萨应化，在此可以亲见大圣，获得种种感应。唐代建立了诸多寺院，五台山成为了不仅中国，甚至远至外国的佛教徒都向往憧憬的圣地。[3]

不空也有五台山信仰。他倾注精力兴隆文殊信仰和五台山佛教，是推动五台山佛教进入全盛时代的第一功臣。对照《不空表制集》，可以很明显地看到，很多表制都与五台山佛教有关。例如：

请舍衣钵助僧道环修金阁寺制一首（永泰二年）

请舍衣钵同修圣玉华寺制书一首（大历元年）

请抽化度寺（文殊师利护国）万菩萨堂三长斋月念诵僧制一首（大历二年）

请修台山金阁玉华寺等巧匠放免追呼制一首（大历二年）

请台山五寺度人抽僧制一首（大历二年）

请光天寺东塔院充五台山往来停止院制一首（大历四年）

天下食堂中置文殊上座制一首（大历四年）

大历五年七月五日于太原设万人斋制一首

请太原至德寺置文殊院制一首（大历五年）

请太原号令堂安像净土院抽僧制一首（大历五年）

敕置天下文殊师利菩萨院制一首（大历七年）

谢敕置天下寺文殊院表一首并答（大历七年）

进文殊师利佛刹功德经状一首（大历八年）

他为在台山建立金阁寺，亲自随喜施舍，并请天子援助，将弟子含光派往督造。又建玉华寺（见《表制集》卷1—5），并奏请以金阁、清凉、华严、玉华以及大历法华寺等五台山五大寺院为国家道场，各寺置僧二十一人，常为国家转读《仁王护国经》《密严经》《法华经》（《表制集》卷5），在帝都大寺化度寺图写有五台圣境的文殊师利护国万菩萨讲堂，置念诵僧十四人，为国诵经（《表制集》卷3）。

大历四年，又上书奏请尊崇普及文殊圣像（《表制集》卷2）：

大圣文殊师利菩萨，大乘密教，皆周流演。今镇在台山，福慈兆庶。……伏望，自今以后，令天下食堂中，于宾头卢上，[4]特置文殊师利形像，以为上座。（T52，837 页中）

次年，奉敕命亲自巡礼五台山，修积功德。大历六年，译出《文殊师利菩萨佛刹功德庄严经》三卷（《贞元续开元释

教录》卷中)。大历七年,请敕天下寺院胜处新置文殊菩萨院
(《表制集》卷3)。大历八年,在大兴善寺翻经院中修造大圣
文殊镇国阁的同时,又在新置的文殊院设置专门的僧人,长
期为国宣讲读诵《文殊经》。[5]

　　如上所述,文殊菩萨的信仰由不空的推动而达到顶峰,
这也是五台山佛教越发兴盛的原因所在。大历九年,不空在
遗书中写道,将自己所有的资财,尽悉布施给大兴善寺的文
殊阁及五台山金阁、玉华两寺。文殊信仰和五台佛教的兴隆,
是不空毕生的心愿。在他圆寂后,他的弟子继承他的遗志,
在朝廷的援助下,继续经营大兴善寺文殊阁与五台山佛教。
文殊信仰和五台山佛教,经由不空及其一门而获得飞跃发展。
活动于这个时代的高僧中,很多都与五台山有关联,与文殊
信仰有交涉。其显著者,有天台宗的湛然、志远,华严宗的
澄观等。法照的净土教也与此有交涉。

四、盛行持咒,特别推崇《尊胜陀罗尼》

　　不空是密教的传承者,由他及其门下的推动而兴隆起来
的佛教,持咒受到推崇、流行。实际上,在不空所奏请得度
的僧人中,就有持诵《随求陀罗尼》《尊胜陀罗尼》《阿弥陀
陀罗尼》等陀罗尼之人,而且还为数不少(《表制集》卷2)。
陀罗尼中,不空及其一门极为推崇持诵《尊胜陀罗尼》。大历
十一年,代宗下敕,令天下僧尼持诵尊胜真言:"天下僧尼令
诵《佛顶尊胜陀罗尼》,限一月日,诵令精熟,仍仰每日诵二
十一遍。"开元、天宝以来盛行的《尊胜陀罗尼》,至大历时

越发流行普及。[6]唐代尤其是开元年间开始，经幢的造立颇为
流行，其大多数为尊胜陀罗尼经幢。虽然在会昌法难中很多
经幢被摧毁，然时至今日仍有数量众多的尊胜石幢存在，这
正是其流行兴盛的实际例证。[7]

　　据称是佛陀波利所译的《尊胜陀罗尼经》，与五台山信仰
有着密切的关系。相传佛陀波利在五台山得文殊菩萨点化，
为饶益汉地造罪众生、破戒僧人而特地将此真言传来中土。
有关《尊胜陀罗尼》的传译，尚有值得商榷之处。不过，至
少从开元以来，佛陀波利在五台山遇到感应的传译说，被一
般大众所相信。也因为有了这个富于传奇性的感应，此陀罗
尼越发流行和受到尊崇。换言之，尊胜真言与五台山信仰相
互推波助澜而兴隆。五台山文殊信仰的隆盛促进了佛陀波利
尊胜真言的流行，尊胜真言的流行让开启传译缘起的五台山
文殊信仰越发兴盛。又，《尊胜陀罗尼经》说持诵此咒可灭罪
往生净土，特别是说可以往生极乐净土。[8]此真言与净土信仰
相结合而流传，陀罗尼经幢中，为死者追善和祈愿亡灵托生
净土的例子很多。尊胜真言的流行，同时也是在提倡西方净
土教。据传是法照建立的五台山竹林寺中，就画有与佛陀波
利传译相关的感应传说（圆仁《入唐求法巡礼行记》卷2），
这一点颇值得注意。

　　不单是《尊胜陀罗尼》，由不空等密教徒而带动的诵持密
咒的流行，没有妨碍当时净土教的流传。唐代净土教徒主要
的实践行持，是唱念阿弥陀佛名号。这种念佛的方法，并不
是依据汉译的名字无量寿佛，而是反复称念阿弥陀佛的梵名。
这与持诵密咒之间，两者在心理上有着共通之处。善导的高

足怀恽，持诵大般若咒三十万遍。法照的《五会法事赞》中
也采用了密咒。在流行诵持密咒的信仰界，称念阿弥陀佛的
宗教也容易获得认可，得以流行。不空一门密教的兴隆，没
有阻碍到净土念佛教的流行。

第二节　天台宗

不空一派的密教之外，当时长安、五台山一带应须注意
的，是天台、华严两宗的兴隆。

天台宗的始祖南岳慧思、组织者天台智顗、继承者灌顶等
人弘教的主要据点，是南方。尤其是天台山国清寺完成之后，
成为根本道场。因此，其宗风主要是在浙江、江苏一带的南
方地区宣扬。然而，则天、玄宗时代，长安、洛阳一带相继
出现弘扬天台教的高僧。特别是称得上是天台宗组织之地的
荆州玉泉寺系统的天台学，出入于中央。玉泉寺的弘景
（634—712），是天台法门的继承者，颇受则天、中宗朝廷的尊
崇，在帝都之地积极布道。[9]被玄宗开元朝廷委以重任的一行
（683—727），在如今佛教界作为密教大家而广被人知。殊不知
他是师事服膺于继承弘景教的玉泉寺惠真之人。[10]慧持、慧忍
两姊妹比丘尼深达天台教，先天年初（712），曾受东都安国、
宁刹两寺之请。由于批评当时盛行于地方的大照普寂门下的
禅教"所论未尽善"，受到了普寂门徒的排斥。在普寂处曾经
受教的一行，却对两位尼师的所论甚为赞赏，奏请玄宗，在
安国寺设置法华院，颁御书院额，加以厚遇，令其宣扬法华

宗。一乘之宗于此兴盛，据传成为日后天下建立法华道场的先例（《释苑词林》卷 193《常州天兴寺二大德比丘尼碑》）。

此外，有楚金（698—759）传承天台教，在长安千福寺建多宝塔，与飞锡等同行大德四十九人一同修行法华三昧，书写《法华经》数千部，受到玄宗、肃宗两朝的尊信归依。在德宗一朝最为得势的窦文场，[11]也曾师事楚金，为他奏请大圆禅师的谥号。楚金的同修飞锡，深受代宗、德宗朝廷的归依，是活跃于长安佛教界的有力之人（唐岑勋撰、颜真卿书《大唐西京千福寺多宝佛塔感应碑》。同碑碑阴飞锡撰《唐国师千福寺多宝塔故法华楚金禅师碑》）。而且，楚金、飞锡不但是热心的法华行者，同时还是愿求西方净土之人。

开元、天宝时代以来天台教在长安的扩张，通过以上的数例可以得知。不仅长安一地，甚至北方五台山，也能看到天台教的普及。唐李邕的《五台山清凉寺碑》（《文苑英华》卷859）中，叙述了开元、天宝时代五台山佛教的兴隆之况。其中有记到，天宝七载（748），贵妃之兄杨铦为圣主书写一切经五千四十八卷，般若四教天台疏论二千卷，收藏于清凉寺。[12]另外，被视为天台中兴之祖的湛然（711—782），在大历时代，也即是与法照不相前后的时代，与江淮僧四十余人巡礼五台山，与不空门人含光谈及天台法门（《宋高僧传》卷27《含光传》）。在我国圆仁入山的时代，五台山传有不少天台教籍。以志远（768—844）为首的天台门徒，或者从事讲说，或者实践天台行法（《入唐求法巡礼行记》卷3）。

法照所处的时代，正是荆溪湛然门下众人齐集，完成中兴天台大业的时代。湛然的活动，虽说是以常州（江苏）为中心的华东地方，其一门的天台兴隆之势，必然会辐射到相邻的华北乃至西北枢要地方。[13]法照的净土教也蒙天台教学的影响不少。

第三节　华严宗

其次应须注意的，是五台山、长安地方澄观一派华严宗的兴隆。澄观是华严宗的集大成者，提倡回归法藏（贤首）的教义，以弘扬贤首教真义的发扬者而自任。但是，他的佛学造诣，在中国佛教史上有着无与伦比的广博，不仅学习三论、穷究龙树的中观教义，还随荆溪湛然钻研天台法华教义，又叩禅门南北两宗名家之门领会禅风，实际上是唐中叶以华严宗为中心综合统摄大乘诸教之人。[14]他的《华严经随疏演义钞》卷2中说：

> 昔人不详至理，不参善友，但尚寻文，不贵宗通，唯攻言说。不能以圣教为明镜，照见自心。不能以自心为智灯，照经幽旨。玄言理说，并谓雷同，虚己求宗，名为臆断。不知万行，令了自心。一生驱驱，但数他宝。或年事衰迈，方欲废教求禅。岂唯抑乎佛心，实乃翻误后学。今皆反此，故制兹疏。使造解成观，即事即行，口谈其言，心诣其理。用以心传心之旨，开示诸佛所证之门。会南北二宗之禅门，摄台衡三观之玄趣，使教合亡言之旨。（T36，16页下—17页上）

从上可以了知，澄观佛教教义之广博，以及他意欲将当时执大乘佛教牛耳的天台以及南北两禅综合统摄于华严教中，君临佛教界的自信和卓识。

澄观以大历十一年（776，恰巧是法照的活动期）入五台山，组织大成其学说。此后，他受请至并州宣教，又在帝都被尊奉为国师，蒙宪宗赐予僧统清凉国师之号，成为天下僧徒的总监。如前所述，华严佛教的流行促进了五台山信仰的兴盛，五台山信仰的兴盛促进了华严经的兴隆。在五台山信仰最高涨的时代出世的巨匠澄观，可以说得天时地利之宜，位居不空圆寂后长安佛教界的首座，实现了华严宗的中兴大业。法照正是在同时代同一地方宣扬弘布他的五会念佛教的。

第四节　禅宗

其次，法照的时代，正是禅宗广泛普及之时，在全国佛教界获得了极为重要的地位。初唐，由蕲州（湖北）地方宣教的五祖弘忍门下，向各地输送出了不少名匠，慧能和神秀两人是其中的代表者。神秀及其门下在洛阳、长安一带扩张教势，慧能及其门下主要在南方传法。他们两门逐渐形成对抗之势，禅风也渐渐不同，被称为南顿北渐。

开元时代，神秀门下的普寂（大照禅师）（651—739）[15]和义福（大智禅师）（658—736）[16]，同得玄宗的归依，在长安、洛阳布教，官民僧俗来归者甚多，于此亦可看出长安、洛阳地方所谓北宗禅的全盛之势。[17]

但是，到了两师示寂之后的天宝四载（745），继承南宗慧能法脉的神会，以八十高龄入洛阳，排挤普寂、义福门下的禅教，鼓吹南宗顿门的禅风。从南北两禅的势力正面冲突以来，两派的对立和论争日渐激烈和明朗化。天宝十二载，神会因北宗方面的弹劾而被从中央贬出。然而，碰巧遇到安史之乱，因用纳钱度僧（每人缴纳一定的香水钱，给予度牒）筹集军资有功，被迎请到洛阳开展活动，两京恢复之后，得到肃宗、代宗两位皇帝的尊信优遇。此外，他在上元元年（760）九十三岁入灭之前，在中央构筑起了南宗顿门禅教的地盘，奠定了北宗渐衰、南宗独荣的时代基础。[18]或许开元、天宝时代两都的繁荣，颇为刺激了地方宗派的中央扩张。天台教也如前所述的那样，在北方大为扩张。南宗禅的两都扩张，还在那个时代进行着。尤其是高龄的名僧神会的锋芒，在普寂、义福去世之时，又抓住安禄山造反的好时机，给北宗禅以很大的打击，建构了南宗扩张势力的基础。神会入灭的第二年，上元二年（761），被肃宗迎入长安的南阳慧忠（大证禅师），也是慧能的门人，到大历十年（775）入寂，一直受到肃宗、代宗的优遇，在长安一带朝野僧俗之间宣扬慧能宗。[19]

由于神会、慧忠两位巨匠在帝都地方对慧能宗的势力扩张，对北宗禅所造成的打击是显而易见的。然而，认为神会以来北宗禅就完全被压制，法照时代的帝都地方南宗禅已独占鳌头，尚为时过早。普寂、义福门下的教势，在当时也有相当的持续。由于大藏经中的禅籍史传，是胜利完全归于南宗禅的时代的编述，或者说由南宗禅系的人编成的为多的缘故，研究法照时代帝都地方禅门的形势，应该留意经唐人之手而成的藏外资料。[20]

以上南北二宗之外，还有出身被李吉甫称为"二宗之外别门"的牛头山法融一派的所谓牛头禅门下，正好与法照同时在长安宣教的法钦（大觉禅师，714—792）。[21]师于大历三年被代宗迎请入帝都，赐号国一。他与朝廷之间有着极为密切的关系，曾经驻锡法照也止住过的新建的章敬寺，据传，王公士庶来诣者，每日达千人。他在德宗贞元八年示寂，谥号大觉禅师。其禅风在法照时代也有着相当的势力。

此外，这个时代前后的诸禅师的碑记，几乎无一例外地都极力主张传法次第。

宗密的《禅门师资承袭图》中说道：

> 德宗皇帝贞元十二年，敕皇太子集诸禅师，楷定禅门宗旨，搜求传法傍正。遂有敕下，立荷泽大师为第七祖。（X63，31页下）

当时帝都成为了禅门各派的争霸之地，传法傍正之论很盛，以至于需要楷定诸派融合。不过，此处"立荷泽大师为第七祖"的记述，虽能说明当时神会与慧能一起，作为继承禅法的一代得到了承认，然而，如果据此就想当然地认为神会以外的慧能嗣法者的正统被否认，特别是神秀的六祖以及普寂、义福的七祖地位被公然否定，神会被公认为整个禅门唯一正统的七祖，恐怕尚为时过早。

总之，法照时代的长安，是禅门隆盛之地，地方也处于禅的隆盛之期。禅的隆盛和热衷的传法相承论，使得在这个时代的一般僧俗间，禅被视为释迦牟尼以来至今代代相承的正确的佛教。换言之，禅被信奉为佛教诸教派中的第一正统法派，禅宗的地位在全体佛教界中极为重要。因此，在这个时代的佛教界，欲想主张某一教说之人，如果不能对禅有一些理解和思考的话，就无法完成其事。法照的净土教中，就能看到这种反映。

第五节　大历、贞元长安佛教的一般性质

以上诸宗之外，戒律的研究也颇为兴盛。无论哪个宗派，戒律都是共通的修行法门。戒律的研究随着佛教的兴隆而兴盛是必然的。大体上，戒律只是教团生活的一种规定，算不上是一组织教学的提倡，所以此处不作过多介绍。唐代，诸律中《四分律》尤为盛行。围绕着《四分律》的解释，产生了法砺旧疏派和怀素新疏派的对立。大历末年，朝廷敕命融合两疏的相违，撰述鉴定《四分律疏》，以期让佛教界得到融合统一。[22]总之，这是一个分派对立的佛教趋向融合的时代。

有关净土教的盛行，拟改章再述。这里想就大历、贞元时代的长安佛教的整体性质加以概括，作为本章的总结。

第一，伽蓝全盛期的佛教。贵族特权阶层支持的佛教，后转而为盛行举办法会、仪式、斋僧的佛教。这是以三世因果报应为根本的"修功德"的宗教。这是期望豪华壮丽的佛寺也具有游乐性质，华丽的佛堂也兼具风流欢乐的音乐法会

和欢乐的说教的时代。

第二，以大乘经典为所依的经宗繁荣，压倒了以论为中心的佛教。即是，前面所述的不空的佛教、天台宗、禅宗等，以及稍后将要述及的净土教，都无一例外地标榜大乘佛教。这与以龙树、提婆、无著、世亲、护法等论师学者的著述为中心的所谓论宗不同，是以佛直说的大乘经典为所依的经宗，比较强调从释迦佛直接而来的传承是没有间断的。由于这种崇尚经典风气的影响，从南北朝以至于唐初盛行的三论、四论、地论、摄论等大乘论宗开始，近至风靡7世纪后半期的佛教界，由大翻译家玄奘传译、其门下盛传研究的唯识、俱舍的宗旨，在8世纪后半期的大历、贞元佛教兴盛时的长安，也不能很大地扩张势力。

论宗在宗教所要求的神圣性、神秘性方面不敌经宗。龙树、无著、世亲、护法等论师虽然伟大，他们的著作也很有名，但他们毕竟是人，其著作是人的著述。即便这些著述是依据经典而创作的，论宗之名也缺乏神圣性和神秘性，虽然有被研究传承，作为宗教的社会性传道力度以及普及性则明显弱化。由被作为神圣的人间存在而被信仰的佛菩萨直说的佛典，特别是大乘经典，不仅其内容神秘色彩浓厚，甚至主张读诵书写就可以获得无量的功德，具有很强的神圣性。与教义的深浅相比，毋宁说神圣感、神秘感的强弱对宗教传播力度的影响更大。原本，佛是觉者，菩萨是正在觉悟的修行者，但事实上，在中国佛菩萨是神一样的存在。至少是在我们现在所谈论的唐中期的佛教徒的信仰中，佛菩萨是作为实实在在地对人间垂以感应，超人间的神圣性的存在而受到崇拜和祈愿的。这种根据佛的直说而产生的经宗，压倒论宗而普及是必然的。不用说，代宗、德宗时代贵族文化的极盛时期，不是哲学性的思索盛行的时代，也不是科学的时代。与其说是学究性、理智性的，不如说是倾向于文学性、感受性的时代。在这样的社会，即便以玄奘的名气，他所提倡的唯识、俱舍这种注重现象分析的研究也被疏远，与此相对，密教以及华严、法华、涅槃、维摩、净土等神秘性强、带有文学性的经典所产生的佛教受到了迎合。

第三，神秘、灵验的佛教受到迎合。可以说，无论哪个时代，佛教都不可能完全与神秘、灵异绝缘。大历、贞元时代尤甚，神秘、灵验的佛教受到大力尊崇。建坛持咒的密教、五台山信仰的兴隆、大乘经宗压倒论宗，这些就是很好的例证。法照的净土教，也是建立在这种神秘灵验的基础上。这种神秘感使他的高僧之名倍加显赫，也是他的念佛教具有很强传播力的重要原因。

第四，佛教各宗的综合双修倾向。在同一地方得到同一朝廷显贵保护的佛教各宗在繁荣之时，各自与他宗进行综合调和，乃是必然之势。出入于不空门下的飞锡，既是天台教徒，又是有诸多净土教著作的念佛教徒。其著述中，不仅能够看到天台教、净土教的融合，还调和综合了三阶教和禅（参照第十章）。澄观的华严教，融合天台和禅的倾向也很明显。其门下的宗密，被视为是融合禅教的大成者。法照的净土教，也能看出禅、天台等和念佛教的融合双修的主张。

此外，天宝末年以来中原地区的战乱，造成了很多典籍散失。大历和贞元，正是处于这样一个时代之后的佛教隆盛期。此时，佛教典籍的搜集编纂事业兴盛，圆照可以说是这个时代从事这种事业、具有这种倾向的代表者。佛教界这种集成编纂典籍的形式，也容易导向佛教各派采取综合协调的双修主义。

大历、贞元的佛教实际上异常兴盛，这个时代的学和行，都非常广泛，形式多样，极尽华丽。不过，南北朝至唐朝，佛教研究思索的纯正深刻和实践修道的纯一热诚，总的来看是日渐稀薄的。而且，综合协调风潮的背后，可以发现有教义的归类化、注释化、形式化，甚至是实践修道的形式化、游戏化趋向。这让人感受到中国佛教的黄金时代已经走到了最后，感到佛教也不能摆脱从唐文化的极盛迈向颓废的趋势。这就是大历、贞元佛教的梗概。

注释

[1] 不空

不空的生平履历，见于严郢撰《不空三藏碑》《影赞》、飞锡撰《不空三藏碑》及《宋高僧传》卷 1。其翻译事业，主要以长安大兴善寺为中心展开，圆照的《贞元续开元释教录》及《贞元新定释教目录》卷 15、卷 16 等记载甚详。圆照以罗什、真谛、玄奘及不空为四大翻译家。其译出的卷数，诸书所说有异。《贞元录》说为"百一十部、一百四十三卷，其本见在"（T55，881 页上）。今据飞锡的碑文，作八十三部、一百二十卷。

[2]《仁王》《密严》两经与代宗朝廷

《仁王》《密严》两经，于永泰元年四月在大明宫南桃园译出。此两经的译出受到的朝廷欢迎之状，《贞元续开元释教录》

卷上及《册府元龟》卷 52 有详细记载。代宗亲为两经赐御制序，又在资圣、西明两寺同时设百座，请百位法师讲《仁王经》，让百位大德转读《密严经》，举办了盛大的法会。在此期间，所需香花、饮食、伎乐、弦歌等，全部由官府供给。永泰元年九月一日，启建了极尽庄严的迎经仪式：

> 是日也，两街大德严洁幡花幢盖宝车，太常音乐梨园仗内及两教坊，诣银台门，百戏系奏。时……鱼朝恩与六军使，陈天龙众八部鬼神，护送新经出于大内。（《贞元续开元释教录》卷上，T55，752 页上）

> 永泰元年九月，于京城资圣、西明两寺，置百高座，讲《仁王经》。内出二宝舆中，命有力者衣金甲舁出。又结彩为菩萨神王及八部鬼神、羊车、鹿车、牛车，内侍鱼朝恩护送，宰臣及百官列班于光顺门观礼。宰臣等表请，依班序节级，率钱以资僧供，二七日而罢。又诏宰臣及两省五品已上官、尚书省四品已上官、御史大夫、中丞、诸司长官，并于西明寺行香修斋奏乐，竟日而罢。俄以吐蕃、回纥入寇，罢百高座讲经。十月，复讲经于资圣寺。（《册府元龟》卷 52）

期间，边报来告，仆固怀恩率吐蕃、回纥大举进犯，于是高座讲经暂时停止。但是，事平之后，又重新开启，百座道场圆满的闰十月二十二日，设无遮大会，严修佛事。《贞元续开元释教录》卷上如是记载此日的盛况：

> 是日也，寺南门外，陈布道场。尽正一坊，东西街内，弈幕云布，幡花丽天。尊容焕然，光照人里。饭僧既毕，六乐争陈，百戏充盈，歌吹尽日。京城大德各贶三十，不空三藏赐九百匹绢帛锦彩，以充数焉。侍者小僧，各五十四。又特降恩旨，赐资圣

讲堂名为永泰善法之堂，此即万古千秋法门故事也。自蕃戎入
境，夜集僧徒，共念摩诃般若波罗蜜多于此堂内，未盈累月，果
得清平。此乃圣力经威，感斯福应。翻经百座，赐赉珍财。自佛
法东流，莫上于兹日也。(T55，752 页下)

百座道场中间，仆固怀恩入寇之际，僧侣齐集资圣寺大讲堂，举
众齐声，称念"摩诃般若波罗蜜多"，仆固怀恩不久即死，事复
归平。朝野将此归功于《仁王经》的功德之力，对此经的尊崇越
发高涨。

永泰二年，代宗命参加翻译《仁王经》的良贲撰述《仁王经
疏》，并在新建的章敬寺及安国寺讲解，宣扬普及《仁王经》(《贞
元续开元释教录》卷中)。

又，大历二年，不空的《请台山五寺度人抽僧》一文中，记
载有如是奏请：

每寺相共满三七人，为国行道，有阙续填。金阁等五寺，常
转《仁王护国》及《密严经》。又吴摩子寺，名且非便，望改为
大历法花之寺，常为国转《法花经》。(《表制集》卷 2，T52，
835 页下)

据此可知，《仁王》《密严》两经，由于不空的提倡奏请，频频为
国读诵。

[3] 唐代五台山佛教

五台山的文殊信仰，起因于《华严经》的经说。《华严经》
中说："东北方有菩萨住处，名清凉山，过去诸菩萨常于中住。
彼现有菩萨，名文殊师利，有一万菩萨眷属，常为说法。"(旧译
《华严经》卷 29《菩萨住处品》)唐菩提流志译的《文殊师利宝藏
陀罗尼经》中有云："我灭度后，于此赡部洲东北方，有国名大

振那。其国中间，有山号为五顶，文殊师利童子游行居住，为诸众生于中说法。"此中所说的东北方清凉山，或者五顶山，据传为中国的五台山。唐代，《华严经》的流行和华严宗的兴隆，是五台文殊信仰突然兴盛的一个重要诱因。唐初以来，在佛教徒中间作为佛教圣地的"五台山图"受到尊崇流布。在敦煌，有名为五台山窟的洞窟（伯希和第117窟），窟内的壁画显示唐代神秘的五台山信仰及其盛况。这些壁画多少加入了一些想象的成分，但大致刻画了大历、贞元以后不久唐代五台山的情形，让人不禁想起不空、法照时代五台山佛教的盛况。

唐代的五台山佛教，可参照《古清凉传》《广清凉传》，以及井上以智为氏的《五台山史の一節》和《唐時代における五台山の仏教》（《歷史と地理》卷18—24）两文。现代五台山，可参照《仏教学雜誌》3—9，以及《五台山真趣》《支那仏教史蹟》、小野胜年与日比野丈夫共著的《五台山》等资料。

[4] 唐代寺院的宾头卢尊者

据不空的表制，大历初，中国寺院的食堂中多安置宾头卢尊者以为上座。《梁高僧传》卷5《道安传》云：

> 安常注诸经，恐不合理，乃誓曰："若所说不堪远理，愿见瑞相。"乃梦见胡道人，头白眉毛长，语安云："君所注经，殊合道理。我不得入泥洹，住在西域，当相助弘通，可时时设食。"后《十诵律》至，远公乃知和上所梦宾头卢也。于是立座饭之，处处成则。（T50，353页中）

此中，道安与慧远的传说虽难以遽信，但是至少显示出，在梁代时，中国寺院处处都为宾头卢设座供养饭食。

宾头卢，具云宾头卢颇罗堕，是十六罗汉之一。为宾头卢设座供养之风的传说，来自经律。即是，宾头卢由于滥用神通，被佛陀惩罚，不得入涅槃，至今仍然住世，为末世的四众作福田。宾头卢也自立誓：“三天下有请，悉赴。”刘宋慧简所译的经典中，有《请宾头卢法》一卷。唐法藏的《梵网经菩萨戒本疏》卷1中如是记载：

> 又闻西国诸小乘寺以宾头卢为上座，诸大寺以文殊师利为上座。（T40，605页中）

据此可知，西方诸国的寺院，也特地安置宾头卢。《请宾头卢法》中提到，过去有长者设食供养，感召到宾头卢前来应供，又说：

> 自尔以来，诸人设福皆不敢遮门，若得宾头卢来其坐处，华即不萎。若新立房舍床榻，欲请宾头卢时……（T32，784页下）

详细说明了请宾头卢的方法。《广弘明集》卷10周武帝给任道林的答语中说：“耆年可为上座，不用宾头。”（T52，155页上）又，道宣的《律相感通传》及道世的《法苑珠林》等，皆引用了这段资料。特别是前者，有“今时有作宾头卢圣僧像，立房供养”（T45，876页中）之语。据此可以知道，中国寺院中特别安置供养宾头卢的风气，由宋齐开始逐渐流行，从南北朝末期开始至唐初，已经蔚然成风。

“西国大乘寺，以文殊师利为上座”之说，也应注意。在高唱大乘教的中国，五台文殊信仰的全盛期，才可能有不空的“令天下食堂中，于宾头卢上，特置文殊师利形像，以为上座”的奏请。不过，长久以来在中国寺院供奉的宾头卢，其特殊地位不会那么容易失去。这从下面道诚的《释氏要览》卷下“伽蓝立庙”一条的记载中可知：

> 传云，中国僧寺，立鬼庙（增辉记云，即鬼子母庙也），次

立伽蓝神庙，次立宾头卢庙（即今堂中圣僧也）。（T54，303页中）

在日本，也有关于安置宾头卢的种种说法，特别是名为"摸佛"（译者按：日本民间信仰认为，患病之人，只要以手抚摸宾头卢像相应部位，然后再回摸自己身体，病即会痊愈）的民间宾头卢信仰，正是由于宾头卢的特殊地位而来。参照《法苑珠林》卷24的《受请篇·圣僧部》，以及《禅林象器笺》第五类《灵像门》中的"圣僧""僧形文殊""宾头卢""憍陈如"等各项。

[5] 大兴善寺与文殊阁

大兴善寺是占帝都左街朱雀大路靖善坊一坊之地的大寺院，原本为隋文帝所创立。清徐松搜罗诸书，汇集有关大兴善寺相关的记事说：

初日遵善寺。隋文承周武之后，大崇释氏，以收人望，移都先置此寺，以其本封名焉。神龙中，韦庶人追赠父贞为酆王，改此寺为酆国寺，景云元年（710）复旧。《寺塔记》云：不空三藏塔前多老松，岁旱时，官伐其枝为龙骨以祈雨。盖以三藏役龙，意其枝必有灵也。东廊素和尚院庭有青桐四株，元和中，卿相多游此院，桐至夏有汗污人衣，如輠脂不可浣。昭国郑相恶其汗，谓素曰："弟子为伐此树，各植一松也。"及暮，素戏祝曰："我种汝二十余年，汝以汗为人所恶。来岁若复有汗，我必薪之。"自是无汗。天王阁，长庆中造，本在春明门内，与南内连墙。其形高大，为天下之最。大和二年，敕移就此寺，拆时腹中得布五百端，漆数十筒。寺有左顾蛤像、于阗玉佛菩萨像。《名画记》：寺有刘焉、尹琳、吴道玄画。行香院堂后壁有梁洽画双松，发塔内有隋朝舍利旛檀像，堂中有隋时写《时非时经》。（《唐两京城

坊考》卷2)

大兴善寺文殊阁的营建，是不空最后的事业。在他圆寂后，弟子们继续经营修造。创建之经过，可参照大历八年六月中不空的上表。在不空的遗书（同出自《表制集》卷3）中，可以看出他直到临终都关心文殊阁营建之事。不空圆寂后的经营修造，在《请于兴善寺当院两道场各置持诵僧制》(《表制集》卷4)、《恩赐文殊阁制》以及《谢赐额表》《进造文殊阁状》(《表制集》卷5)、《进兴善寺文殊阁内外功德数表》(《表制集》卷6)等都有记录。据会昌元年亲访大兴善寺并登上文殊阁礼拜的圆仁记述，直到会昌废佛之前，文殊阁都是长安城中极为壮丽的一道景观(《入唐求法巡礼行记》卷3)。

[6] 不空与尊胜陀罗尼持诵

《不空三藏表制集》卷5：

敕天下僧尼诵尊胜真言制一首

奉敕语李元琮，天下僧尼，令诵佛顶尊胜陀罗尼。限一月日，诵令精熟。仍仰每日诵二十一遍。每年至正月一日，遣贺正使，具所诵遍数进来。

大历十一年二月八日内谒者监李宪诚宣。

谢诵持尊胜真言表一首（并答）

沙门惠朗言，伏奉恩敕，令天下僧尼诵持佛顶尊胜真言者，诸佛之心目，苍生之津梁。陛下受佛付嘱，申以法化。惠朗迹在缁门，又叨近侍，愚诚之分，实惊实喜。伏惟陛下谋协圣慈，阴赞生利，致仁寿之域，在兹一言，播无强之休，以靖万国。山川鬼神，亦莫不宁。鸟兽鱼鳖，允将获祐。僧有奖进之路，俗成同善之风。……

大历十一年二月二十三日，兴善寺沙门惠朗等表进。

宝应元圣文武皇帝批

佛顶真言，神力广被。庶资弘益，普及含灵。比令诵持，有劳表谢也。(T52，852 页下—853 页上)

又，同书卷2《请太原号令堂安像净土院抽僧制书一首》中记载，在高祖、太宗起义之处的太原府大唐兴国大崇福寺，择十四僧，为国长诵佛顶尊胜陀罗尼。

[7] 尊胜陀罗尼经幢

圆仁《入唐求法巡礼行记》卷4"会昌四年七月"条下记载道："天下尊胜石幢、僧墓塔等，有敕皆令毁坼。"(B18，101 页上) 但是，唐尊胜陀罗尼经幢的遗物存世不少。此外，很多金石书中有收载。例如，清黄本骥在其所著《隋唐石刻拾遗》卷下说：

唐代经幢遍满各道，今关中诸本，皆刻尊胜，无刻最胜者。皆刻佛陀波利译本，无刻杜行颛等译本者，以是经序中，有救拔幽显不可思议等语故，信从者众也。关中金石记所载唐幢，一十有九。

尊胜经幢性质的研究，参照松本文三郎博士的《经幢》(收于《支那仏教遗物》)。

[8] 佛陀波利译本中云：

佛言："若人能日日诵此陀罗尼二十一遍，应消一切世间广大供养，舍身往生极乐世界。若常诵念，得大涅槃，复增寿命，受胜快乐。舍此身已，即得往生种种微妙诸佛刹土，常与诸佛俱会一处。"(T19，351 页下)

将往生净土归功于持诵尊胜真言。又，此经的异译本、宋朝法天译的《乌瑟腻沙最胜总持经》中，将此真言作为无量寿佛在极乐世界大善法堂对观自在菩萨所说。

[9] **弘景**

弘景（634—712）之传，出自《宋高僧传》卷 5《恒景传》。唐僧详的《法华传记》卷 3 说：

> 释弘景，是道素门人，诵《法华经》，普贤乘象而来授句逗，天童潜来侍。具如本传说。（T51，62 页上）

唐李华的《故左溪大师（玄朗）碑铭》记载说：

> 又宏景禅师得天台法，居荆州当阳，传真禅师（惠真），俗谓兰若和尚是也。（《全唐文》卷 320）

又同人《荆州南泉大云寺故兰若和尚碑》说：

> 当阳弘景禅师，国都教宗，帝室尊奉，欲以上法灵镜归之和尚（惠真）。表请京辅大德一十四人，同住南泉，以和尚为首。昔智者大师受法于衡岳祖师，至和尚六叶。（《全唐文》卷 319）

我国的凝然的《律宗纲要》卷下记载说：

> 弘景律师大兴天台，秉持兼济，是南山重受戒弟子，鉴真和尚受具和上也。作律钞记，讲律百遍。

弘景还曾就学于道宣，是精通《四分律》之人。他在天台宗的法统传承如下图所示：

慧思----智顗----灌顶----道素--┬-弘景----惠真--┬---一行
　　　　　　　　　　　道宣--┘　　　　　　└--承远----法照

《宋高僧传》将弘景归入道宣弟子文纲门下，《佛祖统纪》中记述弘景从灌顶受法，都是错误的。宋代，南方编纂的佛教史籍对活于动北方之人屡屡误记，并且没有给予相应重要地位的情况不少。例如，天台教流传史上的弘景，《佛祖统纪》中只不过是将其作为章安（灌顶）旁出世家而列名，实际上他是具有极其重要地位之人。（参照拙稿《南岳承遠伝とその浄土教》第五、六两节）

[10] **一行与天台教**

关于玉泉寺惠真，可以参照拙稿《南岳承遠伝とその浄土教》之六《玉泉寺蘭若和尚惠真の教学》一节。

唐李华的《兰若和尚碑》记载道：

> 一行禅师，服勤规训，聪明辩达，首出当阳。既奉诏征，泣辞和尚，而自咎曰："弟子于和尚法中，痛无少分。"后与无畏译《毗卢经》，义有不安，日以求正，决于一言，闻者洗心。

（《全唐文》卷 319）

《旧唐书》卷 191 的《一行传》将惠真作"悟真"，《宋高僧传》卷 5 的《一行传》作"僧真"。这两书都记载了惠真学律之事。此外，我认为他一定也学过天台教学。

不过，也有记载说一行是从弘景得授了天台教。唐梁肃的《唐常州天兴寺二大德比丘尼碑》（《释苑词林》卷 193）中说：

> 诏禅师一行就问二德（慧持、慧忍二尼），二德论所得法未竟，一行避席作礼曰："吾畴昔之年，受此道当阳大师弘景，本愿不终，遂迫恩召，不图为法之至于斯。"因以上闻，帝用休异，赐钱五万、绢一百匹，诏安国寺置法华院，御书院额，以光大法。一乘之宗，于此为盛，其后天下立法华道场，由我始也。（高丽义天的《释苑词林》残本，由京城吴世昌氏收藏。本

文所引，为手抄自吴氏所藏本。）

又，我国智证大师圆珍的《乞台州公验状》记载说：

> 圆珍又看图记，初传教师鉴真同学法兄，唐玄宗国师一行禅师，久传天台教。开元四年敕请入内，复遇西国中天竺那兰陀寺无畏三藏，证法华三昧，对译《大毗卢遮那经》，兼述义释。傍引法华之要妙，正辩总持之密门。通会诸教之千途，同归醍醐之一味。伏以大教融会，师承有本。

一行或许是在弘景在世之时从弘景就学过。不过，开元初师事惠真之事是很明确的。无论如何，一行在天台教学流传史上的功绩，是不可否定的。日本天台台密盛行的源流，或许也可以追溯到一行等人的学风。

[11] 关于窦文场在贞元朝廷的势力，可以参照《旧唐书》卷184、《新唐书》卷207、《资治通鉴》卷235和卷236等。此外，他与法照净土教也有关系，下文会有述及。

[12] 《文苑英华》卷859《五台山清凉寺碑》：

> 在北齐时，以八州租税，食我缁徒焉。历代帝王，莫不崇饰。泊我唐开元、天宝圣文神武应道皇帝，丕宏妙教，大阐玄宗……仍复旧号，祗以修先。是长安年中，敕国师德感，供以幡花。……开元二十有八载，帝之元女曰永穆公主，银汉炳灵，琼娥耀质，发我上愿，归乎大雄，爰舍金钱，聿崇妙力，奉为皇帝恭造净土诸像，钦铸铜钟一，骈之以七宝，合之以三金，影摇安乐之界，声震阎浮之国。……二沙门清白、怀忠，置陈于禅林之院，树法幢以供之，声梵乐以安之。惟时孟秋月望，庆云出山，西北圆光，五百余丈，有万菩萨，同见其间，前后感应，不可遽数，意者其福我圣君乎。天宝七载，贵妃兄银青

光禄大夫宏农县开国男上柱国鸿胪卿杨铦，奉为圣主写一切经五千四十八卷，般若四教天台疏论二千卷，俾镇寺焉。……置之以宝案，盛之以玉箱。

[13] 湛然及其天台中兴事业

天台教势振兴的先兆，在湛然之师左溪玄朗之时已经显现端倪。玄朗（673—754）之传，在李华的《左溪大师碑》、《宋高僧传》卷26、《佛祖统纪》卷7等中有载。但是，《佛祖统纪》中个别记载有误，需据《左溪大师碑》订正勘误。玄朗门下，《大师碑》中列举出十七人之名。弟子道遵的事迹，释皎然的《苏州支硎山报恩寺大和尚碑》（《文苑英华》卷863）有记载。另外，法融、理应、英纯，都是玄朗门下的新罗僧，理应后回国传其教。溪州湛然在宣扬天台方面，于玄朗门下尤为杰出。湛然的传，《宋高僧传》卷6、《佛祖统纪》卷7等有载。湛然门下俗家弟子中最杰出的梁肃，如是推崇湛然：

自智者传法五世，至今天台湛然大师，中兴其道。（《全唐文》卷517）

又说：

左溪门人之上首，今湛然大师，道高识远，超悟辩达，凡祖师所施之教形于章句者，必引而申之，后来资之以崇德辨惑者，不可悉数。（《金石萃编》卷106《台州隋故智者大师修禅道场碑》）

《宋高僧传》卷6记载道：

（湛然）谓门人曰："道之难行也，我知之矣。古先至人，静以观其本，动以应乎物。二俱不住，乃蹈于大方。今之人或荡于空，或胶于有，自病病他，道用不振。将欲取正，舍予谁归?"于是大启上法，旁罗万行，尽摄诸相，入于无间。即文字以达观，导语默以还源。乃祖述所传章句，凡十数万言。心度诸禅，身不逾矩，三学俱炽，群疑日溃。求珠问影之类，稍见罔象之功行。止观之盛，始然之力也。天宝末，大历初，诏书连征，辞疾不就。当大兵大饥之际，揭厉法流，学徒愈繁，瞻望堂室，以为依怙。然慈以接之，谨以守之。大布而衣，一床而居，以身诲人，著艾不息。……然平日辑纂教法，明决前疑，开发后滞，则有《法华释签》《法华疏记》各十卷、《止观辅行传弘诀》十卷、《法华三昧补助仪》一卷、《方等忏补阙仪》二卷、《略维摩疏》十卷、《维摩疏记》三卷、《重治定涅槃疏》十五卷、《金錍论》一卷，及《止观义例》《止观大意》《止观文句》《十妙不二门》等，盛行于世。……盖受业身通者，三十有九僧。搢绅先生，高位崇名，屈体承教者又数十人。(T50，739页中—740页上)

据此可知湛然对天台教的见识和自信之高、著述讲筵的盛况，及其门下的隆盛。参照境野黄洋氏《支那仏教史講話》下卷第二章《天台宗》。

[14] 澄观的传记，参照《宋高僧传》卷 5《法界宗五祖略记》、境野黄洋氏《支那仏教史講話》下 548 页以下。

[15] 普寂的事迹，出自《宋高僧传》卷 9。唐李邕的《大照禅师塔铭》写得最为详细（收于《全唐文》卷 262）。

[16] 义福的事迹，见于唐严挺之的《大智禅师碑》(开元二十四年建)（《金石萃编》卷 81）、杜昱的《大智禅师义福塔铭》(开元二十四年)（《金石萃编》卷 7）、《旧唐书》卷 191《方伎传》、《宋高僧传》卷 9 等。

[17]《大智禅师碑》记载道：

> 沙门四辈，靡然向风者，日有千数，其因环市里绝荤茹而归向者，不可胜计。

又，义福的葬礼由官费举办，"搢绅缟素者数百人，士庶丧服者有万计"。又说："近古归墓灵相，未有如斯之盛也。"

《大照禅师碑》说道：

> 四海大君者，我开元圣文神武皇帝之谓也。入佛之智赫为万法宗主者，我禅门七叶大照和尚之谓也。

将大照与在位中的玄宗作对比，以禅门第七世比拟为佛教界的君主。这两篇碑文，皆作于两师圆寂不久。据碑文的记载，可充分了知两师教化之盛。受两师教诲之人，僧俗两界杰出者为数不少。

[18] 神会的传记，见于《宋高僧传》卷8。近来胡适之氏的《神会和尚遗集》，汇集了敦煌新出的神会遗著，并论及神会的事迹。近十年来，以神会为中心的唐禅宗史的研究，取得了异常惊人的成果。此处从略。

[19] 参照《宋高僧传》卷9《均州武当山慧忠传》，以及忽滑谷快天博士《禅学思想史》卷上第三编第七章《南陽の慧忠と其宗風》部分。

[20] 金石类和唐人文集中，与禅宗有关的资料不少。另外，敦煌新出的与禅宗有关的资料也是极为重要的新资料，这方面的研究也极为丰富。后者，过去有矢吹博士的《鳴沙余韻解説》第二部《敦煌出土支那古禅史並に古禅籍関係文献に就いて》，近来有柳田圣山的《初期禅宗史書の研究》。

[21] 参照李吉甫撰《杭州径山寺大觉禅师碑铭（并序)》(《文苑英华》卷865)、忽滑谷博士《禅学思想史》卷上406、407页。

[22] 参照《续开元释教录》卷2、《宋高僧传》卷15 的《西明寺圆照传》及《安国寺如净传》。另外，本稿第十章《飞锡及少康的念佛教》也有谈及。

第四章

净土教的发展普及

以长安为中心

如前所述，中国佛教徒中，很多都是相信三世因果报应、轮回转世，希望死后求生净土的净土教徒。只是初期的净土教，虽然也有对弥勒或者阿弥陀等一佛净土的虔诚信仰者，总体来说，甚至对净土的性质、方位都没有明确的概念，死后对往生哪尊佛的世界也含混不清，即并非必须是某佛净土的所谓个性化、特殊化的净土。但是，佛教徒因为有译出经典的说明指导，加之有关往生弥陀、弥勒净土的专门性的经典的译出，在了知其特异性的教说的同时，对两佛净土的信仰逐渐压倒其他净土的信仰，以至于两净土教之间也出现了对立之态势。[1]

南北朝时代，在大体上两佛净土教并行发展，两者的对立并不明显。如绪论中的造像铭文所显示，造弥勒像求生西方阿弥陀净土，通过造像同时祈求阿弥陀和弥勒的加护、指导的情况都有。但是，这个时代的末期，佛典研究逐渐细密化的同时，两净土教也逐渐呈现出对立态势，以至于隋唐之际产生了相互之间的论难。论争的结果，大致以阿弥陀净土一方获得胜利，此后不久阿弥陀净土教取得了显著发展，以至于一家独占了净土教的名称。[2]法照净土教，就是在阿弥陀净土教发达普及的顶点时出现于世的。在此，以考察法照所必须论及的长安、并州为中心，对北方地区阿弥陀净土教的发展状况预先作一概括性论述。

隋唐时代是中国佛教的一大转型期。中国佛教徒苦心研究整理各种教典，建立教相判释，陆续组织诸宗派。净土教也迎来了重新组织发展的大好时机。

北周武帝在北方所实施的废佛运动（574—578），给予全盛时期的佛教界以沉重打击。但是，武帝旋即驾崩，隋朝兴起。隋王朝实行兴佛政策，充满虔诚信仰和活力的佛教徒的反弹之力与国势的增长、文化的复兴相互促进结合，佛教不久即超越前代，恢复到全盛之态。[3]

天台宗的智𫖮、三论宗的吉藏，以及摄论学派的昙迁、涅槃学派的昙延、大乘诸经的大注释家慧远等，都是此全盛时期佛教学界的翘楚。一系列新佛教运动中，对照经说反省现实社会出发而主张末法佛教的，有信行的三阶教和道绰的净土教。末法佛教的提倡者都成长于遭受北周排佛之难的北方地区，其亲身经历的排佛事实证实了他们的主张，并有力地影响到社会。

经典尤其是大乘经典中，释迦佛屡屡预言，佛灭度后，随着时间的推移，吾人所处的世界浊恶增长，佛法衰退，最终进入到末法。这样的教说在六朝初期即已经出现，但是中国佛教徒当时还没有意识到"现今正是末法之时"，在佛法将要灭亡的末法时期将自己置身其中，对佛教展开新的反省。进入到隋代之后，思考末法说的人增多起来，《大集经》《摩诃摩耶经》《法灭尽经》《涅槃经》等所说的佛灭度后世间浊恶、佛法渐衰之说，引起了他们的注意。与此相关联，关于佛灭时代的考证变得盛行，人们认为当时已是佛灭后的一千五百年左右。尤其是那连提黎耶舍所译的《大集经》月藏分，[4]将佛灭度后个人、社会以及佛教的变迁，划分为五个五百年并作具体说明，颇引起佛教界的注意。末法到来的现实与经典所说相对照，让佛教徒产生了新的兴奋和忧恼。或许，是与经说相符合的北周武帝的废佛，让直接体验的译者以及信行、道绰等北方的人们接受了末法到来的事实，并让他们做出深刻的反省。"末法到来"的警告，强有力地冲击着北方人们的心灵。

三阶教的教祖信行，于开皇（581—600）初年之际，在（河南）相州一带提倡他的末法佛法新教说。开皇九年，被迎入帝都，十四年，以五十五岁之龄圆寂。信行依据经说，将佛灭后时期分为三阶，主张各阶中必须实践与时、处、人相适应的佛法，现今末法必须依靠第三阶佛法。即是，只有三阶教才是现在最契机的佛教。他强烈的主张与热情的实践相结合，不出十数年间，即获得了众多殉教式的僧俗虔信拥护，长安佛教界一时为之动摇。

道绰踵北魏昙鸾的芳躅，由圣道归投净土教（据传是在大业五年，时当四十八岁），同样也是立足于末法学说，强烈主张只有净土教才是现今吾人唯一的宗教。这点是在昙鸾的净土教中所没有的。

道绰在《安乐集》之初如是说：

第一大门中，明教兴所由，约时被机，劝归净土者。若教赴时、机，易修易悟。若机、教、时乖，难修难入。是故《正法念经》云："行者一心求道时，常当观察时、方便。若不得时，无方便，是名为失，不名利。"

《大集月藏经》云："佛灭度后，第一五百年，我诸弟子，学慧得坚固；第二五百年，学定得坚固；第三五百年，学多闻读诵得坚固；第四五百年，造立塔寺、修福忏悔得坚固；第五五百年，白法隐滞，多有诤讼，微有善法得坚固。"

又彼经云："诸佛出世，有四种法度众生。何等为四？……四者诸佛如来有无量名号，若总若别，其有众生系心称念，莫不除障获益，皆生佛前，即是名号度众生。"

计今时众生，即当佛去世后第四五百年，正是忏悔修福，应称佛名号时者。若一念称阿弥陀佛，即能除却八十亿劫生死之罪。一念既尔，况修常念，即是恒忏悔人也。

又若去圣近，即前者修定、修慧，是其正学，后者是兼。如去圣已远，则后者称名是正，前者是兼。何意然者？实由众生去圣遥远，机解浮浅暗钝故也。是以韦提大士自为，及哀愍末世五浊众生，轮回多劫，徒受痛烧，故能假遇苦缘，咨开出路豁然，大圣加慈，劝归极乐。若欲于斯进趣，胜果难阶。唯有净土一门，可以情悕趣入。（T47，4页上—中）

又在同书第三大门之下，将佛道修行分为圣道门和净土门两种：

> 其圣道一种，今时难证。一由去大圣遥远，二由理深解微。是故《大集月藏经》云："我末法时中，亿亿众生起行修道，未有一人得者。"当今末法，现是五浊恶世，唯有净土一门，可通入路。（T47，13 页下）

强烈地主张并劝诱"当今末法，现是五浊恶世，唯有净土一门，可通入路"。

宗教，如果与其所处的社会不能相适应的话，就难于实践，也很难取得实效。不能实行、结果无望之教，最终也是无益的。道绰主张，现今正是佛灭度后的第四个五百年，是经典所说的末法五浊恶世，人们的智慧浅劣，难以理解并实践高深的教理，正是忏悔修福、称念名号，尤其是称念阿弥陀佛之教最合适有利之时。

道绰和信行都提示到末法佛教的特殊性，即是，伴随着时代社会变化的现代佛教的必要。这种相比教法的深浅更重视实践性的佛教批判的观点，开启了中国佛教的一个新方向。即是，一般的中国佛教徒，总是从佛典当中选取宣说最高深教理的经，也即是所谓的"究竟之教"，以此作为价值判断的基准，建立将一切佛教体系化的教相判释，独尊某一宗派，统摄一切佛教以立宗。与此相对的，是向最适合现在的自己以及社会的教法——现在能够直接实践并收到实效的教法中，寻求价值。前者寻求佛教的哲学性而立宗。而后者——三阶、净土两教，从能够实践的佛教中寻求宗旨。前者尽管显示了广大深远的教理组织之下的实践法，但仅限于思惟观察的佛教，是智者、僧侣等特殊阶级的佛教，具有个人化佛教的倾向。与此相对，对照经说，直视现在、反省自己，不管佛的弟子龙树、天亲的佛教是怎样，但现在我等的实践佛教必须是这样——这种末法佛教的主张，作为社会大众的佛教，具有强大的传播之力。

信行与道绰都依据末法说，从现代社会和个人的共同点中发现"罪恶""凡夫"的事实而立教。然而，其最终的结论却完全不同。信行的宗旨是普敬普行，归依一切三宝，普行一切行，具有泛神论的意味。而道绰的宗旨是专修一佛，主张末法时代的吾人应当归于阿弥陀佛一佛，必须专修净土一行，具有一神教的特色。两者显示了几乎正好相反的结论和实践。三阶教被一般佛教界视为异端，受到排斥，并且屡屡蒙受朝廷的敕禁和弹压。尽管其信教者具有殉教式的热情和努力，还同时拥有三阶院，通过无尽藏运营着丰厚的财源，具有这样的教团统制，仍然未能充分扩张其教势。与此相反，净土教自古以来就被一般社会所承认，后来又得到朝廷的保护，受到一般佛教界的支持，再加上道绰以后陆续有高僧辈出，在进入经典所说的末法时代予以承认的唐代，得到大力传播，与前代相比，获得了飞跃性的发展。[5]

道绰自归入净土教以来，一直到贞观十九年他八十四岁示寂为止，维持着惊人的健康状况。长达四十年的时间里，以并州为中心展开了热心的传道生活，在山西省一带的地方，以及帝都长安地方都感化甚广。同时代的后辈道宣，述及了道绰生前教化的盛状。[6]其门下弟子善导来到长安，成为京城净土教的指导者。长安弘法寺的迦才，读了道绰的《安乐集》，然后著述了《净土论》。当时并州之地，作为唐高祖、太宗起义，开唐朝万世基业的祖地而受到重视，与帝都的交涉颇为密切。太宗与文德皇后尝北上巡幸，归依道绰的高德，以此表彰于天下。[7]道绰不仅自己是不世的高僧大德，而且占有天时地利，开创了净土教发展的新时期。

迦才[8]、善导与道绰同样，皆立足于末法佛教，在长安弘扬净土教。迦才在《净土论》卷下"明教兴时节"条下说：

> 行者修道，要须观时，若时教符契，则佛道易证，若时教乖错，则菩提难证。（T47，100 页下—101 页上）

又引用《大集经》的月藏分，主张"今是第四五百年余，既无定慧之分，唯须修福忏悔"。

又引《观经》说：

> 今既约时约根，行者无定慧分者，唯须专念阿弥陀佛，求生净土。此为要路也。

又以《观经》《无量寿经》《阿弥陀经》为为未来世五浊众生所说的净土行，从而得出结论说：

> 今时正是念佛修净土行时也。

另外，在"定往生人"一节中，将阿弥陀佛、往生极乐之教，定位为为现今罪恶凡人所说的契时契机的实践宗教：

> 详四十八愿及《观经》，论大旨，凡夫是正生人，圣人是兼生人。（卷上，T47，88页中）

与道绰立足于相同的立场提倡净土教。

出自道绰之门的善导，其净土信仰的根底与其师道绰所倡导的同样，建立在对现今社会及自己是"末法时代""五浊恶世""罪恶凡夫"的反省之上。他的《观经疏》卷1之初说：

> 我等愚痴身，旷劫来流转，今逢释迦佛，末法之遗迹，弥陀本誓愿，极乐之要门。……今乘二尊教，广开净土门。（T37，246页上）

卷4中说：

> 言深心者，即是深信之心也，亦有二种。一者决定深信，自身现是罪恶生死凡夫，旷劫已来，常没常流转，无有出离之缘。二者决定深信，彼阿弥陀佛四十八愿摄受众生，无疑无虑，乘彼愿力，定得往生。（T37，271页上—中）

又在《往生礼赞》忏悔文的忏悔自己无量无边的犯罪、破戒之罪一节文中，越发严厉地剖析自己，把自己定位为一个罪恶凡夫之人，高唱弥陀净土教是"五浊恶时、恶世界、恶众生、恶见、恶烦恼、恶邪、无信盛时"（T37，272 页上）必得往生的救济之道。

其著述流传于世的，有五部：

一、《观无量寿佛经疏》四卷（略称《观经疏》或《四帖疏》）

二、《劝一切众生愿生西方极乐世界阿弥陀佛国六时礼赞偈》一卷（略称《往生礼赞》）

三、《依观经等明般舟三昧行道往生赞》一卷（略称《般舟赞》）

四、《观念阿弥陀佛相海三昧功德法门》一卷（略称《观念法门》）

五、《转经行道愿往生净土法事赞》二卷（略称《法事赞》）

其中，《观无量寿佛经疏》是显示善导的教义组织的，其余的四部是有关实践行仪的。特别是在《观无量寿佛经疏》的结束部分，他自信此书是据圣者的启示证明而作，得佛真意，欲以此而楷定古今所说：

> 某今欲出此《观经》要义，楷定古今。……此义已请证定竟，一句一字不可加减，欲写者一如经法，应知。（T37，278 页中—下）

其见识之高、信念之强，跃然纸上。实际上，道绰的净土教是经由善导而大成。也可以说，中国净土教也在此而大成。

如前所引两种深信之文来看，善导对现实社会的罪恶凡夫，显示了无限平等慈悲的无量光寿的佛格、阿弥陀佛功德的内在本质，宣说至心归命阿弥陀佛的宗教。阿弥陀佛是以救济现在以及未来一切的众生为本愿，现在为酬其因地的本愿而施展普遍的救度。将此前被抽象化成形而上学的原理、宇宙本体的、有沦为智者及僧人思索论议的对象倾向的佛，明了地揭示为是与现在僧俗凡夫、恶人直接有交涉的具有人格的救世主。强调至心归命的罪恶凡夫的念佛之行，顺应了佛的本愿，必会得到佛的救济。善导为现在及未来的众生（彼等皆是毕竟罪恶的凡夫）列举出读诵净土经典等五种正行，以为实践行法。进一步，又将五种正行分为正助二业，以专念阿弥陀佛名号作为正定业，其理由是"顺彼佛愿故"。即是："一心专念弥陀名号，行住坐卧，不问时节久近，念念不舍者，是名正定之业，顺彼佛愿故。若依礼诵等，即名助业。除此正助二行已外，自余诸善，悉名杂行。"（《观经疏》卷4，T272页中）

此外，又在《观经疏》卷1说：

安乐能人，显彰别意之弘愿。……言弘愿者，如《大经》说，一切善恶凡夫得生者，莫不皆乘阿弥陀佛大愿业力为增上缘也。（T37，246页中）

同书卷4说：

上来虽说定散两门之益，望佛本愿，意在众生一向

专称阿弥陀佛名。（T37，278 页上）

《往生礼赞》说：

> 弥陀身色如金山，相好光明照十方，唯有念佛蒙光摄，当知本愿最为强。（T47，446 页中）

处处宣说凡夫往生弥陀净土是顺应阿弥陀佛本愿的念佛行，故此必能实现。

要之，即是"我等罪恶凡夫"对"以救济末法凡夫为本愿的阿弥陀佛"的至心归命。善导教义[9]的精要所在，也即是他与以前的净土教的不共之处，是他强调"罪恶凡夫的念佛行"与"弥陀佛的本愿"相呼应救济得以确立。而且，这种由顺彼佛愿的念佛行而展开的净土往生教，才是"救度现在以及未来一切众生"的适时、适处、适人的宗教。

善导教义在净土教发展史上的重要性，及其详细的教学组织，这里不作赘述。不过，在净土教流布上特别需要注意的是，他是经由热心的实践躬行来指导大众，他弘化的功绩之大，在中国净土教传教史上也是特为杰出的。善导以后的唐代净土教，至少是长安的净土教完全是在他的教义指导之下而展开的。

善导在《观经疏》开头部分，首先劝发归敬三宝，"先劝大众，发愿归三宝"。然后，从"道俗时众等"开始，到"十方恒河沙，六通照知我，今乘二尊教，广开净土门。愿以此功德，平等施一切，同发菩提心，往生安乐国"（T37，245 页下—246 页上）结束部分，是一整段偈文。透过这段偈文，我们可以知道这部以教义解释为主的书，不是以僧人为对象的宗义解释的书，而是以僧俗时众为对象，广说净土教，布施功德于一切。其传道之热诚，于兹可见。其他的四部著述，是同信者共集一处，或每日，或临终时，或限定于一定的期间而举行的实践法会。仅凭借这些著述也可以了知到，围绕着善导，有一批同信同行的实践团体的存在，且有相当规模的人数。

与善导同时代的前辈道宣，在贞观时代，已经对善导的化导之盛给予记载。他说：

> ……遇道绰部，惟行念佛弥陀净业。既入京师，广行此化，写《弥陀经》数万卷，士女奉者其数无量。时在光明寺说法，有人告导曰："今念佛名定生净土不？"导曰："念佛定生。"其人礼拜讫，口诵南无阿弥陀佛，声声相次出光明寺门，上柳树表，合掌西望，倒投身下，至地遂死，事闻台省。(《续高僧传》卷 27《释会通传》附传，T50，684 页上)

光明寺在怀远坊，靠近西市，其附近是唐代长安最为繁华的商业区。参照其寺的所在，以及"士女奉者无量"，出现有人称名念佛自杀等记述来看，善导的教化不择出身，很平民化，故教化很盛。

现存于西安碑林的《大唐实际寺故寺主怀恽奉敕赠隆阐大法师碑铭（并序）》中，这样记述道：

> 时有亲证三昧大德善导阇梨，慈树森疏，悲花照灼。
> 情袪□漏，拥藤井于莲台，睿化无涯，驱铁围于宝国。
> 既闻盛烈，雅缔师资，祈解脱规，发菩提愿。一承妙旨，
> 十有余龄，秘偈真乘，亲蒙付属。(《金石萃编》卷86)

碑中的隆阐大法师，师事善导长达十余年，将善导作为亲证三昧的大德而至心归依。由此足知善导在长安一带的教化之盛。

此外，《宝刻丛编》卷7可见有如下两条碑目：

一、唐慈恩寺善导禅师塔碑　僧义成撰　李振方正书　永隆二年（京兆金石录）

二、唐慈恩寺善导和尚塔铭　僧志遇撰并书　大中五年（京兆金石录）

显示善导当时曾配属于慈恩寺。慈恩寺是当时还是皇太子的高宗，于贞观二十二年（648），为故文德皇后而建立的大寺，作为玄奘译经的中心之地名声很高。寺院完成之后，度僧三百，另别以五十宝车迎接五十位大德来此。善导作为与太宗、文德皇后因缘不浅的道绰的直传弟子，且已经有高名，或许就在此五十大德之列。善导应该是在新落成的慈恩寺的一个别院中（寺院据传有十余院，一千八百九十二间）进行弘教。[10]慈恩寺占据晋昌坊的林泉形胜之地，由朝廷建立，玄奘在此开展新译事业，是上流贵族佛教或者是佛教学的一大中心。如果说光明寺因善导而成为了平民教化的道场的话，这儿就是对上流贵族、僧人教化的好道场。如上所示，在高宗时代，善导的教化在朝廷的保护下越发得以兴盛。

善导门下的怀感[11]，活动于则天武后时代，著有《释净土群疑论》七卷，调和玄奘新译的唯识教义，折服三阶教，大力宣扬净土教。此外，怀恽师事善导十有余年，据云其"秘偈真乘，亲蒙付属"，在师圆寂后，于神禾原为建十三层崇灵塔。怀感圆寂后，承绪其志，完成《群疑论》。永昌元年（689），受则天武后所征，为实际寺寺主，统领僧徒。每讲《观经》《贤护经》《弥陀经》等，常恳劝时众"四仪之中，一心专念阿弥陀佛"，劝令往生净土。尤其是：

> 于是广劝有缘，奉为九重万乘四生六趣，造净土堂一所。……雕甍画栱之异，穷造化之规模，圆珰方镜之奇，极人天之巧妙。又于堂内造阿弥陀佛及观音、势至，又造织成像并余功德，并相好奇特。

建立了极为华丽的净土堂，也即是净土教的专门道场（参照《大唐实际寺故寺主怀恽奉敕赠隆阐大法师碑铭（并序）》）。

《两京新记》卷3"温国寺"（景龙元年，改实际寺为大温国寺）条下记道：

> 寺内净土院，为京城之最妙。

由此可以充分想象到怀恽建立净土堂，并以此道场为中心宣扬善导净土教的情形了。

《大唐龙兴大德香积寺主净业法师灵塔铭（并序）》中记载道：

　　法师讳象，字净业……髫年慕法，弱冠辞荣。高宗
忌辰，方阶落彩，帔缁七日，旋登法座。观经疑论，剖
析元微，念定生因，抑扬理要。……夏六月十五日，诫
诲门贤，端坐瞠视，念佛告灭。呜呼！生历五十有八。
即以其年十月廿五日，陪窆于神禾原大善导阇黎域内，
崇灵塔也。道俗阗凑，号恸盈衢，不可制止者，亿百千
矣。（《金石萃编》卷 75）

　　香积寺是在善导墓侧所建立的寺院。通过碑记可知，净
业虽不是善导的亲承弟子，然而私淑于善导，也是善导净土
教的祖述宣扬者。碑文中所说道俗亿百千前来送葬，虽然有
夸张的语气，但是至少可以看出其归依者不少，是长安佛教
界重要的指导者。

　　怀恽的碑，是由他的弟子大温国寺（即实际寺）寺主思
庄等，于玄宗天宝二年（743）所建。净业碑，是由他的弟子
思顼于玄宗开元十二年（724）建立。

　　据以上金石等资料所显示，善导传道教化的业绩极为显
著，其门下也在长安佛教界占据重要地位而持续教化，从则
天时代到玄宗时代，至少是帝都地方，善导门流的传教范围
取得了长足的发展。当时长安所流行的东西，也流向四方并
普及。这从我国正仓院文书中，最早在天平时代就有道绰的
《安乐集》、善导的诸著述以及怀感的《群疑论》等被传写，
就可得知。[12]此外，西面方向，敦煌地方发现了存有善导发愿
文的《弥陀经》，[13]还有《法事赞》《往生礼赞》等为数不少的
写本，[14]这都显示唐代善导教传播力度之大，也反映了帝都地

方该教隆盛的事实。我们据上述的资料足以了知善导教兴隆流布的情况，无需再做更多列举。

其次，不属于善导一门，但为有力的净土念佛教的指导、大有功于念佛教弘布的，是慈愍三藏（慧日）。[15]他于开元七年（719）结束长达十七年的印度、西域求法旅行，成为热衷的净土教信仰者而归来，由玄宗赐予慈愍三藏之号。此后在天宝时代，主要在洛阳、长安一带，专以净土信仰垂施教化，宋初的赞宁评价他与善导"异时同化"（《宋高僧传》卷7，T50，890页中）。慧日的净土教说，从其顺应当时佛教界的形势，尤其是禅门隆盛的形势，对禅采取了辩难和调和的态度之中，可发现有一些变迁。按照法照所引用的慧日《西方赞》《般舟三昧赞》等文来看，他主张"末法凡夫"以"念佛"求生西方净土为第一，与道绰、善导的主张相同。慧日虽然并不是由善导而归入净土教，然而他归朝之后传道布教的主张，与善导大同小异，又在同一国都地方弘布凡夫念阿弥陀佛往生净土之教。赞宁说他是与善导"异时同化"，可以说是非常妥切的。慧日有十七年在国外求法的经历，又得受三藏的敕号，这都使他的教说更具权威性，将他推到佛教界的指导地位，使其能够发挥出超越普通人的教化之力度。可以想象，玄宗时代持续繁荣的善导门流的净土教，更得到新归朝的慈愍三藏这样强有力人物的共鸣，越发兴隆和普及。

以上唐初以至玄宗时代陆续辈出的诸师，他们在以长安为中心的北方，从教义和传道两个方面，实现了净土教划时代的发展。他们的教义中，有诸多共同之处，需要加以留意：

（一）现今是末法、罪恶凡夫的浊恶社会。在这样的社会中，救济之教是阿弥陀佛净土教。换言之，净土教是末法佛教。即是，高唱净土教是对现代人的适时、适人的宗教。"今是末法时也"，经由唐初道绰、隋朝信行的高呼，而被他们的门流所继承。最终，在唐代的佛教界得到普遍公认，成为教界的基本常识。列有近百名道俗男女弟子之名的、贞元十八年的《唐故禅大德演公塔铭（并序）》中，这样说道：

> 如来灭后五浊恶世，厥有悟最上乘者，即我大师欤！
> （《八琼室金石补正》卷 67）

演公（明演），是与法照同时代的禅宗大德。一般来说，净土教是从彻底剖析自己，承认自己是愚痴罪恶的凡夫这一事实出发。禅宗几乎与此正好相反，是立足于自己具有尊严的佛性的自觉，致力于彰显证悟自己的佛性。从此处禅徒的碑上"如来灭后五浊恶世"的文字来看，唐中期"今是末法"已经成为佛教徒公认的说法和常识。毋庸置疑，"今是末法"被公认和常识化的社会，也必定是以末法佛教为特色的净土教容易被接受和普及的社会。

（二）阿弥陀佛是以救济现在以及未来一切众生为本愿，现在正在住世的具有人格化的救世主，现实中有观见彼佛的可能。在般若、天台等教理中，时有论及阿弥陀佛的法身无相，其人格性的存在常被隐匿起来。然而一般信仰者的事实，毋宁说是离开这种理论性的东西，是至心归命阿弥陀佛的一神教的宗教。当然，这不同于基督教的一神论，是泛神教的一神教。

（三）虽显示有种种实践往生之业，然都特别重视口称佛名的念佛，以此实践并劝进别人。念佛被信之为随顺本愿的行法，并被组织到诵经、赞叹的仪式中。念佛这种简单的实践方法，能够聚集广大的信徒。毋庸多言，依据诵经、赞叹诗的宗教仪式，也是念佛教普及的一个重要原因。

（四）作为依据的经典，有曹魏康僧铠译的《无量寿经》两卷（其译者尚有疑问，但当时的净土教徒信为康僧铠所译）、刘宋畺良耶舍译的《观无量寿佛经》一卷、姚秦鸠摩罗什译的《阿弥陀经》一卷。此三种尤为多用，都是所谓的旧译。在宗教中，与新本相比，经过若干历史时期被读诵的经典常被赋予更多的神圣性。《无量寿经》中，对阿弥陀佛舍家弃欲、行作沙门，建立四十八愿，以至于成佛，所谓的本生谭以及极乐世界的庄严都有详细的说明。《观无量寿佛经》顺次宣说了王舍城韦提希、阿阇世母子的悲剧，以及观见阿弥陀佛、得往生的实践法，显示了九品往生来迎的相状。《阿弥陀经》宣说了"但受诸乐"的极乐生活，以及诸佛的证明。其篇幅，也最适合书写和读诵。这三部经与《般若》《维摩》《华严》等这些宣说深远的哲学教理、不容易被理解的大经相比，其特点是浅显易懂，有具体的说明，文学性和趣味性很浓。即便没有很深佛教造诣的人也能够读懂，还具有一定的文学魅力。《观无量寿经》的变相广为道俗画成壁画甚至织成刺绣，并不是偶然的。这些经典比起《般若》《维摩》《华严》等经，广泛地普及于社会各层。唐代，明经一科被废止，仅有进士受尊敬，是一个重视文学的时代，与哲学性的思辨以及扎实考证的学风相比，文学诗歌更受喜爱。净土教具备受时代社会欢迎的经典，又推动了赞美的诗歌、观赏的净土图等艺术的发展，是与时代风潮相匹配的宗教。

现在将要论述的代宗、德宗时代的法照净土教，就出现在由如上诸师的努力，净土教不断普及流行的时代。他私淑于以上诸师，继承了几乎同样的教旨，又提倡咏唱掺杂有音乐性的称名念佛和赞叹诗的神圣的实践行仪。此事，法照自己也有叙述：

> 只说今时像末已后，浊恶世中五苦众生，罪根深者，唯念佛力，即能除得罪根，必离忧恼，生死永断。若不念佛，何以得见阿弥陀佛极乐世界？……况诸具缚凡夫，烦恼一毫未能断得，若不乐乘佛愿力，自力尽未来际沉沦恶趣，岂有出期？……今时唐朝一百年前，西京善导和上，并州文水县玄中寺道绰和上，慈愍三藏等数百高僧，般舟方等，岁岁常行，十六妙观，分时系习，咸睹西方灵相，极乐世界众宝国土，难以具陈。圣教记传，并有明文，岂虚构也。（敦煌本《净土五会念佛诵经观行仪》卷中，T85，1255 页中）

此外，唐代净土信仰极为勃兴隆盛的情况，除了如上强有力的指导者辈出之外，还有一两点应需注意。

首先，在唐代，净土教美术取得了显著的发展和流行，尤其是由于净土变相制作的盛行，以及净土教的专门道场净土堂、净土院的建立发展，大大助长了净土信仰的隆盛和普及。这些原本是随着净土信仰的兴隆自然产生并发展的，然而其社会文化的情况如果不与此同步的话，就难以取得长足的发展。如今唐代，随着国家统一、国势的伸张，各种文化迎来了显著的发展时期，尤其是历经高宗、则天、玄宗三代的隆替，长安贵族文化的发展越发显著，文学界繁荣，艺术界呈现出活跃的景象。唐代的净土教与社会文化的良好环境相结合，净土教美术展开了前代及后世都无法与之比拟的盛观。

净土变相，是详细描述极乐世界光景的绘画、绣帐之类。其起始大概在南北朝末期，隋代也有存在，而其大面积地制作，是从善导之时开始的。善导亲自劝勉制作西方净土变，又劝勉以此为对象实践净土行。唐代文谂和少康共同编著的《往生西方净土瑞应删传》中记载，善导见西方变相而发愿求生净土，又画净土变相三百余壁。

善导在其自著的《观念法门》（T47，25 页上）中这样说道：

> 又若有人，依《观经》等，画造净土庄严变，日夜观想宝地者，现生念念除灭八十亿劫生死之罪。

又说：

> 又依经画变，观想宝树宝池宝楼庄严者，现生除灭无量亿阿僧祇劫生死之罪。

诗圣李白（701—762）与 8 世纪诗坛的代表白居易，都有西方净土变相赞存世。我国三善清行的《延历寺座主圆珍传》中记载，圆珍从唐代僧人那里得赠则天所制的四百幅净土变中的绣织极乐净土变、灵山净土变各一幅。此外，我国奈良朝制作了不少西方净土变的事实，也是唐代净土变发展的反映。据唐张彦远的《历代名画记》、唐段成式的《寺塔记》、宋郭若虚的《图画见闻志》等所云，唐长安等地的寺院中存有净土变壁画名作，其中不乏出自一流画家之笔。这明确地显示，唐初期至中期，由净土教的指导阶层劝化制作的西方净土变，在长安贵族社会中广为盛行，一流的画家也加入其中。这或是寺院的壁画，或是画幅，或是绣帐，涌现出数量众多的作品。而且，我们不仅可以依据这些记录，还可以根据敦煌石窟数量诸多净土变壁画以及这一带发现的净土变画幅之类，[16]进一步还可以根据日本天平时代的遗品当麻净土变等实物，了知广略无数的图相的实情。这些图相，大部分是依据《观经》而作。《观经》详细地说明了思惟观察极乐世界相状的顺序。随着《观经》的流行，以及这部经中的观察行被劝进修行，反映这种内容的经变的出现是自然的现象。而且，从道绰、善导的净土教对此经的宣扬最为着力这一点考虑的话，净土变的造立在唐代盛行不是偶然的。我要提醒注意的是，无论是净土变相造立盛行的敦煌地方，还是我国的奈良朝代，都有善导著述被书写的事实。由此可以确定，唐代善导流的净土教和西方变相是一起流行的。

此外，当麻净土变、敦煌净土变中所画的净土的光景，虽说是依据经典而作，但是在法王阿弥陀佛率领众多的圣众而坐的宫殿、宝楼前敬呈歌舞、音乐，饭食供养、莲池舟游

等场景，正是现世帝王宫殿生活的理想描写，也即是在贵族
文化中养育的唐人现世最高愿望的生活世相。往生人中九品
的差别，也让人想起南北朝以来酿成贵族社会体制的九品中
正制度。又，《无量寿经》与《阿弥陀经》都有梵本和西藏本
流传，唯独《观无量寿佛经》没有其他译本，且其制作地，
也有存疑之处。[17]此类的问题暂且不论，如果是知道净土图于
我国藤原贵族时代流行，在思想感情上是如何受时人欢迎之
人，同时也应该会承认，唐代的净土变制作之所以流行，其
中一个原因，是由于其图相与贵族文化时代的唐人的理想生
活相一致的吧。

西方净土变大量制作的事实，暗示着安置这些变相图并
礼拜供养的殿堂，或者以此为对象进行观察等的实践行，以
及其他的举办法会仪式的殿堂的存在。现存的善导五部著述
之中，有四部是显示礼赞行道等实践行的，并且这显示实践
仪式的四部，至少在唐代，比起宣说教义的《观无量寿经疏》
更盛行。这一点，通过《疏》没有入藏，敦煌写经中也没有
发现，与此相反，《往生礼赞》被全文收入于智昇的《集诸经
礼忏仪》并入《开元藏》，敦煌地方发现有不少的《法事赞》
《往生礼赞》等断简，以及法照的《五会法事赞》也大量转用
这些赞文等可以了知。从善导的实践行仪盛行的事实，可以
推察与此相匹配的专门道场也必定有相当发展。善导的高足
怀恽在实际寺建立了壮丽宏伟的净土堂，前面已经述及。法
照的《五会法事赞》，也是在章敬寺净土院著述的。从《历代
名画记》《酉阳杂俎》等寻找曾记录净土院之名的寺院，可发
现有大云寺（光明寺）、资圣寺、兴唐寺（罔极寺）、荐福寺

等。另外，在法照的教化之地太原，法照时代有太原崇福寺怀玉增修净土院（《宋高僧传》卷26）。此外，在唐代被称为般舟院、般舟道场的，也很多都是净土道场。[18]唐代的佛寺中，一寺中有数院、数十院（如慈恩寺有十余院，章敬寺有四十八院），这些院子有不少是净土院。这些殿堂，如同我国的凤凰堂一样，将净土的庄严移植到了现实世界。在这样的道场举行礼赞等仪式，不但能够满足净土教徒的心愿，还能够起到将贵族文化时代的唐人诱导至教团的作用。可以说，法照的五会念佛教，在净土堂如此发展的佛教界，必然是大受欢迎的。

最后需要注意的是，唐代的净土教是在普及于当时社会各阶层的轮回转生、善恶报应的思想信仰之上而得以兴隆和弘布的。如前所述，轮回转生、善恶报应之说很早以来就是中国佛教的重要教义。经过南北朝的佛教兴盛期，在隋唐时代，这种学说成为一般社会各阶层的常识而广为普及。从《冥报记》《冥祥记》《法苑珠林》《金刚经鸠异》《释门自镜录》等唐代小说来看，这些都是以善恶报应、轮回转生的思想为根底的，很多都是与死后审判以及苦乐生活的报应相关的传说。印度报应转生的思想完全被中国化，成为中国人的常识，并以此为基础产生出特殊的信仰传说。死后冥界十王审判的传说、在冥界救苦的地藏菩萨的传说、引路菩萨的信仰等，几乎都是在法照的前后时代成立并普及的，是中国佛教神话的代表。这样的思想信仰，不用说与净土信仰相关联。这些传说中，很多都是与弥陀净土往生的信仰相结合而展开的。

此外，从南北朝开始到唐朝，中国人创作了大量的所谓疑伪经。这些疑伪类经典也颇多与善恶报应、轮回转生相关联，与弥陀净土信仰有关联的也不在少数。伪经，实际上是其创作年代的社会思想信仰的反映。由于是经中国人之手而成的缘故，反而更投合一般中国人的思想感情，与他们的生活密切相关。这一点必须要注意。

总之，唐代是与报应转生、来世生活相关的思想信仰普及的时代。这样的社会，也是净土教容易宣传普及的社会。换言之，唐代的净土教根植于轮回转生、来世应报的思想信仰普及的土壤中，又与这样的信仰传说相结合，越发广泛地流布传播。

要之，在唐代，净土教具备了很多顺缘，在前代的基础上实现了飞跃性的发展，特别是以帝都长安一带为中心持续隆盛。中间虽然在天宝末年遇到安禄山之乱，但是如前所述，安史之乱只是让长安贵族文化的最高峰一时中断，在代宗时代再次恢复了天宝时代的盛观，而且佛教成为复兴的中心。净土教在代宗、德宗时代得以持续与前代同样的盛况自不必说，安史之乱这样现实战祸的经验，反而给主张末法五浊恶世的净土教提供了传道的绝好机缘。法照就是出现于这样的时代，顺应如上的社会和佛教界的大势，宣扬净土念佛教的。

法照时代弥陀念佛教普及的状态，通过当时的一些文献也可以窥其一斑。下面引用白居易作于开成五年（840）的《画西方帧记》，作为本章的结束：

谛观此婆娑世界微尘众生，无贤愚，无贵贱，无幼艾，有起心归佛者，举手合掌必西向西方，怖厄苦恼者，开口发声先念阿弥陀佛。又范金合土，刻石织文，乃至印水聚沙童子戏者，莫不率以阿弥陀佛为上首，不知其然而然。由是而观，是彼如来有大誓愿于此众生，此众生有大因缘于彼国土明矣。不然者，东南北方，过去现在未来佛多矣，何独如是哉。

……乃舍俸钱三万，命工人杜宗敬，按《阿弥陀》《无量寿》二经，画《西方世界》一部。高九尺，广丈有三尺，阿弥陀佛坐中央，观音、势至二大士侍左右，天人瞻仰，眷属围绕，楼台妓乐，水树花鸟，七宝严饰，五彩彰施，烂烂煌煌。（《白氏长庆集》卷71）

不用说，社会的普通大众不问贤愚、贵贱、老幼，都礼佛向西方合掌祈求救度、口称阿弥陀佛的时代，阿弥陀佛的大愿广被人知的时代，正是法照的五会念佛教——带有曲谱的念佛、赞歌的法事——必然兴盛的时代。

注释

[1] 有关弥勒净土信仰发展的论考不少，松本文三郎博士的《弥勒净土論》是其中的一例，可资参考。

[2] 吉藏的《观无量寿佛经疏》、道绰的《安乐集》、迦才的《净土论》、元晓的《游心安乐道》、璟兴的《无量寿经连义述文赞》、怀感的《释净土群疑论》等，都著述于隋唐之际，对弥陀、弥勒两净土作优劣比较，称扬弥陀净土，有力地促进了弥陀净土的勃兴流布。但即使在隋唐之际，净土信仰者之间，弥勒、弥陀、观

音、药师等净土信仰混杂的状态也屡有所见。这里只是概括性地论述。

[3] 隋文帝的兴佛，通过其下达的诸多诏敕可以得知（参照《全上古三代秦汉三国六朝文》）。即使这些都是出于政策性的，其热情也足以令人惊叹。

> 文帝初移都，便出寺额一百二十枚于朝堂下，制云："有能修造，便任取之。"（《长安志》卷10）

这是长安鼓励造寺的其中一例。炀帝大体也继承了兴佛的政策。存世的隋朝两代兴佛的资料很多，下面以道宣《释迦方志》卷下的概括举其数字如下：

> （文帝）开皇三年，周朝废寺，咸为立之。名山之下，各为立寺，一百余州，立舍利塔，度僧尼二十三万人，立寺三千七百九十二所，写经四十六藏一十三万二千八十六卷，治故经三千八百五十三部，造像十万六千五百八十躯。自余别造，不可具记。

> 炀帝为文皇献后，于长安造二禅定，并二木塔，并立别寺十所，官供四事，治故经六百一十二藏，二万九千一百七十二部，治故像一十万一千躯，造新像三千八百五十，度六千二百人。

> 右隋代二君三十七年，寺有三千九百八十五，僧尼二十三万六千二百，译经八十二部。（T51，974页下）

这些数字未必完全准确，但足以了知隋朝兴佛的状况。又，上揭长安造寺的事例，也见于《两京新记》《长安志》等。

[4] 那连提黎耶舍（隋言"尊称"）的传记，是由参加其译场的隋代长安佛教界第一人彦琮所编述。现在虽已不传，但是道宣的《续高僧传》卷2的《耶舍传》，是据其《别传》而作。他是北印度乌苌国人，北齐天保七年（556）入邺都，得到文宣帝的优遇，

从事译经。此后他经历了北周武帝征服北齐和灭佛，在艰苦的环境下致力于护法。开皇二年（582），被隋文帝迎请到国立寺院大兴善寺，与昙延、灵藏、彦琮等一流的高僧学者一起，译出《大集月藏经》等。开皇九年（589），以百岁高龄入寂。大兴善寺是隋文帝为了营造新都长安首先建立的大寺，是隋代长安佛教的中心道场。在此国立大寺作为国家事业进行的那连提黎耶舍所译出的经典，被北方佛教徒所重视是很自然的。此外，《大集经》是包含了种种问题的深奥经典，与中亚尤其是于阗的关系，尤为学界所关注。

[5] 信行的事迹、三阶教的教义以及中国末法思想的发展等，可参照矢吹庆辉博士的《三阶教之研究》。《续高僧传》卷 24（T50，641 页）释昙选（武德八年，九十五岁卒）传中，有昙选与道绰的问答。在唐初的并州，有以智满为首的三百余僧的结社、僧团，据方等经而行方等忏。昙选为涅槃学者，住并州兴国寺，从其年龄而看，或为道绰之师。又或，道绰其后曾加入智满的教团？

[6] 《续高僧传》卷 20《唐并州玄中寺释道绰传》说：

> 绰般舟方等岁序常弘，九品十观分时绍务。……由此盛德日增，荣誉远及，道俗子女赴者弥山。恒讲《无量寿观》，将二百遍……六时笃敬，初不缺行。接唱承拜，生来弗绝。才有余暇，口诵佛名，日以七万为限。声声相注，弘于净业。……西行广流，斯其人矣。……绰今年八十有四，而神气明爽，宗绍存焉。（T50，593 页下—594 页中）

[7] 唐林谔撰《大唐太原府交城县石壁寺铁弥勒像颂（并序）》（作于开元二十九年，收于《金石萃编》卷 84）。参照常盘、关野两博

士的《支那仏教史蹟第三集評解》7 页以下，以及拙著《金石文字に見えたる善導と道綽》(《仏教学》2—7)。

[8] **迦才**

迦才，其传具体不详。据其所著、现今流传的《净土论》三卷，可知其作是续道绰的《安乐集》而作，曾住帝都长寿坊的弘法寺（武德年中光禄大夫李安远建立，神龟元年改为大法寺）。大致活动于太宗、高宗时代，与善导为同时代人。参照佐佐木功成氏的《迦才の净土論に就いて》(《龍谷大学論叢》274)、名畑应顺氏的《迦才净土論の研究》(法藏馆，1955 年)。

[9] **善导**

日本法然在开创净土宗之际，受到了善导的启发，明确地表示"偏依善導"。在日本，善导研究的著作繁多。其传记，可参照松本文三郎的《善導大師の伝記と其時代》(《仏教史論》所收)、岩井大慧氏的《善導伝の一考察》(《日支仏教史論考》所收)。有关其教义的研究，净土门各宗各自所存的刊本、写本不胜枚举，各宗所持的宗义不同，见解亦各各有异。然而，将善导视为"楷定古今"的净土教大成者这一点上基本一致。

[10] 《慈恩寺善导碑》以及善导和慈恩寺的关系，参照拙稿《唐慈恩寺善導禅师塔碑考：附　章敬寺法照和尚塔銘考》)。

[11] **怀感**

怀感，其传不详。《西方净土瑞应删传》、《宋高僧传》卷 6 等虽出其传，然而都极为简略。可参照《群疑论序》《实际寺怀恽碑》等。此外，我国奈良时代的写经《章珍论问答》卷 2 中，有出现怀感之名。《东域传灯目录》、圆仁的《入唐求法目录》的《观经疏》《阿弥陀经疏》等的撰述者中，也有怀感之名。

怀感的净土教，详见于其所著《群疑论》七卷。在我国镰仓时代，有关此书的研究相当兴盛，注释文献也为数不少。现存的当中，《探要记》十四卷颇为精要。其教义之大要，可参照佐佐木月樵氏的《支那净土教史》。与三阶教的交涉，可参照矢吹博士《三阶教之研究》547—563 页。

[12] 参照高瀬承严氏的《浄土宗三経一論五部九巻の伝来に就いて》（《仏教学雑誌》杂志 3—8）、石田茂作氏的《写経より見たる奈良朝仏教の研究》159—169 页。

[13] 收于橘瑞超氏的《二楽叢書》第 1 号。另参照收于《西域文化研究》第 1 辑的小笠原宣秀氏的《仏説阿弥陀経（吐峪溝出土善導願経）解説》。

[14] 橘本（《二楽叢書》第 1 号）、斯坦因本（《鳴沙余韻》80）、北京本等都有收录。此外，有关敦煌地方的净土教，矢吹博士在《鳴沙余韻解説》中发表了《敦煌浄土教研究資料に就いて》长篇研究。

[15] **慧日**

慧日之传，见于《宋高僧传》卷 26、戒珠《净土往生传》卷中、《佛祖统纪》卷 27 等。有关其净土教，参照小野玄妙博士《慈愍三蔵の浄土教》（《現代佛教》17—23 号）、拙稿《南岳承遠伝とその浄土教》（京都《東方学報》第 2 册，本书亦有收录）

[16] 关于敦煌的净土变，参照 A. Stein, *Serindia*；Pelliot, *Les Grottes de Touen-houang*；Waley, *A Catalogue of Paintings recovered from Tun-huang by Sir Aurel Stein*；以及矢吹庆辉博士《鳴沙余韻解説》中的《敦煌浄土教研究資料に就いて》(58—78 页)。尤其是矢吹博士的论文，对奥登堡拍摄的敦煌石窟壁画，

敦煌净土变的特色及与善导净土教的关系，都有极富启发性的研究。一般的净土变研究，参照源丰宗氏的《净土变の形式》（《仏教美術》7）、拙稿《净土教と美術》（载于《净土宗学講座》），以及拙稿《净土変文概说》（《仏教芸術》第 26 期，1955年）等。

[17] 橘瑞超氏所携来的物品中，有维吾尔文《观无量寿经》，是研究此经极为重要的资料。《二楽叢書》第 1 号登载有译文。也有学者认为，《观无量寿经》的成立之地为西域佛教诸国。

[18] 可参照唐代穆员撰《东都龙兴寺镇国般舟道场均上人功德记》（《文苑英华》卷 821）。

第五章

法照传研究资料的检讨

○《宋高僧传》《广清凉传》的法照传及其资料

○ 戒珠、王古、陆师寿的往生传

○ 遵式的《西方略传》

○《乐邦文类》《佛祖统纪》

○ 章敬寺法照和尚塔铭

○ 吕温、柳宗元的承远碑记

○ 法照的著述

○ 入唐僧圆仁的记录

法照传的单行本至今已经无存，但是传世的僧传中，有不少都收录有法照的传记。不过，这些皆为唐代后之作。这其中，以法照圆寂约二百年后、北宋太宗时代所写的《宋高僧传》为最早。宋代的著述中，收录法照传的主要有如下几种：

一、《宋高僧传》卷 21《感通篇·唐五台山竹林寺法照传》，北宋赞宁撰（988）

二、《往生西方略传》，北宋遵式撰（1017?）

三、《广清凉传》卷中《法照和尚入化竹林寺》，北宋延一撰（1059?）

四、《往生净土传》卷下，北宋戒珠撰（1064）

五、《新修往生传》卷下，北宋王古撰（1084）

六、《新修古今往生净土宝珠集》卷 1，南宋陆师寿撰（1158）

七、《乐邦文类》卷 3《莲社继祖五大法师传》，南宋宗晓撰（1199）

八、《佛祖统纪》卷 26《净土立教志》，南宋志磐撰（1269）

以上八种之中，一、三、四、五、六等五种，其内容虽然有详略不同，但是对照各传文，可知系为据同一资料而作，主要都是记述法照感见五台山的灵异奇迹。与其称为"法照传"，还不如《广清凉传》中的"法照和尚入化竹林寺"这样的题目，更能反映出传文的内容。故此，上述资料作为法照传来说，是不完整的。而且，这些都是成立于法照圆寂约二百年之后，甚至比此更晚的年代。我们首先有必要弄清楚这些资料的最初来源。

《宋高僧传》是北宋赞宁奉太宗皇帝之敕，于太平兴国七年（982）在首都开封开始编纂，至端拱元年（988）而成之作。在后序中，有如下记述：

> 赞宁自至道二年（996）奉睿恩掌洛京教门事，事简心旷之日，遂得法照等行状。撰已，易前来之阙如，寻因治定其本。（T50，900 页上）

由此可知，法照传在作成之后，于至道二年又作了一次修订，是《宋高僧传》中他特别倾注心血的一篇。此传，不仅是上述诸传记中成书最早的，而且它是成立于致力于振兴佛教，特别是对五台山佛教情有独钟甚至不惜大力支持的太宗朝廷的背景下，并且得到很多学者的协助而成，这一点尤需值得注意。

《广清凉传》，由嘉祐五年（1060）正月十五日鄯济川所作的序文，可知其创作的情形。即是，济川感叹自唐慧祥的《清凉传》两卷问世以来，再也没有好的清凉山（五台山）传记，于是请当时驻锡清凉山大华严寺真容院的妙济大师赐紫沙门延一，搜集资料，扩编慧祥的《清凉传》。延一用了三个月的时间，成书三卷，取名《广清凉传》，募人开板，印施四方。故此，虽然此书成书于《宋高僧传》之后约七十年左右，但由于撰写者延一住于法照的主要活动之地五台山，且是身居要位之人，再加上所涉及的范围仅限于五台山，所以在对法照事迹调查方面，具有得天独厚的便利。我国的成寻于熙宁五年（1072）入五台山，面见了当时已七十四岁高龄的五台山前十寺副僧正、讲经律论临坛首座延一，并得到了《广清凉传》摺本三帖。

今将两书中有关法照传记的基础资料罗列如下：

（1）法照记述感见化竹林寺的石记

两书都在法照入五台山，经过大圣竹林寺金榜，进入有百二十院的大型化寺，次第接受文殊、普贤的当面教授这样一番奇遇之后，有如是记述：

《宋高僧传》造大圣前，作礼辞退，还见二青衣，送至门外，礼已举头，遂失所在，倍增悲感，乃来石记，至今在焉。（T50，844 页下）

《广清凉传》回至大圣前，作礼辞退，遣二童子，送至门外，礼已举头，遂隐不见。师乃怆然，倍增悲感，遂立石题记，今犹存焉。（T51，1115 页上）

法照自从在南岳感见五台山灵境之后，造访五台山，入竹林寺，受文殊、普贤之教之事，两书记述几乎相同。据此，可知两书系据同一资料而作。或许两书的记述，都是基于"今犹存焉"的法照石记。

（2）法照在五台山所见灵境的实录

延一在记述了法照入化竹林寺感见灵异之事后，如是写道：

法照虽睹圣异，不敢妄传，恐生疑谤。（大历五年）至冬十二月初，遂于华严寺入念佛道场。……如是七日，至初夜分，正念佛时，忽见一梵僧，至道场内，告法照曰："汝所见者，台山境界，何故不说？"言讫而隐。法照心疑此僧，亦未宣露。翌日申时，正念诵次，复见梵僧，年约八十，神色严峻，告法照："向时所见者台山境界，何不依事实记录之，普示众生，令所见者发菩提心，断恶修善，获大利益？师何秘密，不向他说？"……法照闻已，答云："谨奉所教，不敢秘密。"梵僧微笑，即隐不现。法照方依所教，具前逢遇，实录一一示众。（T51，

1115 页中—下）

《宋高僧传》也有几乎同样的记述，两书当是据同一材料
而作。法照一开始将其入五台山所感见的灵异隐藏于心，秘
不示众。但是，由于受到了梵僧的点化，遂于大历五年末，
或是六年正月之际，为了让世人增长成就信心的缘故，于是
将其亲身体验的灵验之事公布于众。

此记录法照灵验感应的"实录"，当于不久即被传写，并
流传甚广。贞元十三、十四年（797—798），当时的绛州兵掾
王士詹曾说：

所睹异光奇迹，具纪于大师实录，海□□播，故略
而不书。（T51，1116 页上）

开成五年（840）入五台山的圆仁，在《入唐新求圣教目
录》中也有如是记录：

五台山大圣竹林寺释法照得见台山境界记一卷
（T55，1085 页中）

上述所谓的"大师实录"及"释法照得见台山境界记"，
或许就是僧传所说的法照实录。但是，此书或许并非法照自
著，而是其门下为了增加其师或新建的竹林寺的声望而编述。
然而，热诚的信仰家亲自叙述自己的灵异感应，化导他人令
生信仰之例也为数不少。最近在敦煌发现的法照亲著的三卷

本《五会法事赞》中，法照即详细述说了自己如何面见阿弥陀佛，又如何从阿弥陀佛那里亲受五会念佛法的经过。所以法照自己亲撰《得见台山境界记》的可能性也是很大的。即使不是他亲撰，实录在法照生前或圆寂前后即业已存在，并在贞元年代得到了相当程度的流布，这一点，通过王士詹的记述可以得到确认。由于此实录系法照亲笔所撰，或者系极其接近法照存世之时的记录，所以可信度甚高。因为实录中有诸多灵异性的记述，遂即认为这是后人伪托之作，由此得出系虚构伪造、于事实无稽的结论，是很轻率的。

（3）司兵参军王士詹撰《五台山设万僧供记》

延一在法照事迹的末尾，如是记述道：

> 德宗皇帝贞元年中，有护军中尉邠（宾）国公扶风窦公，施敕赐三原县庄租赋之利，每皇帝诞圣之日，于五台山十寺普通兰若，设万僧供。命司兵参军王士詹，撰述刻石记纪颂。其词略曰：弥陀居西国，照师宗焉；帝尧在位，邠公辅焉。是知佛宝国宝，殊躅而同体也。竹林精刹应现，施工已立。西方教主大师法照，自南岳悟达真要，振金锡之清凉，根瑞相以徘徊，蹑云衢而直进，跻灵山入化寺，周历而□□□百二十院。所睹异光奇迹，具纪于大师实录，海□□播，故略而不书。兹乃净土教主东流也，故治地□□寺焉，文多不能具载。（T51，1116 页上）

文中提到，贞元时代，由护军中尉窦公提供财政支持，于每年的天子诞辰之际，在五台山的十所寺院举办斋会，供养万僧。此事由王士詹撰文，勒石以记。王士詹所撰之文中，用了相当的篇幅记述法照事迹，延一也引用了其中一部分。

《宋高僧传》在法照传的最后，虽然说有"绛州兵掾王士詹述圣寺记云"云云，然而并没有引用其文。有可能当初是引用过的，现在所传之本文字脱落了也未可知。或许是为了表达与延一所引用的为同一文本，赞宁将王士詹的石刻取名为《五台山圣寺记》。《全唐文》卷621中，以"王士詹 五台山设万僧供记"为题，收录了延一引用之文。本稿暂借用《全唐文》所用之标题。

此外，延一文中所提到的护军中尉邠（宾）国公扶风窦公，是唐朝最初的护军中尉，有名的宦官窦文场。[1]德宗企图改革禁卫兵制，于贞元十二年六月，特设护军中尉两名，中护军两名，令其统率禁军。宦官窦文场与霍仙鸣二人由于最得德宗信任，分别被委任为左右神策护军中尉，一时权倾天下。窦文场担任护军中尉之事，是在贞元十二年（796）六月之后的数年间。[2]故此，延一所说的"贞元中"，也即是指此时间段。

此中饶有趣味的是，窦文场与霍仙鸣两人在为护军中尉之前，是掌管佛教的左右街功德使，成为护军中尉之后，也继续兼任此职，为佛教事业尽力。在此两人之后，护军中尉同时兼任左右街功德使成为惯例。由宦官出身的禁军统帅统管佛教，在研究佛教与宫廷的接近以及长安佛教的兴隆方面，需要特别注意。

更加有趣的是，如前节所述，和法照同时代的双修法华、念佛的内供奉僧飞锡所撰的《楚金禅师碑》中，可见到窦文场从飞锡的道友楚金处秉受佛法，并为楚金启奏朝廷，请赐大圆禅师之号的记载。楚金为飞锡的道友，他不但是法华行者，应该也有净土信仰。

王士詹在记述窦文场作施主的五台山僧斋时，将活跃在净土佛教界的法照与供职于朝廷的窦文场作对比，对两者不吝赞美之词。据以上的记述，可以想象得出，代宗、德宗时代活动于长安佛教界的法照、飞锡与窦文场之间，具有着何等的密切关联。王士詹所撰述的全文，也即《宋高僧传》所谓的"圣寺记"，到底仅为记述法照建立竹林寺的经过，还是对五台山诸寺都有描写，虽然现在不得而知，不过，延一所引用的其中与法照相关的一节，却是极为宝贵的一手资料。

要之，赞宁与延一据上述资料对法照的事迹作了记述。相比较而言，延一的记载比赞宁的更为详尽。两者的记述中，与五台山灵异相关的记述几乎占了全部。其所依据的基本资料，源于法照的自撰，或者最接近法照的时代、于同一地方所成立的记载。由此等资料，至少可以勾勒出法照在五台山活动的大体轮廓。不过，对法照整体形象而言，这些还很不完整，还需要进一步用其他的资料加以补充。

下面，试比较戒珠以下三种往生传的法照传与前面两书中的法照传的开头部分，分析后三种传记与前两种之间具有何等关系。

A.（《宋高僧传》）

释法照，不知何许人也。大历二年，栖止衡州云峰寺，勤修不懈，于僧堂内粥钵中忽睹五彩祥云，云内现山寺，寺之东北五十里已来有山，山下有洞，洞北有石门，入可五里有寺，金榜题云大圣竹林寺。虽目击分明，而心怀陨获。

他日斋时，还于钵中五色云内现其五台诸寺，尽是金地，无有山林秽恶，纯是池台楼观，众宝庄严，文殊一万圣众而处其中。又现诸佛净国，食毕方灭，心疑未决。（T50，844 页上）

B. 《广清凉传》

释法照者，本南梁人也，未详姓氏。唐大历二年二月十三日，南岳云峰寺食堂内食粥，照向钵中，见五台山佛光寺东北一里余有山，山下有洞，洞北有一石门。自觉身入石门，行五里许，见一寺，题云大圣竹林之寺，久之方隐，心极骇异。

二十七日辰时，还向钵中，尽见五台山华严寺，诸寺了然可观，地皆金色，殊无山林，内外明澈，池台楼观，众宝庄严。文殊大圣，及万菩萨，咸处其中。又现诸佛净国，食毕方灭，心疑益甚。（T51，1114 页上）

C. （戒珠）

释法照，不知何许人。唐大历二年，栖于衡州云峰寺，慈忍戒定，为时所归。一旦，于僧堂食钵中，睹五色云，云中有寺，寺之东北有大山，山有洞，洞北有石门。门去可五里，复有一寺，金榜题曰大圣竹林寺。照虽目睹，而其心也，尚怀陨获。

他日食时，复于钵中见五色云，云现数寺，无有山林秽恶，钝金色界，池台楼观，众宝间错，万菩萨众，而处其中。中有诸佛严净国土种种胜相，照欣所见。（T51，121页中）

D.（王古）

释法照，南梁人。唐大历二年，栖于衡州云峰寺，慈忍戒定，为时所归。二月十三日，于僧堂食钵中，睹五色云，云中有寺，寺之东北有大山，山有洞，洞北有石门。门去可五里，复有一寺，金榜题曰大圣竹林寺。照虽目睹，而未知果何境也。

二十七日食时，复于钵中见五色云，中现数寺，无有山林秽恶，纯金色界，池台楼观，众宝间错，万菩萨众而处其中。中有诸佛严净国土，种种胜相，照异所见。（X78，154页中）

E.（《宝珠集》）

释法照，不知何许人。唐大历三年，栖于衡州云峰寺，慈忍戒定，为时所归。一旦，于僧堂食钵中，睹五色云，云中有寺，寺之东北有大山，山有洞，洞北有石

门。门去可五里，复有一寺，金榜题曰大圣竹林寺。照
虽目睹，而其心也，尚怀陨获。

他日食时，复于钵中见五色云，云现数寺，无有山
林秽恶，钝金色界，池台楼观，众宝间错，万菩萨众，
而处其中。中有诸佛严净国土种种胜相，照欣所见。

五者几乎雷同。这其中，戒珠、《宝珠集》的法照传与
《宋高僧传》相近，王古的传与延一的记述相类似，这一点需
要注意。

据戒珠《往生传》的自叙说，他

历考梁隋而下慧皎、道宣诸师所撰传记十有二家，
洎大宋通慧大师新传（即赞宁《宋高僧传》），且得显等
七十五人。其传之作，理或有所暗昧，辞或有所丛脞，
因复修正而发明之。（T51，108 页下—109 页上）

从梁代以来至赞宁《宋高僧传》中的诸僧传中，抄录出有净
土信仰的主要之人，加以修正。对法照传，几乎完全抄录自
赞宁的法照传，只是在文辞上略作修饰而已。《宝珠集》的法
照传，则不过是进一步蹈袭了戒珠的法照传。

王古的《新修往生传》，其在序言中有说道：

福唐释戒珠，（接）〔采〕十二家传记，得七十五人。
今复蒐补阙遗，芟夷繁长，（豫）〔该〕罗别录，增续新
闻，共得一百一十五人。（X78，147 页中）

此传虽是戒珠《往生传》的后续之作，但对各传文屡有修订。[3]参详其法照传之文，除了承袭赞宁与戒珠的传，很显然也参照了延一的《清凉传》或者前述延一、赞宁所用的资料。然而，并没有在延一、赞宁之外提供新的材料。

遵式的《往生西方略传》，今已散失，不过法照传相关的部分，却幸运地被我国源空（法然）门下成觉房幸西所编的《唐朝京师善导和尚类聚传》[4]引用，留存了下来。为方便起见，将其全文引述如下：

> 《西方略传》云，唐朝善导和尚，未详氏族。传云，阿弥陀佛化身，自至长安，闻浐水声，乃曰："可教念佛。"遂立五会教，广行劝化，人有至信者，见和尚念佛，佛从口出。三年之后，满长安城人，皆受化念佛。事具别传。
>
> 后有法照大师，即善导后身也。德宗时，于并州行五会教，化人念佛。帝于长安，常闻东北方有念佛声，遣使寻觅，至太康，果见照师劝人念佛，遂迎入内，用刘球绳床，教宫人五会念佛。事彰本传矣。

此中的"西方略传"，应该是遵式所撰的《净土略传》。

遵式（964—1032），浙江宁海人，系有名的天台学者，同时也是净土信仰的鼓吹者、屈指可数的著述家。其传法活动，主要集中于以天台山为中心的四明、苏杭一带。他于至道二年（996）召集僧俗两众，焚修净业，并撰《誓生西方记》。据云：

天禧元年（1017），侍郎马亮守钱唐，雅尚净业，造师问道。师为撰《净土行愿门》《净土略传》。（《佛祖统纪》卷10，T49，207页下—208页上）

由此推断，"净土略传"，或许就是《西方略传》。据《天竺别集》卷中所收的《往生西方略传新序》，此书共收录印度、中国"道俗士女往生行人三十三条显验之事"。虽然这是为世俗信仰之人所撰写的传道之作，不必期许为正确详密的史传，不过，它不但从年代上继《宋高僧传》之后，较为古老，而且从其内容上来看，是出自与上述法照诸传完全不同的另外一个系统，具有独特的价值。"事彰本传矣"，很容易让人联想到当时还有法照的本传流传。本传，虽说很容易想到是否指《宋高僧传》，不过《宋高僧传》的法照传中，却丝毫没有本书所讲的那些事迹，应该是另外的法照传。总之，我们至少可以知道，在遵式的时代，南方地区的浙江一带，流传着有关法照的这些事迹。

宗晓《乐邦文类》中的法照传，搜集了诸多与净土教相关的文献，除了上述资料之外，也参照了柳宗元的《南岳弥陀和尚碑》。特别应需注意的是，他以法照为继承慧远的莲社继祖五大法师中的第二祖（从慧远算起，则为第三祖），赋予法照在中国净土教史上极为重要的地位。不过，《南岳弥陀和尚碑》的全文在柳宗元的文集中也有收录，故而，宗晓的法照传，在法照研究方面也没有提供很多的材料。

最后是志磐的法照传。此传只不过是继承了宗晓等诸传，没有什么新意。至于元朝之后撰述的法照传，在上述诸传之外并没有补入新材料，几乎没有参考的价值。

总而言之，中国撰述的法照传记中，撰写最早的是赞宁及延一的记述，以及遵式的《西方略传》可资参考。其他的诸传都是据此而作，可供参考的价值不大。法照传的不完整之处，应当在这些僧传类之外另外寻求资料补充。那么，除了上述的诸传之外，还有什么资料存在呢？今将其主要者列举如下：

（Ⅰ）章敬寺法照和尚塔铭　镜霜述并书　大中十二年京兆

上为南宋时代的《宝刻类编》卷8中所见的碑目。此碑已佚失，碑文不传。不过，毫无疑问，此碑是为弘扬五会念佛教的法照而建。[5]

京兆章敬寺，是法照著述《净土五会念佛略法事仪赞》之处。第二章中有提到，此寺为代宗大历二年（767）为肃宗的皇后武氏（章敬皇后）祈福而建，在代宗、德宗时代，是与朝廷关系最为密切的帝都代表性的寺院。法照被迎入帝都，尊为国师，弘布念佛教，将其安置于与朝廷关系密切的新建的章敬寺，是极为自然的。碑文的撰写者镜霜的事迹，在我国圆仁的《入唐求法巡礼行记》卷3"会昌元年二月八日"条下，有如下记载：

> 又敕令章敬寺镜霜法师，于诸寺传阿弥陀净土念佛教。廿三日起首，至廿五日，于此资圣寺传念佛教。又巡诸寺，每寺三日，每月巡轮不绝。（B18，88页上）

镜霜为章敬寺所属之僧人，因精通阿弥陀净土教，被敕命于会昌元年（841），每三日巡视帝都一寺，每月轮流巡视，传播念佛教。圆仁所说的章敬寺镜霜，与大中十二年（858）撰写章敬寺法照碑的撰者镜霜，在年代上没有丝毫冲突。从圆仁特别记述的"阿弥陀念佛教"，我们可以想象到这是唱诵阿弥陀佛名号，并遵循一定的仪轨和形式的净土教。法照在章敬寺净土院所撰写的《五会念佛略法事仪赞》，正是将谱有音乐曲调的念佛唱礼与诵经赞歌组合在一起的一种仪轨。而且法照在《仪赞》中说，此种仪轨的实行，需要有熟悉的指导者和与其配合之人。若是如此的话，在法照在帝都的活动中心章敬寺中，学习并掌握五会念佛教的僧众，为数应该不少。我们可以很自然地得出这样的结论：距法照之后不过五十年左右的会昌元年，由朝廷敕命弘扬念佛教并撰写法照碑文的章敬寺镜霜，直接蒙法照亲授或者间接地继承了法照的五会念佛教，他所传的念佛教，是唱诵带有曲调的佛号并结合有诵经礼赞的法照净土教。

总之，我们仅据《宝刻类编》中的《章敬寺法照和尚塔铭》的碑目，即可以推定，这是《五会法事赞》的作者法照的塔铭。镜霜是遭逢过会昌灭佛之人，在宣宗佛教复兴时期再次活动，于此期间，建造了其念佛教先师法照的塔铭。然而，大中十二年是法照圆寂的数十年之后。此碑到底是最初所刻的法照塔铭，还是在会昌灭佛中曾经遭遇破坏、此间再次重建的，难以确知。此碑文毫无疑问是研究法照传记，特别是他在长安活动的上好资料，惜乎佚失不传。但仅凭此碑目，就足以对法照研究予以重要的提示。

此外，赞宁的《宋高僧传》在撰写各僧传之时，有碑石资料的，即参照其碑文，并会附带记述其碑石建立的情况。但是在法照传中，丝毫没有提到有塔碑建立之事。还有，一般僧人的塔铭碑中，按照惯例，都会记载此人的籍贯、俗姓、何时剃发、受学于何人、何时入灭等。赞宁的法照传只记载了法照在五台山的灵异事迹，首尾分别说其"不知何许人也"，"不知其终"，对法照在长安的活动甚至一言都未提及。这证明赞宁没有接触到法照的塔铭。由此，此碑作为与《宋高僧传》互相独立的资料，愈发宝贵。此碑是什么时代佚失的，并不明确。《宝刻类编》未必是经过了实地调查，恐怕是根据诸书所出而编述，不能仅因出自《宝刻类编》，就认定此碑在南宋时代尚存。

（Ⅱ）南岳承远相关的碑文

1. 唐吕温撰《南岳大师远公塔铭记》（略称《吕记》，《吕和叔文集》卷 6、《文苑英华》卷 866）

2. 唐柳宗元撰《南岳弥陀和尚碑》（略称《柳碑》，《柳河东集》卷 6）

上述两篇碑文，已经在拙稿《南岳承远传及其净土教》中有详述，此处不再赘言。承远是法照之师。此两碑所提及的法照事迹，属于赞宁、延一所未曾使用过的独立资料，在法照传记研究方面不可或缺。

（Ⅲ）法照的著述

1.《净土五会念佛诵经观行仪》三卷（缺上卷，系伯希和氏所带出敦煌写本，收于《大正藏》第 85 册）

2.《净土五会念佛略法事仪赞》一卷（《大正藏》第 47 册）

尤其是前者，属新发现的资料，不少内容可作为法照传的补充。

（Ⅳ）圆仁《入唐求法巡礼行记》四卷

此为入唐僧圆仁所笔录的日记体旅行记。全书从承和五年（838，唐开成三年）六月十三日由博多乘船起笔，至承和十四年十二月十四日而终。在唐期间，圆仁曾至法照活动之地的五台山、长安诸寺巡礼求法，尤其是在法照所建立的竹林寺逗留十余日。此外，还携来了法照的著述。此旅行记，以及他带来的目录、事迹等，是研究法照的绝好参考资料。小野胜年博士心血之作《入唐求法巡礼行记の研究》四卷，可资参照。

注释

[1] 窦文场的传记，出自《新唐书》卷 207、《旧唐书》卷 184。《旧唐书》中说道：

德宗还京，颇忌宿将，凡握兵多者，悉罢之，禁旅文场、仙鸣分统焉。贞元十二年六月，特立护军中尉两员、中护军两员，以帅禁军，乃以文场为左神策护军中尉，仙鸣为右神策护军中尉。……时窦、霍之权，振于天下，藩镇节将，多出禁军，台省清要，时出其门。文场累加骠骑大将军。是岁仙鸣病，帝赐马十匹，令于诸寺为僧斋以祈福。久病不愈，十四年，仓卒而卒。上疑左右小使正将食中加毒，配流者数十人。仙鸣死后，以开府内常侍第五守亮为右军中尉。文场连表请致仕，许之。十五年已后，杨志廉、孙荣义为左右军中尉。

据上所述，窦文场于贞元十五年即已辞护军中尉。

《资治通鉴》卷 236 "贞元十七年九月"条下记载道：

> 左神策中尉窦文场致仕，以副使杨志廉代之。（另参照"贞元十九年六月"条下的同书考异）

总之，延一所说的"贞元中"，应是从贞元十二年开始的数年间。

[2] 窦文场、霍仙鸣各自为左右街功德使，为佛教事业尽力之事，于《贞元新定释教目录》卷 17、《贞元续开元释教录》卷中等可见。另可参照拙稿《唐中期以来の長安の功德使》（收于本著作集第 3 卷）。

[3] 关于三往生传的成立关系，可参照岩井大慧氏的《净土宝珠集の撰者》（收于《桑原博士還曆記念東洋史論叢》，另收于氏之所著《日支仏教史論考》）。

[4] 本书流传不多，有承应三年的刊本。此外有镰仓初期的刊本，现珍藏于西本愿寺。另外，金泽文库等有镰仓时代的抄本。撰者即使不是幸西，当可确定其编述时期为镰仓初期。今所引用之文，据西本愿寺所藏古版本。

[5] 参照拙稿《唐慈恩寺善導禅師塔碑考：附　章敬寺法照和尚塔銘考》（《摩訶衍》，1930 年），以及《常行堂の研究》（《芸文》15—3）（收于本著作集第 7 卷）。

第六章

法照传考论

第一节　乡贯俗姓

法照的乡贯俗姓，据现存资料，所见如下：

（1）释法照，不知何许人也。（《宋高僧传》、戒珠传及《宝珠集》与此相同）

（2）释法照者，本南梁人也，未详姓氏。（《广清凉传》，王古传与此相同）

此外，唐玄本的《五台山圣境赞》(敦煌写本)中说道：

南梁法照游仙寺

（3）梁汉沙门法照。（法照撰《五会念佛略法事仪赞》卷上）

又，敦煌写本《五台山赞》中说：

> 梁汉禅师出世间，远来巡礼五台山。
> 白光引入金刚窟，得见文殊及普贤。

首先，我想辨析一下第二南梁说。试引用《中国古今地名大辞典》的"南梁"条如下：

> 【南梁州】南朝梁置，见南安郡条。（南安郡条云：梁初置南梁州，后改为安州，又改始州，即今四川剑阁县治。）◎南朝梁置，西魏改曰隆州，故治在今四川阆中县西。◎隋建州，唐改置南梁州，寻省，今湖南宝庆县治。
> 【南梁郡】晋置，南朝宋更名淮南，寻复故。齐改曰梁郡，治寿春，即今安徽寿县。魏徙郡治崇义，在今寿县东南。隋时郡废。◎后魏置，故治在今安徽全椒县东南。◎后魏置，故治在今安徽合肥县东北七十里。

以上条目中，作为唐代地名的南梁州，只有相当于现今湖南宝庆（今邵阳）地方一处。宝庆位于衡山山脉西麓，而且衡山山脉之首的南岳，正好在宝庆西方。县城东南五十里处有祥云山，又被称为望岳山。法照时代的南岳，是中国为数不多的名山，名僧汇集，是佛教兴盛的道场。法照之师承远，也驻锡此山。考虑到法照倾慕南岳承远的德风，并投其门下，如果以离南岳不远的宝庆地方为法照的乡贯，是颇为合适的。不过，据新旧《唐书·地理志》等，南梁州为武德四年（621）所置，贞观十年（636）改为邵州，天宝元年改称邵阳郡，乾元元年又改为邵州。南梁州的名称，在唐初只存在了十余年。此后，在五代晋时改称敏州，宋代作邵州，又作宝庆府。赞宁、延一、王古的时代，宝庆地方也没有被命名为南梁。所以，以《广清凉传》中说道"本南梁人也"，遂理解为就是现今湖南宝庆地方之人，未必确切。在法照的时代，或者宋代，仅在唐初存在了十几年的地名，不可能还存在。不过，在法照自著或者《五台山赞》中所见的"梁汉"，如果是表示如今宝庆地方的话，没有问题。然而，我并不清楚湖南宝庆有被称为"梁汉"的情况。若是如此，梁汉是哪里呢？南梁人应该如何解释呢？

法照的自著中称其为"梁汉沙门"，被视为唐代之作的《五台山赞》中，也将法照称为"梁汉禅师"。所以，"梁汉"两字与南梁一样，都十分重要。但梁汉沙门（禅师），未必就一定要理解为梁汉地方出身的沙门。不妨这样理解，由于梁汉是法照教化最盛之地，也是其最受尊信之地，从而将其视为梁汉的高僧，而得"梁汉禅师"之名。

不过，称其为"梁汉沙门"的《五会法事赞》，是他于长安章敬寺所撰，此书著述以前，他的活动之地遍于东吴、庐山、南岳、五台山、并州以及长安等处。而且他名声显赫，是在入五台山之后。故此，梁汉沙门（禅师），应当作为他的出生地，或者显示其出家、得度、修学之地来理解。

《广弘明集》卷12僧明槩于龙朔三年所作的《决对傅奕废佛法僧事（并表）》中有道：

去大业季年，有道士蒲子真，微闲道术，被送东京，
至梁汉身死，因葬在彼。（T52，171 页下）

如果唐宋时代的行政区划中没有"梁汉"这样的地名的
话，梁汉究竟应该作为什么地名呢？由于是"五台山赞"这
样的文学性浓厚的作品所用的文字（《五会法事赞》也是赞歌
的集成），所以，与其将其视为行政上的地名，还不如作为一
种古雅的名称。如果这样考虑的话，则是否是古代九州之一
的梁州，即今汉中道及四川省之地。因为汉中有梁山，故以
之为州名，其治地古代在汉中（《中国古今地名大辞典》）。梁
汉，是否就是现今四川省北部至陕西省南部一带呢？汉中，
战国时代是楚国之地，自秦置汉中郡以来，长时间被称作汉
中郡。北魏间，称梁州汉中郡。隋朝虽废州郡，唐代又再次
称梁州或汉中郡。此地古来的名称是梁州汉中郡，所以通称
为梁汉。这样解释，未知当否。

唐令狐德棻等所撰的《周书》卷 35《郑孝穆传》中有道：

大将军达奚武率众经略汉中，以孝穆为梁州刺史。

汉中常与梁州结合在一起，作为同一个地方。

然后，唐代经常会出现梁汉的称呼。

《续高僧传》卷 25《凉州僧朗传》中道：

七日达仇池，又至梁汉，出于荆州。（T50，647
页上）

此外，载于《广弘明集》卷12、前面所引的绵州明槩致朝廷的《决对傅奕废佛法僧事（并表）》中也有提到梁汉之名。梁汉，是唐代所常用的名称。我认为，可以将梁汉解释为是对陕西省靠近四川省一带及四川省的称呼。

或者也可以理解为，是唐代所置的梁州（陕西省汉中府南郑）与汉州（四川省成都府）两州相邻接的地方，即是横跨陕西省与四川省一带的名称。又或可以将梁汉理解为是"古代地处梁州之地，现今的汉州"，即是古代的梁州与唐代的汉州两个地名的合称。汉州，是唐代在现今四川省成都北方所置的一个州，属古梁州之地。据《唐书·地理志》，垂拱二年分益州置汉州，天宝元年改为德阳郡，乾元元年（757）再次称汉州。法照时代，汉州之名依然存在。若是如此的话，称法照为"梁汉沙门"，解释为"古代的梁州之地、现在的汉州"的沙门，似无大碍。我倾向于解释为是"古梁·（今）汉"地方的称呼。若是如此，则与法照的传历存在着诸多契合之处。

其一，法照之师承远的出生地为汉州。唐吕温在承远的塔碑中记载云，他是"汉州绵竹县谢氏之子"。承远志在游方修学，顺扬子江而下，至荆州，后栖身于南岳。另外，与承远同时代在南岳有名的禅师马祖道一，也是汉州之人。据吕碑所记，法照先由扬子江下流入庐山，后至南岳探访承远并师事之。现在如果将法照的出身定为四川省地方的话，可以很自然地将他师事承远的经过解释为，他踏上与同乡前辈相同的旅途，由四川游方至扬子江下游，进而参访同乡前辈，入于南岳。

其二，法照是追随承远而归入念佛教，自创并弘扬所谓的五会念佛的引声念佛之人。正好在承远、法照的时代，四川省地方盛传引声念佛。据唐宗密的《圆觉经大疏钞》卷3，由禅宗弘忍门下分出一派，名曰南山念佛禅宗，果州未和上、阆州蕴玉、相如县尼一乘（此等地名，都在成都附近）等人盛传之。此派实践引声念佛。

又，成都地方同样是出自弘忍门下的"弘忍—智诜—处寂—无相"一系的传承，教化颇盛。法照之师承远，最初即是投入处寂门下修行佛道之人。敦煌发现的《历代法宝记》中有无相之传，记载其教化之盛况说：

> 金和上（无相俗姓金，出身新罗王族）每年十二月、正月，与四众百千万人受缘，严设道场，处高座说法，先教引声念佛。（T51，185 页上）

此外，《北山录》卷6中说：

> 余昔观净众禅门[1]，崇而不僭，博而不佞，而未尝率异惊俗，真曰大智闲闲之士也。（T52，611 页中）

法照所弘扬的引声念佛，已经在其乡土广为盛行。

引声念佛在承远的出生地大为盛行，而且承远最初修行佛道的处寂、无相一门也广泛实践，从承远门下而出引声念佛的宣扬者法照，绝非偶然。如果将法照的出身也定为盛行引声念佛的汉州地方的话，其提倡五会念佛教就越发顺理成章了。此外，据法照传，他在入庐山、南岳之前，业已接触到了念佛教。这也不令人感到意外。

这样，如果将法照的出身定为四川省的话，无论是与其师，还是与其教化的特点都颇为相应。

东日的《五会法事赞演底》卷1中，这样解释梁汉：

> 梁汉者，《珠林》(第一卷) 引《搜神记》云，蛮夷……今即梁汉巴蜀、武陵长沙、庐江群夷是也云云。

准此，则东日也是将梁汉与巴蜀并称，与我的观点不无暗合。由于法照的传记中，没有有关梁汉的任何信息，东日也很难给出有效的解释，除了这段《法苑珠林》的引句之外，也没有作出任何的说明或发表个人的见解。不过，我们据此至少可以知道，梁汉一词在中国很早以来即已存在，梁汉禅师一词在诗中也有被使用。但是，严格来说，我对中国地理并不熟悉，对法照的乡贯暂时还是采取保留态度，不做决定。或许，就像《宋高僧传》等所说的那样，他"不知何许人也"，这样比较稳妥吧。

不过，法照自己的著作和唐代的文献中都将之称为"梁汉沙门"，梁汉，照如前所述解释为"南梁人"的话，也与梁汉沙门没有矛盾，可以相互会通。这样，至少可以将法照的出身地或者出家得度之地，推断为四川省地方。如果这种推断无误的话，则出了承远、法照师徒两位祖师的蜀地净土教，在中国净土教研究方面就是一个很有趣的对象。

法照如果是蜀地之人，有一点需要留意，他的少年期或者青年期曾经遭遇过安禄山之乱。永泰（765—766）之前法照的事迹虽然不明，但如果他的乡里是蜀地，在其出家为僧游方以前曾在此居住的话，社会动乱对他的精神生活很难想象不会产生影响。繁荣昌盛的帝都忽然沦陷，皇帝逃亡到蜀地这种事情，实在是惊天之变，肯定会对蜀地的人们带来巨大冲击。法照的宗教生活与此事件有何关联，虽然现存的资料没有明确记载，此种大事变，肯定会给时人以世间无常转变的深刻印象。此外，佛教主张人生无常、苦、空，尤其是净土教信仰，特别强调这一点。这就给佛教特别是净土教的发展提供了温床，容易滋生净土信仰。

第二节　师事承远以前

东吴—庐山—南岳

法照的俗姓，他何年、于何寺、随何人出家得度，这些事情一概不明了。已知的法照最早的行迹，据吕温所作的《远公塔铭记》，他首先由东吴来游庐山，此后转而入于南岳：

> 永泰中，有高僧法照者，越自东吴，求于庐阜，尊远公教迹，结西方道场。入观积旬，至想傍达，见弥陀座下有老比邱焉。启问何人，答曰："南岳承远，愿告吾土，胜缘既结，真影来现。"照公退而惊慕，径涉衡峰，一披云外之尘，宛契定中之见。因缘昭晰，悲喜流涕，遂执抠衣之敬，愿承入室之顾。

据此记述可以推断出，他在入庐山之前，居住在东吴地方，而且当时他已经对净土教有信仰了。东吴，应该是吴地的东部，即是扬子江下游南岸江苏省一带。若像前一节所说，他是四川省人的话，恐怕是在该地入的佛门，然后在代宗即位的初年，遵循当时僧人的惯例，游方参学，像他的蜀地前辈那样，沿扬子江顺流而下，踏上了参访名刹、高僧的修学之旅。虽然他具体参访了哪些高僧与名刹不得而知，如下几点，大致可以推察得出：

（一）在吴郡地方，自天宝至代宗时代，中兴天台宗的荆溪湛然正在大力扩张教势，门下也颇为兴盛。

（二）法照的著述中，可以看到有天台教义的影响。

（三）法照入庐山，仰慕慧远白莲社念佛的芳躅，结西方道场，以期见佛。由此事迹可以推断出，法照在入庐山之前，业已倾心于净土念佛法门，且已接触了《观无量寿经》《般舟三昧经》等观佛、见佛的法门。

（四）湛然在其所著的《止观辅行传弘决》卷2中，解释天台宗祖智颛的《摩诃止观》的常坐三昧说：

> 随向之方，必须正西，若障起念佛，所向便故。经虽不局令向西方，障起即令专称一佛。诸教所赞，多在弥陀。（T46，182页下）

将智颛没有明说为哪一尊佛的行法，以"诸教所赞，多在弥陀"等理由，定为以西方阿弥陀佛为对象。

（五）天台宗祖智颛据《般舟三昧经》，提倡唱念阿弥陀佛行道的常行三昧，将其作为重要的修行方法。此时期的天台教徒，视智颢为弥陀净土的求生者，对《观无量寿经疏》《净土十疑论》等皆相信为智颢真撰。智颢的这些著作，逐渐被净土教徒尊奉为修行的指南。

（六）被称为湛然门下俗家弟子中第一的梁肃，作有《绣西方像赞》《祇园寺净土院志》等。据此可知，湛然门下有实践西方净土信仰者，像净土院这样的西方净土教专门道场在江南地方也不断发展。柳宗元在《永州龙兴寺修净土院记》中，自述曾将天台智者大师所著的《净土十疑论》书于墙壁，作为西方净土教的指导。

梁肃的《祇园寺净土院志》中，有如下的记载：

> 祇园精舍净土院者，沙门常辉观佛三昧之所也。……如是观者，生之上也；如是信解，观念渐纯，生之次也；系缘从事，厌染怀净，又其次也。（《全唐文》卷520）

其重视观佛三昧，由此可见一斑。这与法照在庐山所修行的方法——"结西方道场，入观积旬，至想傍达，见弥陀"如出一辙。

由以上几点，是否可以推想，法照在入庐山之前，是在湛然教化兴盛的吴地接触到天台教，并接受了以观察专念为特点的西方净土教？

柳宗元虽然没有记载法照在东吴呆过，但对其在庐山的事迹，所记载与吕温几乎相同：

在代宗时，有僧法照为国师，乃言其师南岳大长老有异德，天子南向而礼焉。

……

初，法照居庐山，由正定趣安乐国，见蒙恶衣侍佛者。佛告曰："此衡山承远也。"出而求之，肖焉，乃从而学。传教天下，由公之训。（《南岳弥陀和尚碑（并序）》，《全唐文》卷 587）

东晋慧远在庐山与道俗同志一百二十三人结社念佛之事，在佛教史上非常有名，这里不作过多的说明，仅将法照仰慕慧远结社念佛的芳躅的事实，引用他自己的著述以资证明。

敦煌发现的《净土五会念佛诵经观行仪》卷中说道：

绰禅师等，因鸾法师得生西方，各率有缘，专修净土之业。绰禅师又撰西方记验，名《安乐集》流行。又晋朝远法师入庐山，三十年不出，乃命同志白黑百有二十三人，立誓于西方，凿山铭愿。（T85，1244 页中）

同书卷下也说道：

又佛法东流，晋时有庐山远大师，与诸硕德及谢灵运、刘遗民一百二十三人，结誓于庐山，修念佛三昧，皆见西方极乐世界。（T85，1255 页中）

很明显可以看出，法照推崇慧远庐山结社念佛的事迹，以其作为前辈的典范而私淑于彼。此外，唐李演的《东林寺远法师影堂碑（并序）》中记述说，慧远的清行素节在诸旧碑中都曾详细流传，并有传记传世，贞元十一年，在庐山东林寺建立了慧远的影堂。这显示，在唐朝中期的南方，慧远作为念佛的前辈，其影响力尚经久不衰。

在庐山修行念佛三昧的法照，探访在南岳专修念佛的大德承远，投入其门下。其时间，或在永泰元年（765）。永泰元年，正值承远五十四岁。承远曾经在信仰上抱有疑惑且感到烦闷，于是远赴广州，寻访正在游化中的慈愍三藏，并接受其教法，断然归入净土法门。后归南岳，专修念佛。承远的德望日渐高涨，仰其高风四方而来投其门下者甚众。承远的教诫指导，至为热心恳切。当时已经归依净土法门的法照，应该也是风闻承远的德望而毅然决断从庐山来至南岳的。

吕温与柳宗元都说，法照师事承远的原因是由于其在庐山入念佛三昧，在极乐世界亲见承远，由此感应而为起因。不可否认，像法照这样热诚的信仰家会有此感应。不过，最终法照应该是仰慕当时名闻湖南地方的承远的德化，而来到南岳的。然而，吕温、柳宗元在承远示寂之后还未过十年之际（推断吕温撰文的时间为元和三年，柳宗元撰文的时间为元和五年），都不约而同地提到了法照这段师事承远的传奇经历，这很值得注意。两篇碑文中，都显示日后被尊为国师的高僧法照，投入承远门下之时，业已有相当的名望。这段传奇经历的描写，会让世人对承远以及法照的景仰越发高涨。

第三节　关于南岳承远

　　法照净土教之师南岳承远的事迹，本人已经作过专门论述（京都《东方学报》第 2 册，1931 年发行）。现在基于对法照研究展开论述的必要，对承远的传记及其净土教的要领，在对前文遗漏作出若干补充的基础上，再作简要的述说。详细的内容，请参照《东方学报》所载的论文。

　　承远（712—802）是汉州绵竹县（位于四川省成都北方）人，俗姓谢氏。至志学之年，学于乡校，对所传授的中国古典之学感到不满，欲从"礼乐之陷阱，诗书之桎梏"中脱出，由此而归心于佛教。于是投到当时成都的禅门大德处寂门下，成为行者（未剃度的修行者），一边服劳务，一边钻研体悟禅宗要旨。处寂（666—732）[2] 是禅宗五祖弘忍的法孙，嗣法者中有成都净众寺无相（金和尚），其一脉成为当时中国禅宗很有势力的一派。其嗣法法系为：

　　弘忍—智诜—处寂—无相—无住

　　处寂、无相一派的主张，据宗密（780—841）的《圆觉经大疏钞》以及《历代法宝记》，可知其大要。其以无忆、无念、莫忘三句而配戒、定、慧三学，主张枝叶繁多的佛教教说，根本归趣在此三句。此外，其授法之时，设置方等道场，召集道俗男女，礼忏二十一日或三十五日，然后传授。尤其是前面已经述及，无相提倡引声念佛，且同书中强调末法时代传法相承中，以传法衣为信的必要性。《历代法宝记》是在法照在世时或者接近法照时代而成书。法照之师在提倡礼忏仪式与引声念佛、高唱末法思想的禅门中接受培养，法照如果也是在此派所盛行的地方出生的话，这在考察承远、法照净土教时，需要加以特别关注。

承远于开元二十三年（735，开元二十年处寂卒）二十四岁之时，志于游方，离开蜀地，顺扬子江而下，入于荆州，从玉泉寺惠真而剃发。荆州玉泉寺，是隋朝晋王杨广为天台智顗而建的道场，智顗在此寺中曾经讲述阐述天台宗教义组织与实践方法的《法华玄义》与《摩诃止观》。实际上，它不仅是天台宗成立史上的重要遗迹，作为荆州地方的名刹，历来都是高僧止住之地。在则天时代，有从道素而授天台宗[3]，从道宣而学四分律，精通天台与律学、受到朝廷尊信的弘景驻锡于此。惠真作为弘景的继承人，居此名刹，通晓天台与戒律，被称为兰若和尚，在荆州一带很受尊信。唐李华撰惠真碑，以惠真为南岳慧思以来的天台宗第六祖。天台宗主要宣说空假中三谛相即圆融的中道思想，主张一切诸教悉皆开会归入《法华经》。惠真依此而立教旨，其有名的法语有"家家门外，有长安道"，"滴水下岩，则知朝海"（李华《荆州南泉大云寺故兰若和尚碑》，《全唐文》卷319）。在当时佛教内部分派排他的倾向中独树一帜，提倡各教融汇综合，即教律禅等融合兼修。后来专修净土的承远，同时也是持律严谨之人，其弟子法照也能看出有天台教义的背景，禅教融合双修的教旨，恐怕也是由此而来的。

从惠真受学剃发的承远，曾经止住南岳。南岳是天台始祖慧思曾经驻锡之所、天台宗的发祥地，当时南方很多禅律的高僧云集于此，是佛教的一大中心道场。承远一度在南岳修行研究，听闻慈愍三藏由长安游化至广州，于是探访三藏。慈愍教导他，应以念佛教教化众生。天宝初年，还归南岳，建立弥陀精舍，专修念佛，同时大力弘道教化。其德化逐渐远播，由四方而来归依者日渐增多，终成一大道场，取名弥陀寺。入庐山而修念佛三昧的法照，风闻南岳承远的高名，投至其门下。或许，承远作为"同乡的前辈"，也是诱发法照归投承远的一个重要因缘。让承远归入专心念佛的慈愍三藏慧日，也提倡禅净双修，在研究其法孙法照之时，其影响不可忽视。

第四节　法照在南岳

五会念佛的创立

投入南岳弥陀台承远之门的法照，专心策励于念佛一行，其声望高涨，得力于五会念佛的创唱。此中经过，在敦煌出土的法照撰《净土五会念佛诵经观行仪》卷中有详细的记载。原文稍长，今录于此：

> 智者当知，此五会念佛诵经法事观门，实非自意。……照以永泰二年四月十五日，于南岳弥陀台，广发弘愿，唯为菩提，为诸众生，更无所求，尽此一形，每夏九旬，常入般舟念佛道场。
>
> 其夏以为初首，既发愿竟，即入道场，勇猛虔诚。

至第二七日夜，独在此台东北道场内，其夜三更，自作念言："只今现有十方诸佛净妙国土诸菩萨众，常闻无上甚深妙法，具大神通，度无量众，而我不预斯事，莫不由我恶业罪障深重，不入圣流，不能广度无边众生，甚自伤叹。"作是念时，不觉悲泪，哀声念佛。

正念佛时，有一境界，忽不见道场屋舍，唯见五色光明云台，弥满法界。忽见一道金桥，从自面前，彻至西方极乐世界，须臾即至阿弥陀佛所，头面作礼。阿弥陀佛所，头面作礼。阿弥陀佛欢喜微笑，告法照言："我知汝心，实欲至为利乐有情，无一自利。善哉善哉，能发斯愿。我有妙法，无价珍宝，今付嘱汝。今将此法宝，于阎浮提广行流布，普利天人，无量众生，遇斯法宝，皆得解脱。"

法照白佛言："有何妙法，唯愿说之，唯愿说之。"佛言："有一无价梵音五会念佛法门，正兴彼浊恶世，今时末法一切众生，机感相应，闻汝暂念，皆悉发心。如是《无量寿经》说宝树五音声，即斯五会佛声是。以是因缘，便能称念佛名，报尽定生我国。汝等未来一切贫苦众生，遇斯五会念佛无价宝珠，贫苦皆除。亦如病得药，如渴得浆，如饥得食，如裸得衣，如暗遇明，如过海得船，如遇宝藏必获安乐。何以故？彼诸众生，遇斯法宝，便能念佛，即此一生，定超苦海，登不退转，速具六波罗蜜一切种智，疾得成佛，受胜快乐，亦复如是。"言讫，彼佛国界，佛菩萨众，水鸟树林，皆悉五会念佛诵经。

法照粗记少分，而白佛言："今蒙世尊加被，付嘱此法，若有疑心不依行者，永劫沉沦，不生净土。若依行之已后，未审一切众生见闻之者，发菩提心，念佛名号不？入深禅定不？疾证菩提不？有大利益不？"阿弥陀佛言："汝但依此五会念佛诵经之时，我此国土水鸟树林，诸菩萨众，无量音乐，于虚空中，一时俱和念佛之声。令于一切之处人非人等，亦不劳汝，一一亲自化之，但见闻者，无不发心欢喜信受而便念佛，至命终时我来迎接，决定有大利益，已后应知。"

言讫，忽然还见自身，而在道场，睹斯境界，悲喜勇跃。依教念佛，自尔已来，迄至于今，果如先说，疑网悉除。愿此世当来，常于恶世，以斯妙法，广度众生，咸登极乐，速得成佛。幸诸有缘，见闻之者，勿怀疑谤，必堕泥犁。（T85，1253 页中—1254 页上）

据上文所述，我们可以获得如下信息：

（1）法照是于永泰二年四月以来，在南岳弥陀台、承远的念佛道场，发愿行般舟三昧法。参照吕记以及柳碑等，推断他入到承远门下，或许是永泰元年或二年初。

（2）当时汇集于承远门下之人，应该不在少数。在承远的道场，每夏行般舟念佛三昧的，恐怕不止法照一人，或许承远也一并参加，与其门徒一同发愿实修。推测在承远的道场，在永泰年间以前，承远就和他的门徒作为每夏的精进修行，实践般舟三昧。法照作为新加入的成员，也与大众一起参加。这样推断，或许比较符合事实。

（3）般舟三昧是《般舟三昧经》所说的行法。此经自古以来就在中国流行。此经宣说，欲行般舟三昧行法，当一日一夜或七日七夜专心念佛。现在南岳的般舟念佛三昧，是以一夏九十日为一期。考诸历史，根据《般舟三昧经》所说的专念阿弥陀佛之法，规定以九十日为一期作为实践行法的，有天台智颉的《摩诃止观》。《摩诃止观》显示了天台宗的实践行法，是此宗最重要的著述。此中所说的四种三昧中的常行三昧，正是据《般舟三昧经》而来的以九十日为一期专念阿弥陀佛的行法。如前所述，承远出家剃度的荆州玉泉寺，正是智颉讲述《摩诃止观》之所，此后成为天台宗重要的道场。承远之师惠真，即是在玉泉寺继承了天台法门。现在承远所居住的南岳，是天台宗的发祥地。法照的著述当中，也可以看到天台教义的痕迹。据此推断，法照等在南岳所行的九十日为一期的般舟念佛三昧，其渊源或许是来自天台教法。

本来，天台的常行三昧并不是以往生净土为鹄的。它是转借《般舟三昧经》的念佛之法，来实践天台的"一念三千"观法。但是，《般舟三昧经》对于中国的净土教徒来说，是作为宣说往生净土的重要经典理解认识的。善导等就是显著的例子。善导的《依观经等明般舟三昧行道往生赞》中，将般舟三昧解释为七日或九十日"身行无间"常行道的念佛三昧。不用说，这是将其看作往生净土之行。引导承远归入净土的虔诚的净业行者慈愍三藏，也作有《般舟三昧赞》（《五会念佛略法事仪赞》中有引用）。这也是将般舟三昧用作往生净土之行了。

征诸史实测断，天台宗在发展的过程中，教团渐次发达，常行三昧等也在若干修行团体中实修之际，逐渐形式化、仪式化。通达天台教义的某一个人，借由常行三昧体悟一念三千、诸法实相之理，此种可能性或有。但人员甚众的一个团体，一边唱念行道，一边思索观察哲学教理，却几乎难以办到。"唱念阿弥陀佛，即得往生净土。称阿弥陀佛，是往生净土之行"的理念深入人心，成为大众普遍共识之际，常行三昧会自动转化为净土往生之行。日本天台宗的常行三昧，就很明显地遵循着这样的发展脉络，仪式化、形式化、净土化，成为日本净土信仰普及的母胎。藤原时代，全国常行三昧堂林立，常行三昧的流行，是很显然的事实。中国的天台教，由于资料不足，其发展变化的轨迹虽然不像日本这样清晰，但应该也大体遵循这样的倾向。尤其是在唐代，这样一个借由唱念阿弥陀佛，往生净土信仰普及、常识化的时代。

随着净土教的普及，天台、华严、禅宗之人积极融摄净土教之风颇盛。天台教向净土教的接近尤其明显。承远、法照的时代，天台智𫖮的《观无量寿经疏》《净土十疑论》等，被作为净土系著述而广受推崇并在教内普及。其连带效应，智𫖮本意是作为天台教徒实践法的常行三昧，被转化为净土行的事例想必不少。现在，在天台宗的发祥地南岳，以出身天台门下的承远为主，于九十日修行般舟念佛三昧，可以理解为是如上所述天台教与净土教互相融合接近，天台行法向净土教转化的一个典型事例。[4]

法照在《净土五会念佛诵经观行仪》卷中，如是记述道：

　　至陈隋，庐山珍禅师、天台智者大师、长安诸大德、叡法师、乃至今时唐朝一百年前，西京善导和上、并州文水县玄中寺道绰和上、慈愍三藏等，数百高僧，般舟方等岁岁常行，十六妙观分时系习，[5] 咸睹西方灵相。（T85，1255 页中）

　　这段文字，很容易让人联想到天台宗常行三昧向净土教转化的事实。

　　（4）法照来到般舟念佛道场，认真修行至第七日夜，从阿弥陀佛亲受五会念佛诵经法。法照向佛提出的疑问："未审一切众生见闻之者，发菩提心，念佛名号不，入深禅定不，疾证菩提不，有大利益不"，反映了当时佛教界的倾向与净土教之间的关系。开元、天宝以来的唐代佛教界，禅僧最为活跃。禅代表着真正的佛教。甚至出现读诵经典、讲说经典、称念佛名、往生西方之类皆是迷妄、无益之举的论调。持此论调的，以南方的禅僧为多。在这种背景下，"禅观是佛教的基础，成佛之道在于禅观的践行"的说法，在唐代佛教界中逐渐流行。在这样一个时代，会有"念佛如果不能深入禅观的话，是不是无用"这样的疑惑产生。法照面对念佛名号与深入禅定之间的对立而产生的疑惑，也是唐代佛教徒容易出现的疑惑。这样的时代背景中，宣称"但称佛名，即可往生净土，得不退转位，超凡入圣"的净土教一方，面对念佛名号与深入禅定的对立，首先必须采取一些方法，对其进行融会调和。法照弘扬五会念佛教，恰逢主张空、无相教说的禅门兴盛之际，其思想中可以看出致力于调解念佛名号与深入禅定之间的张力的痕迹。本来，天台宗在教义上就主张禅教融合双修。承远之师玉泉寺惠真，这种倾向就非常明显。与法照同时代的前辈湛然也曾说，"非暗证禅师、诵文法师所能知"（《摩诃止观》卷5，T46，52页中），主张教相、止观并行，即定慧两者双修双行，且与弥陀念佛教因缘甚深。引导承远归入净土教的慧日，也主张禅与念佛的双修双行。法照曾游访湛然大兴教化的吴地，又归投承受惠真、慧日之教的承远门下，其调和融会禅与念佛，主张两者并行，也是极为自然的。

（5）永泰二年之时，法照业已达成对《般舟三昧经》《无量寿经》《阿弥陀经》等净土经典所说的称名念佛即得往生净土、得不退转的深切信仰。据其自述，五会念佛、诵经之际，音声自然能够与极乐世界的水鸟树林所发出的音乐协调一致，产生的功德效应也最大。他确信五会念佛是最有效的净土行，念佛是在他那个五浊浇漓的末世最为契机的教法。其理由，可以归结为亲见阿弥陀佛所得到的感应。他所感见的境界中，五色光明云台中有一道金桥通往极乐世界。此五色云台，可以推想是当时佛教的第一灵山圣境五台山。从其经历来看，他是一个有着神秘感应的净土信仰者。

（6）承远秉承了排斥个人独善其身，主张佛教徒应以弘济众生为本务的慈愍三藏的教诫，幡然成为专修念佛的信仰者，甘于弊衣粗食的生活，对门徒实施极为热心的指导布教。如今法照所发的尽一生中每夏实践念佛三昧的誓愿中，特别强调为求菩提以及广度众生，而不为世间利欲。承远、法照排斥独善其身的自利佛教的倾向，主张净土教应该是普罗社会一般大众的佛教，是社会众生都能实践的佛教。由此，他们热衷于布教传道，其念佛教不拘一格，念佛教团成员不拘僧俗男女，大众化的倾向很明显。

法照从永泰元年或二年起，至大历四年八月，约五六年间在南岳地方度过。在此期间，他于永泰二年发愿每夏实修的念佛三昧，应该每年都有实践。不仅在承远的弥陀台修行此法，据传中说，他还曾"至（大历）四年夏，在衡州湘东寺（一作"湖东寺"）高楼之上，九旬入念佛道场"（《广清凉传》卷中，T51，1114 页上）。此外，由于他已经创立了五会念佛法，所以其所修行的，必定也是在念佛音声当中附以高低缓急的音调的具有音律特色的念佛。

《五会念佛诵经观行仪》卷中写道：

> 普劝现在未来诸众生等，上都、南岳念诵音旨，虽有稍殊，而根本体同，不离念佛，皆归净土，同见弥陀，更无别耳。（T85，1253 页上）

显示五会念佛之法在南岳实修以来，在长安时又有了一些变化。此外，《往生西方净土瑞应删传》中有如是记载：

> 尼悟性，洛阳人，于衡州遇照阇梨，发愿念佛万遍，大历六年，入台山。（T51，106 页下）

这显示，在衡州地方，法照念佛教已经有归依信奉者。

第五节　五台山行

五台山信仰的勃兴

诸传记中一致提到，法照在南岳屡屡感见与五台山相关的灵异。山西省的五台山，当时作为文殊菩萨应化的圣地，不仅是中国佛教徒所憧憬向往之地，远在外国的沙门中，也有志在巡礼之人。恰巧法照的时代，是五台山佛教的全盛时期，五台山文殊信仰达到最高潮。想必在南岳的法照，也憧憬着北方的五台山，心中常怀巡礼五台山的愿望。据诸传记所记述，他决心赴五台山之行的缘由，主要归结为如下几次感应。

首先是，大历二年二月十三日，法照在南岳云峰寺食堂中用斋之时，钵中现出五台山佛光寺的景象。寺东北一里余（诸传记所记有异）有涧，涧有石门。在此，见到有一题为大圣竹林寺的寺院。二十七日辰时，再次在钵中睹见五台山华严寺等诸寺的景象，了然分明。地皆金色，池台楼观众宝庄严。见文殊菩萨与一万菩萨处于其中，又见到诸佛净国。食毕即灭。

法照心存疑虑，归院后将其所见告诉了曾去五台山巡礼过的嘉延、昙晖二师。二师告以，法照所见颇似五台山的景况。但是，其时法照尚未下定赴五台山巡礼的决心。

接着，在大历四年夏，于衡州湘东寺高楼，入九旬念佛道场。六月二日，有五色祥云覆盖诸寺，云中现出诸楼阁，见阁中有数十梵僧执锡行道，且阿弥陀佛及文殊、普贤、一万菩萨俱在此会。同行之众皆睹圣境，纷纷感泣顶礼。其夜，法照走出道场，遇见一位七十岁老者，问法照，法师何故不发愿去五台山呢？法照答以，时难路险，是故不得而行。老者再告法照道，师速行。

法照九旬念佛期满之后，发愿至五台山朝礼大圣。同年秋八月十三日，与同志十人（诸传人数有异）一起从南岳出发，赴五台山。第二年四月五日，到达五台县。六日，入佛光寺。（以上主要据延一传）

如上传历中所记载的传奇经历，是出自法照这样的热诚的神秘信仰家的内心感应，还是基于海市蜃楼般的幻化现象，在这里并不重要。法照在大历四年八月与若干同志一起朝礼五台山，并于第二年四月抵达这一事实，应该承认是确信的事实。我们如果能够了解当时的五台山作为佛教的圣地，是如何地广受信仰，自然能够理解法照在南岳期望五台山之行，并最终下此决定了。

前面已经提到，隋唐以来突然盛行的五台山文殊神秘信仰，由当时占据长安佛教界最高势力的不空等提倡，而获得飞跃发展。其时，五台山作为天下佛教徒向往的圣地，巡礼之风最盛。湛然与同志一同巡礼五台山，也是在这个时期。这反映了当时远在江南地方的人，也憧憬向往五台山圣地。如今在南岳，也有朝礼过五台山的僧侣。在这样一个时代，南岳的法照见闻憧憬五台山的灵境，并决志五台山之行，并不奇怪。何况法照还曾经感见极乐世界、阿弥陀佛，从佛秉受五会念佛之法，是这样一个神秘的宗教信仰家。

法照自大历四年八月十三日由南岳出发，第二年四月五日抵达五台县，期间长达八个月的时间。他具体是走的哪条路线，又是什么原因导致他花费这么长的时间方才到达，不得而知。或许，他先访问了长安、太原等地，避开冬期登山，故此四月份才到达的吧。

第六节　在五台山的感应启示

如前所述，《宋高僧传》的法照传，主要记述了法照在五台山所接触的灵异，对他入山以来感见灵异的经过记录颇详。原本，法照已经在庐山、南岳感见五台山圣境光明的世界，以及极乐世界与阿弥陀佛，受到引导与启发。特别是他在自己的著作中讲到，在南岳入念佛三昧，得到阿弥陀佛的启示。他将佛的开示作为自己净土念佛教的根本。毫无疑问，他是一个颇具神秘主义热诚的信仰家。

他的五台山之行，也是受到了感应的启发。他像当时虔诚的僧俗佛教信仰者一样，深信五台山是文殊菩萨现在应化的圣地，信仰者在此可以求得与菩萨的感应。五台山是他渴望憧憬的圣地。这位虔诚热情的信仰家步入山气澄清的五台山时，极目眺望，天地万物的景象似乎也灵动了起来。当他专心致志祈愿之时，自然很容易感受到某种灵瑞。据说，五台山现今仍然屡屡发生海市蜃楼景象。在自然现象没有科学说明的时代，虔敬的信仰者将此作为灵瑞而信受似乎也是必然的。法照在五台山所感见的境界，到底是一个热情的信仰家的心灵感应，还是海市蜃楼以及其他什么自然现象，在此没有谈论的必要。至少在法照看来，这是圣地的灵瑞，将其作为圣者的启示而信受接纳。从内在效应来说，这会成为深化法照信仰的催化剂，从外在的效应来看，这给予法照以传播宗教的强大的号召力。透过这些记述，我们可以得窥法照净土教的教义。故此，对这些灵异决不能轻视之。法照入五台县以来，陆续经历的感应，有如下几件：

灵异一

法照大历五年四月五日，抵达五台山，眺望佛光寺，首先见到数十道白光。六日，到佛光寺。寺中光景，俨然如南岳钵中所见。是夜，出房外，一道白光引导，至寺东北一里许的一石门。门前有二青衣童子，一名善财，一名难陀，将其引入，北行五里，至一题有"大圣竹林寺"金榜的寺院。这也与钵中所见相同。寺前有大金桥，周围二十里，有一百二十院。其处以黄金为地，充满渠流花果。进入讲堂，见文殊在西，普贤居东，各处狮子座而说法。文殊左右有一万菩萨，普贤有无数菩萨围绕。

法照礼拜毕二圣，提出自己修道的困惑，得蒙二圣教导。法照与二圣之间的问答显示了法照当时的信仰，或者其后的信仰，是研究法照的绝好参考资料。以下据《广清凉传》卷中（T51，1114页中—1115页上），抄出双方的问答：

法照……问二圣言："末代凡夫，去圣时远，智识转劣，垢障尤深，烦恼盖缠，佛性无由显现。佛法浩瀚，未审修行于何法门，最为其要，易得成佛，利乐群生？唯愿大圣，为断疑网。"

文殊师利告言："汝以念佛，今正是时。诸修行门，无过念佛。供养三宝，福慧双修，此之二门，最为其要。所以者何？我于过去久远劫中，因观佛故，因念佛故，因供养故，今得一切种智。是故一切诸法般若波罗蜜多，现深禅定，乃至诸佛成无上觉，皆从念佛而生。故知念佛是诸法之王，汝等应当常念无上法王，令无休息。"

法照又问："当云何念？"

文殊告言："此世界西，有极乐国，彼当有佛，号阿弥陀。彼佛愿力不可思议，当须系念谛观彼国，令无间断。命终之后，决定往生彼佛国中，永不退转，速出三界，疾得成佛。"

此后，文殊、普贤二圣又为法照授记道：

"汝已念佛故，不久证于无上正等菩提。若善男子、善女人，愿疾成佛者，无过念佛，则能速证无上菩提。尽此一报之身，定超苦海。"

法照所提出的疑问，末法时代去佛遥远的现代人，应当修行何法。其出发点，与他所尊崇的净土教前辈道绰、善导相同。针对法照的提问，二圣告以，现今应当修行念佛、供养三宝。即是开示他要福慧双修，求取佛道。要称念西方极乐世界阿弥陀佛，凭借彼佛的大悲愿力可得往生。

此后，二圣又重为法照说偈。文殊说偈道：

> 汝等欲求解脱者，应当先除我慢心，
> 嫉妒名利及悭贪，去却如斯不善意。
> 应专念彼弥陀号，即能安住佛境界，
> 若能安住佛境界，是人常见一切佛。
> 若得常见一切佛，即能了达真如性，
> 若能速断诸烦恼，即能了达真如性。
> 在苦海中而常乐，譬如莲华不着水，
> 而心清净出爱河，即能速证菩提果。

文殊接着又说偈：

> 诸法唯心造，了心不可得，
> 常依此修行，是名真实相。

普贤菩萨也说偈道：

> 普诫汝及一切众，常应谦下诸比丘，
> 忍辱即是菩提因，无瞋必招端正报。
> 一切众见皆欢喜，即发无上菩提心，
> 若依此语而修行，微尘佛刹从心现。
> 悉能广修诸行愿，运接一切诸有情，
> 速离爱河登彼岸，□□□□□□□。

法照蒙文殊、普贤二菩萨亲为教授，顿除疑网，欢喜踊跃。其后，二童子引导他巡礼诸院，品尝七宝果园的珍果，走出门后，所见境界忽然消失不见。

亲承二圣之教而疑网断除，欢喜踊跃，这表明了法照信仰的确立。二圣所说，此后成为法照教学的内容。即是，法照实践弥陀念佛，劝进求生净土的同时，也显示出他是立足于天台、禅等诸大乘教理所显示的"一切唯心造，了心不可得"的教理。他的《五会法事赞》中，频频宣说"有相的念佛往生信仰"与"无相唯心的教理"。

灵异二

法照同年八月以来，止住华严寺的般若院。华严寺原称大孚寺，则天时代改为此称。此寺随着当时华严宗的勃兴而兴隆。在法照稍前，肃宗时代，有无著驻锡此寺，屡屡感见灵瑞。据传，其曾被一老人引至金刚窟，亲受圣教。法照于十三日，与五十余僧一起来至无著曾经感见大圣的金刚窟，至诚礼敬三十五佛名，俄而见琉璃七宝宫殿中，有文殊、普贤、一万菩萨以及佛陀波利出现。此夜，再次感见灵异。夜半，法照独自来至金刚窟，礼三十五佛名，行五会念佛，有梵僧佛陀波利现身，引法照入金刚窟，至"金刚般若之寺"，觐见文殊菩萨。

此处的礼拜三十五佛之法，是由大乘菩萨乘的见地而行的忏悔犯戒之法，出自《决定毗尼经》《观虚空藏菩萨经》《法苑珠林》等。尤其值得注意的是，法照时代的不空，译有

《三十五佛名忏悔文》。以大乘佛教徒与罪恶破戒的凡夫而自居的法照，修习当时所盛行的礼拜三十五佛的大乘菩萨法和五会念佛。忏悔念佛之法，是善导等净土教徒所极力主张与演说的。

其时，法照与文殊菩萨的问答如下（T51，1115 页中）：

法照问："惟念何时速证无上正等菩提，广度众生，令入无余，何时果我无上愿海？"

文殊曰："汝心真正，志为菩萨，能于恶世发斯胜愿，利乐群生。如汝所说，必当速证无上菩提，必能速具普贤无量行愿，圆满具足，为天人师，度无量众。"

又问曰："未审今时及未来世，一切同志念佛四众，不求名利，勇猛精进，临终定感佛来迎，接上品往生，速离爱河否？"

文殊告言："决定无疑，除为名利及不志心者。"

法照从大圣亲得证明，自己以及僧俗男女念佛的同修，如果不求名利，至心精进，必定悉得往生，得到解脱。最后，法照恳请留在此处，不愿离去。文殊菩萨对此不许，跟他说：

"汝今此身，元是凡质不净之体，不可住此，但为汝今与我缘熟，此一报尽，得生净土，方得却来。"

说完，文殊随即不见。法照一人独立窟前。天亮之时，一梵僧现身告诉法照说："好去好去，努力努力，勇猛精进。"

说毕，遂消失不见。

法照的《五会念佛略法事仪赞》中所收录的《大乐赞文》中有说：

> 弟子发愿时，愿往五台山，文殊菩萨闻心地，普贤菩萨座华台。（T47，484 页上—中）

法照在这种发愿的驱使下，远从南岳来至五台山。现今由数次感应胜缘，不仅达成觐见二圣的心愿，而且由二圣亲为证明，他从南岳以来实修的念佛教是救度现今以及未来众生最为殊胜的方法，由此念佛行，自己以及僧俗男女同志同行者悉皆往生净土，得以解脱，进一步树立了舍掉名利为利益群生而努力精进的传道者的确信。二圣之语，特别强调要广泛利他，避免利己排他的心态，并劝诫保持自我卑下的态度：

> 普诫汝及一切众，常应谦下诸比丘。

此语很容易让人想起三阶教之祖信行，因末法之现时无有持戒比丘，故舍去比丘大戒，行作沙弥，居比丘下位之事。其实，这种态度，慧日、承远也在强调。法照时代的佛教界中，教宗跟禅宗以及南北禅门诸派之间，频频发生论难，相互排斥。尤其是禅侣，鼓吹无相、无经像之说，主张山林独善之风。与此同时，也不断有人主张诸宗融合。如果知道这些背景，此处法照教的历史意义也就自然能够明了，慧日、承远、法照之间师徒相承，提倡禅教融会双修的教学的原因也可以得知了。

法照担心会引起别人的疑谤，对在五台山的感应一事守口如瓶，从未向任何人提及。但是，当年冬十二月份，于华严寺发下"绝粒要期，祈生净土，得无生忍，速超苦海，救度群品"（《广清凉传》卷中，T51，1115 页中）的誓愿，开启念佛行的第七日，一梵僧前来，极力劝说他将在五台山所见的灵异普示于众。这样，大众依之，可发菩提心，断恶修善，称佛名号，往生净土，利益无量无边众生。法照于是决意，将在五台山所见的灵境公布于众。江东的惠从，于大历六年正月九日，与华严寺僧崇晖、明谦等三十余人，随从法照至金刚窟处，听到钟声锽然，感叹法照所言不虚，于是将所见闻题之于精舍墙壁。此后，大历十二年九月，法照又与小师纯一、惟秀、归政、智远、沙弥惟英、行者张希、童子如静等八人相伴，同至东台，再次感见种种灵瑞。

通过如上传奇经历的描述，可以确定法照的传历如下：

一、法照于大历五年入五台山以来，主要住在佛光寺、华严寺。

二、在南岳发愿修行的念佛业，在五台山也在实践。

三、五台山是文殊菩萨应化的圣地，广受中外佛教徒的信仰。法照也在这种信仰与渴望之中入山，并获得了很多感应，由此确立、坚定了信仰，越发成为热衷的五会念佛行者，并自觉以传道布教为使命。

四、他将在五台山所感见的灵异公示于大众。如王士詹的文中所提及的，此种消息迅速传播，广被人知。

　　五台山被视为富有灵异之地，很多希望得到感应的巡礼者往来不绝。获得感应者，在这个时代最受尊敬归依。可以想象，法照获得感应的传说不断传播的同时，法照的归依崇拜者也必定逐步增加。由文殊、普贤二圣证明，法照的念佛教才是当今获得无上菩提最殊胜的法门，这样的宣传，成为促进法照念佛教在五台山信仰普及兴隆的唐代迅速广为流行的诱因。换言之，五台山感应的流传，在法照念佛教的宣传弘布上，以及法照在完成五台山竹林寺的建设上，都发挥了最有力最有效的作用。大历六、七年以来，可以明显看到法照在佛教界突然活跃而且影响力变得强大起来。在感应传说中列出名字的江东惠从、华严寺的崇晖等三十余人，以及小师纯一等八人，通过这种传奇感应，应该越发对法照尊敬和归依了。

　　最后有一点应注意的是，法照自大历五年四月入五台山以来，在山上留住到何时？他并不是自大历五年到十二年一直住在五台山。后面会提到，他在大历九年十月，于太原完成了《五会念佛诵经观行仪》的创作。至于大历十二年，就是法照再度入山之后的事情了。

　　长安佛教与五台山佛教处于全盛的当时，在五台山—太原—长安之间，佛教徒的往来也最频繁。五台山附近，为便利前来的巡礼者，于各道路的要冲之处设置住宿地，[6]法照想必也在五台山与当地的中心城市太原之间屡屡往来。甚至，远至长安也应该有往来。如此，则他在大历十二年之后，不用说也是在五台山。五台山竹林寺的建立，正是法照在大历十二年之后的重大事业。

第七节　五台山竹林寺的建立

　　五台山竹林寺，是法照根据前节所述"灵异一"的感应，在感见圣境之处而建立的。这很类同于金阁寺的建立。金阁寺是僧道义由感见灵境，于大历初年在朝野僧俗的共同协助下所建立的。在热衷于建立金阁寺的时代，基于传奇感应而建立竹林寺的构想很容易出现，也很容易实现。不过，法照所感见的大圣竹林寺，"周圆可二十里，中有一百二十院"，照此规模而建很难实现。但至少，唐代的竹林寺，是五台山屈指可数的大寺院，是基于法照的感应而建。这一点，在王士詹、澄观以及我国圆仁的记录中，以及敦煌石室中的五台山图所画的"大竹林寺"等可以得到证明。这样规模巨大的寺院，不是法照一介南岳巡礼僧一人之力就能完成的，肯定是得到了诸多有实力的归依信仰者的帮助。戒珠以及志磐都记述，法照于大历七年建成竹林寺，此后数日而卒。[7]这种说法很难采信。竹林寺建立于大历六年之说，我也不能赞同。[8]

　　关于竹林寺的建立，《广清凉传》是这样说的：

　　　　后至大历十二年九月十三日，法照与小师等八人，于东台同见白光十余现……其后法照大师，乃度华严寺南一十五里，当中台中麓下，依所逢大圣化寺式，特建一寺，仍以竹林题号焉。（T51，1115页下）

据此，竹林寺的建立是在大历十二年后之事。

此外，同书中还提到：

> 德宗皇帝贞元年中，有护军中尉邠（宾）国公扶风
> 窦公，施敕赐三原县庄租赋之利，每皇帝诞圣之日，于
> 五台山十寺普通兰若，设万僧供。命司兵参军王士詹，
> 撰述刻石记纪颂。其词略曰：弥陀居西国，照师宗焉；
> 帝尧在位，邠公辅焉。是知佛宝国宝，殊躅而同体也。
> 竹林精刹应现，施工已立。西方教主大师法照，自南岳
> 悟达真要，振金锡之清凉，根瑞相以徘徊，蹑云衢而直
> 进，跻灵山入化寺，周历而□□□百二十院。所睹异光
> 奇迹，具纪于大师实录，海□□播，故略而不书。兹乃
> 净土教主东流也，故治地□□寺焉，文多不能具载。
> （T51，1116 页上）

据此资料，可知至少贞元十二年以来，在窦文场任护军
中尉的某年，竹林寺业已建成。王士詹将弥陀、法照与德宗、
窦文场相互对照，而尊崇为佛宝与国宝，将法照置于净土教
界最至高无上的地位。由对竹林寺的建立而特别作记庆赞来
推断，竹林寺建立的背景很不简单，一定是得到了当时贞元
时代权倾朝野的有力人物的支持。我推测就是窦文场。

与法照同时代入五台山，受到代宗、德宗、宪宗三代帝
王尊崇的澄观，在他的《华严经随疏演义钞》中记载道，贞
元时代，五台山的佛寺因得到了朝廷的归依而兴隆。其中，
特别提示出金阁、竹林二寺之名，值得注意。[9]

　　言寺宇者，北齐崇敬置立伽蓝，故坏二百余所，当
时栖托，寺有八焉，贞元已来，数早过十。

又说：

　　自我大唐至于今圣，相继九叶，无不回于圣鉴。言
今圣者，当德宗帝，倾仰灵山，御札天衣，每光于五顶，
中使香药，不断于岁时。金阁岩峣于云端，犹疑圣化；
竹林森耸于岩畔，宛似天来。故得百辟归崇，九州持供。
（T36，601页上、下）

　　从中可知，当时的金阁、竹林两寺，规模壮丽，都是新
建，而且都附会有传奇感应。总之，在贞元以来所建的十余
所五台佛寺中，这两所寺院，尤其"百辟归崇，九州持供"，
经常得到朝廷的支持供养，是五台山代表性的寺院。[10]

　　要之，竹林寺建立的准确年代虽不可考，大致当在大历
十二年以后，德宗贞元年间。法照得到了很多朝廷实权人物
的支持。其完成，应在法照的晚年。仅能断定，在窦文场任
护军中尉的时代，即贞元十四、十五年之际，作为五台山新
建的大寺院业已存在。

　　此外还有一种情况，也屡有先例：一位高僧的门徒们，
为纪念其师，将先师所居住过的小佛堂增修为大寺院，或在
先师的遗址上建立大寺院，并归功于师，云是某高僧所建。
法照的竹林寺，有可能是这种模式。不过，由于各种文献记
载都作法照建，只能遵从旧说。即使是法照圆寂之后门徒们

所建，其建立年代也当在贞元十四、十五年前后。这一点无可动摇。

其次是，竹林寺建立后约四十年左右的情况，记载比较详细的有圆仁的《入唐求法巡礼行记》卷2：

（五月一日）行到竹林寺断中，斋后，巡礼寺舍。有般舟道场，曾有法照和尚于此堂念佛，有敕谥为大悟和上，迁化来二年，今造影安置堂里。又画佛陀波利仪凤元年来到台山见老人时之影。花严院堂中，有金刚界曼荼罗一铺。

二日，入贞元戒律院。上楼，礼国家功德七十二贤圣、诸尊曼荼罗，彩画精妙。次开万圣戒坛，以玉石作，高三尺，八角，底筑填香泥。坛上敷一丝毯，阔狭与坛齐，栋梁椽柱妆画微妙。谒押坛老宿，法讳灵觉，生年一百岁，七十二夏，貌骨非凡，是登坛大德，见客殷勤。……竹林寺有六院：律院、库院、花严院、法花院、阁院、佛殿院，一寺都有四十来僧。此寺不属五台。

五日，寺中有七百五十僧斋。诸寺同设。并是齐州灵岩寺供主所设。（B18，64页下—65页上）

圆仁于开成五年（840）五月一日入五台山，最初先至竹林寺，至五月十五日，有半月的时间在此度过。当时的竹林寺，有六院、四十余僧人。六院中的戒律院，特别冠以贞元年号，楼上有对国家有功的七十二贤画像及诸尊曼陀罗，精美殊妙。还有白玉石所造的万圣戒坛，推测这当是在贞元年代由国家支持而建造的。竹林寺戒坛不但是五台山著名的戒坛，而且是当时天下少有的几个戒坛之一。

圆仁在开成三年十月至扬州时记录道：

> 大唐太和二年（828）以来，为诸州多有密与受戒，下符诸州，不许百姓剃发为僧，唯有五台山戒坛一处，洛阳终山琉璃坛一处。自此二外，皆悉禁断。（B18，14页下）

据其所闻，当时天下仅置两所戒坛，其中之一即是五台山戒坛。这应该即是竹林寺戒坛。圆仁之所以在竹林寺停留半月，是为了让随从的两名沙弥弟子惟正、惟晓在白玉坛受具足戒。据说，此时的律院有数十位远道而来准备受戒的沙弥。[11]据以上资料显示，竹林寺白玉戒坛是唐文宗时代天下代表性的戒坛。竹林寺有此戒坛，说明是五台山数一数二的大寺院。此外，圆仁在五台山停留期间，寺中设立供养七百五十名僧人的大斋，大僧、沙弥、童子、女人等共集一堂，这也充分显示了了当时竹林寺的兴盛之象。又，圆仁还提到，寺中的法照念佛道场安置有赐大悟和尚谥号的法照影像，以及佛陀波利见老人的画图[12]。从中也暗示出法照的德化及念佛教与尊胜陀罗尼有某种关联，以及法照的佛陀波利信仰的存在等。

据小野玄妙的实地调查，竹林寺虽然荒废日久，但是现仍存在。其地在中台中麓的一盆地中，占据颇为形胜之地，为明代所重建，门上题有大竹林寺的匾额。这与延一、圆仁所记述的华严、竹林两寺的地理关系，以及现今华严、竹林两寺的实际位置，基本吻合。[13]

第八节　太原、长安地方的布教

伯希和氏由敦煌所得到的法照著《五会念佛诵经观行仪》卷下中，附有写作于乾祐四年（951）的跋文。其中写道：

> 时大历九年（774）冬初十月，于北京龙兴寺，再述净土念诵观门。（T85，1266 页上）

又，宋初遵式的《西方略传》中也记载法照的事迹道：

> 德宗时，于并州行五会教，化人念佛。

都清楚地记载了法照在并州即太原地方布教之事。并州不仅是山西地方的政治经济中心，而且对唐王室来说具有特殊的意义，是其先祖起义军之地，[14] 屡屡被作为北京。法照时代，并州成为处于全盛时期的长安佛教与五台佛教的交流之地，佛教徒往来频繁。尤其是净土教方面，东晋的慧远就是出自雁门，北魏的昙鸾、唐初的道绰也都在并州地方弘扬念佛教，迦才的《净土论》、文谂和少康的《净土瑞应删传》、在日本编纂的真福寺所藏《戒珠往生传》等，都收录了许多隋唐时代并州地方净土信仰者的传记，是净土念佛教最有缘之地。

法照时代，有太原崇福寺怀玉增饰净土院（《宋高僧传》卷26《怀玉传》）。在这种背景下，五台山的法照到北京太原布教，是很自然的。虽然法照在太原一带布教的年代并不完全明了，但有一点可以确定，在大历九年十月，他于北京龙兴寺完成了《五会念佛诵经观行仪》的再述工作。龙兴寺是玄宗时与开元寺一道于诸州所设立的，可以说是那个时代诸州代表性的寺院之一。比法照稍晚入五台山的澄观，也在大崇福寺述出《华严经行愿品疏》。宗密的《疏钞》中说道：

> 言太原府者，即总指其处，即三京之北京也。地列河东卫之分野，即古之并州。大崇福寺者，曲指别处，简非开元、龙兴、石室等也。（**X**5，221页下）

宗密时代，开元、龙兴、石室、崇福等寺，都是太原府著名的寺院。

简言之，法照于大历九年前后，来至北京代表性的寺院太原龙兴寺，垂施教化。此前，他先是来到被时人所普遍尊崇的五台山圣地，获得了诸多感应。原先从阿弥陀佛处亲得传授的念佛教，在五台山又得到了文殊、普贤二菩萨的证明。加上并州地方从古以来即与净土教渊源颇深，昙鸾、道绰、善导等相继在此留下了弘教和求法的足迹，唐初以来念佛教广为盛行。这些都构成了法照在太原布教的有利条件。他的《五会念佛诵经观行仪》三卷，是夹杂有诵经、赞歌等形式的实践行仪。可以猜测，此仪轨的操作，需要若干熟练赞歌、曲调之人，并且要求能够将赞歌背诵下来。[15]这种形式的行仪，在宗教的普及上，要比单纯的讲经说法效果更好，更能打动人心。

其次，法照在帝都长安弘教，并在帝都佛教界获得了强有力的地位。记录这段时期法照事迹的，有如下资料：

(1)《净土五会念佛略法事仪赞》说：

> 南岳沙门法照，于上都章敬寺净土院述。（T47，474页下）

(2)《宝刻类编》卷8：

> 章敬寺法照和尚塔铭　镜霜述并书　大中十二年京兆

(3)吕温《南岳大师远公塔铭记》说：

> 大历末，门人法照辞谒五台，北辕有声，承诏入觐，坛场内殿，领袖京邑。托法云之远荫，自感初因，分慧日之余光，宁忘本照。奏陈师德，乞降皇恩，由是道场有般若之号。
>
> 贞元岁，某获分朝寄，廉问湘中，近照德辉，获探众妙。况灵岳直午，先皇本命，宜有上士，斯焉护持。表求兴崇，诏允诚愿，台虽旧号，其命维新，寺由是有弥陀之额。（《全唐文》卷630）

（4）柳宗元《南岳弥陀和尚碑》：

> 在代宗时，有僧法照为国师，乃言其师南岳大长老
> 有异德，天子南向而礼焉。度其道不可征，乃名其居曰
> 般舟道场，用尊其位。（《全唐文》卷587）

（5）遵式《往生西方略传》：

> 后有法照大师，即善导后身也。德宗时，于并州行
> 五会教，化人念佛。帝于长安，常闻东北方有念佛声，
> 遣使寻觅，至太康[16]，果见照师劝人念佛，遂迎入内，
> 用刘球绳床，教宫人五会念佛。事彰本传矣。

想必在佛教的全盛时期，与帝都长安间往来频繁的五台山、太原地方所诞生的因传奇感应、赞歌音乐而兴隆的念佛教，不久也传到了长安。法照是被征召到长安，抑或是主动志在长安弘教，先且不论，上述资料显示，大历末年，或者德宗时代，他业已得到了朝廷的尊崇归依，并以章敬寺净土院这样的大寺院为据点，在长安展开活动。他在此撰写了《五会念佛略法事仪赞》一卷，并获得了长安朝野诸多人士的归依。章敬寺在长安门外拥有四十八院，有许多名僧在此居住，是代宗、德宗时代与朝廷关系最为密切的新建大寺。其中的净土院，主要提供给净土教徒集会居住，在此讲经说法、进行宗教实践。法照或许就是作为净土教的指导高僧而配属于此的。

此外，大历末年，为了调和当时律宗各派的对立纷争，朝廷钦定撰写《勾定四分律疏》。为此，大历十三年十二月至次年二月，在帝都兴唐、温国两寺的净土院，由官方设定，《念佛三昧宝王论》的作者飞锡亲临指导，举行了转经礼忏、六时行道的盛大法会。

原本《开元释教录》的作者智昇，编著有《集诸经礼忏仪》两卷，并将其编入藏经。此诵经礼忏仪，当是根据当时最为流行的诵经礼忏的法式而编纂，又由于被收入藏经，后来成为礼忏法会的标准法式。智昇的《礼忏仪》卷下，完全引用了善导的《六时往生礼赞》。其他的相关资料也显示，善导的《往生礼赞》在教内直到开元时代都一直盛行。法照的五会法事中频频使用善导的礼赞偈，说明到了法照的时代，仍然流行不减。

如今在大历末年兴唐、温国两寺的净土院中，也在做着诵经礼忏行道的法事。温国寺是由善导的直系弟子怀恽担任寺主，其中的净土院亦由怀恽所经营管辖。怀恽之后，其弟子思庄继任寺主。即是，温国寺是善导门流的中心寺院，其寺的净土院是宣扬净土教最有力的道场。

天宝二年为师怀恽立碑的善导法孙、温国寺寺主思庄，其卒年不明。如果其人天宝末年仍存世的话，大历末年距其世不过二十余年。若如是，大历末年，在温国寺的净土院，以《念佛三昧宝王论》的著者——劝进念佛、礼赞弥陀的飞锡为上首，所举行的六时诵经礼忏行道，很可能采用了某种类似善导六时礼赞的形式。长安兴唐、温国两寺净土院的转经礼赞六时行道的官方法会，或许采用了入藏到开元一切经录、作为当时标准性仪轨的智昇编纂的弥陀礼忏仪式，至少是采用了含有唱和净土赞歌、宣扬往生信仰的音乐性的法式。

如果法照在如上盛大的官方法会举办之际，作为名僧被迎请入长安为事实的话，他本人热心地弘扬转经礼忏形式的净土教行仪，且频频在著述中转用善导的六时往生礼赞，或许与此两净土院所举行的法会仪式也有着某种关联。当然，这只是我的想象和猜测。[17]但至少在盛行诵经礼赞行道法会这种形式的长安佛教界，法照的净土教很受欢迎是毋庸置疑的。

此外，飞锡、法照两者之间，也颇有相通之处。

（一）飞锡得到朝廷的尊信，活动于长安。据吕温、柳宗元、圆仁记述，法照也是深得朝廷尊信之人。

（二）飞锡撰有《楚金禅师碑》。楚金（698—759）尊奉南岳慧思、天台智者之教，亦是西方净土的信仰者，与飞锡为同行大德。飞锡的《念佛三昧宝王论》，能够看出有天台教义的背景。法照之师承远，与天台也有着密切关系，出其门下的法照，也出入于天台教义，其著述立足于天台教理。即，飞锡、法照同为有着天台法华教义背景的西方净土信仰者。

（三）飞锡的《楚金禅师传》记载，贞元十三年四月，窦文场为楚金上奏朝廷，请赐大圆禅师之号。贞元时代朝廷最有势力的窦文场与飞锡之间，似乎也有交涉。

另一方面，王士詹的《圣寺记》中，也出现窦文场之名，且将法照与窦文场相比较后称扬于他。法照也是受窦文场尊敬之人。

如上所述，履历相似，又活动于同一时代的高僧飞锡与法照，他们都有很深的朝廷背景，两者之间要说完全没有关联是说不过去的。他们两人在长安弘教时，应该有过直接或者间接的合作。至少有着相同信仰的有力人物飞锡在长安的存在，对法照在长安弘扬净土教是一个很好的助缘。

总而言之，如上所说，在代宗、德宗时代的帝都长安，法照在弘传净土教时，已经具备了良好的先天条件。所以，接近朝廷，受到朝廷的尊崇和有力支持之下开展活动的法照时代，正是他宗教、社会活动达到最高潮的时代。或者可以这样说，法照在这种利好条件下的活动，促成了他不久在五台山建立竹林寺这一巨大伟业，使他的事业得以顺利开展。

此外，法照入长安的年代以及他在长安活动的时期不明。但是，他在长安撰述《略法事赞》，是大历九年在太原撰述《广法事赞》之后之事。据此，吕温所说的"大历末年云云"，可以理解为是法照接近长安宫廷的时代，看作是他于德宗时代在长安的活动。但是，不能否认大历九年之前，即撰写《广法事赞》以前，他也曾在长安弘教的事实。

《广法事赞》中说：

> 普劝现在未来诸众等，上都南岳念诵音旨，虽有稍殊，而根本体同，不离念佛，皆归净土。（T85，1253页上）

显示他撰述《广法事赞》之前，在上都即长安也曾经举行过五会念佛法事。如果考虑到当时五台、太原、长安三地之间交通频繁，尤其是佛教徒的往来络绎不绝，法照的归依者不断增加，在这三地法照的归依信奉者为数不少，则大历五、六年之际，法照在这三地之间往来弘教是很有可能的。综合考虑法照的履历——在大历九年以前曾在长安弘教，大历九年在太原著述，大历十二年在五台山，大历末年入长安，贞元之际在五台山建立竹林寺——诸种信息综合概观，他如何出入于长安与五台山之间就一目了然了。

据圆仁所说，法照圆寂后，被朝廷赐谥号大悟和尚。圆仁入长安之时（840），奉敕命巡视长安诸寺、传扬念佛教的镜霜，于大中十二年为章敬寺法照建立了塔铭碑。这些都表明法照在晚年深受朝廷的尊崇，得到特殊的礼遇，他在长安一带传道的业绩非常显著。

又据遵式所说：

遂迎入内，用刘球绳床，教官人五会念佛。

所谓的刘球绳床，到底是何等之物，与五会念佛之间有什么关联，并不清楚。是否是由发出"刘球"之声的绳床，谱出具有音乐性质的五会念佛音调呢?[18]这一点，还请方家指教。此中教官人念佛之语，如果回顾当时任左街功德使、同时兼任左神策中尉的窦文场（当时的左右街功德使同时兼任左右神策中尉，由宦官担任，统帅禁军）与净土教、五台山佛教的关系，会得到很多启示。

第九节 示寂

法照去世的年代，有二说：

（一）大历七年说（《佛祖统纪》卷 26）

> 于见处建竹林寺。既毕，谓众曰："吾事毕矣。"数
> 日别众坐逝。推波利之言，果三年也（当大历七年也）。
> （T49，264 页上）

这段记载，根据戒珠《净土往生传》卷下的记载而来。
如前所述，这种说法不能成立。

（二）开成三年（838）或四年说

圆仁在《入唐求法巡礼行记》卷 2（东寺观智院本）"开
元五年五月一日"条下，如是记述道：

> 行到竹林寺断中，斋后，巡礼寺舍。有般舟道场，
> 曾有法照和尚于此堂念佛，有敕谥为大悟和上，迁化来
> 二年，今造影安置堂里。（B18，65 页上）

同书卷 3 中，也有几乎相同之文重复出现，说：

> 迁化来近二年。（B18，68 页上）

如果将近二年解作接近满两年的话，则入寂的时间为开成三年。圆仁在竹林寺曾经逗留十余天，陪同弟子惟正、惟晓在其寺受具足戒，并带来法照的著作。所以，圆仁的记录很有参考价值，应充分注意。

高楠博士解释卷 2 的"迁化来二年"说：

> 二下，东本傍注，有百钬二字，池本作二百。今案，法照见宋僧二十一，大历年中在五台山，二年恐二十年误。（《大日本佛教全书·游方传丛书》1，229 页；B18，65 页上）

将二年作二十年之误。查观智院本（据东洋文库影印本），发现"百钬"墨色有异，能看出来系后人加笔。此外，卷 3"近二年"的地方，观智院本的执笔者（兼胤法师）漏掉"二"字，写作"近年"，又在平右处补上"二"字。如此，则兼胤法师所见的原本，应为"近二年"。而且，看得出他没有想要改正的想法。如果作"百年"，或者如池田本那样作"二百年"，皆不可能。我们假定永泰元年法照二十五岁，则开成三年为九十八岁，这并非不可能之事。抄写过程中，虽说容易产生误字、脱字，但我对轻率地订正为"二十年"颇不敢苟同。井上以智为氏认为，"二年"或系"六十年"之误，[19] 此说也难以依从。当然，观智院本《入唐求法巡礼行记》并不是绝对值得信赖。但在有说服力的理由发现之前，我们暂作法照于开成三年以高龄而寂。若不取此说，则只有依据《宋高僧传》之说，大历十二年以后，法照尚存世若干年，而寂年不详。

大历元年之后至贞元时代，法照仍然活动的证据如下：

1. 据吕温碑记，大历末年，法照奏请朝廷，以其师承远所居之处赐般舟道场之名。

2. 贞元年间，朝廷赐承远寺院新的弥陀寺之额，对承远的礼遇越发深厚。从一个侧面，可以显示出法照作为国师在帝都的活动。

3. 遵式、宗晓记载，法照于德宗时代在宫中弘教。

4. 竹林寺的建立，是在贞元十四五年前后，即德宗时代。

如上所述，暂且假定法照在长安、五台山地方活动，持续到贞元时代。然而，终老之地仍然不详。

"竹林寺建立毕，数日而寂"，"竹林寺般舟道场安置有法照影像"，这些都暗示法照已经圆寂。然而，综合考虑法照塔铭碑是在京兆、其业已成为国师等诸多信息，法照当是在长安入寂。当然，这些都缺乏足够权威的资料支撑。

第十节　法照的门徒

由法照所提倡宣扬的五会念佛法事，如其书中所记载的那样，需要集齐若干名维那、悦众才能进行。所以，在做五会念佛法事的时候，必须要有一若干人组成的团体。原本，法照的五会念佛教是在歌曲性的念佛法中交叉着歌赞诵经而进行的，与单纯的教义讲述相比，富有普及性，且具有团体性的特点。法照在佛教普及于朝野的全盛时期，在当时政治、宗教的中心——长安、太原、五台山地方，宣扬这样的净土教，必然会使他更加名扬天下，容易获得归依信奉者。在五台山安置有法照的影像，以及在长安建立有法照的塔碑，这都显示法照圆寂后，这些地方有不少法照的门徒。但是，就连法照的传记都不是很明了，更不用说他门下弟子的情况了。以下，就散见于诸书中的直接接受法照教化之人，或者在唐代传承其念佛教之人，根据所知的抄录出来，以此结束法照的传考。

一、尼悟性

尼悟性，洛阳人，于衡州遇照阇梨，发愿念佛万遍。大历六年入台山，忽染疾，闻空中音乐。尼曰："我得中品上生，见同念佛人，西方尽有莲华也，身金色光明。"时年二十四矣。（唐文谂、少康共著《往生西方净土瑞应删传》）

据传所云，尼悟性是在衡州遇见照阇梨，归入念佛门的。其事，在大历六年之前。法照于大历四年八月之前数年间内，在南岳、衡州修念佛业，大历四年夏季三个月期间，在衡州修念佛三昧。悟性是在大历六年到五台山的。法照大历五年入五台山，六年尚在山中。这样推算，照阇梨当即是法照。所以，悟性是二十岁左右之时，在衡州受法照的度化入念佛教，然后追随法照入五台山，于其地入寂。

此外，志磐《佛祖统纪》卷 28 的《往生高尼传》中，也列有唐庐山悟性之名：

> 悟性，居庐山，念佛愿求往生。忽闻空中音乐，谓
> 左右曰："我已得中品生，见同志念佛精进者，皆有莲华
> 生宝池中，以待其生。"言毕而逝。（T49，282 页上）

传记中，没有记述她曾经师事何人，但是她示寂之时的奇瑞，与《瑞应删传》中所记载的悟性几乎全同。庐山亦是法照至南岳之前专修念佛三昧之所。《统纪》中所出的悟性和《删传》中记载的悟性，当为同一人。原本，南宋志磐是四明地方之人，并且当时中国处于南北分离的状态，他对北方佛教的情况知之不详。又加上，志磐甚至对法照的五会念佛都不甚了解，将五会念佛当作是五天一会的念佛（参照"李知遥"条）。而且，在当时的南方，可以说一提到念佛的道场，首先想起的就是庐山，庐山作为念佛的圣地广被人知。恐怕志磐对与衡州、五台山有关联的悟性的情况也知之不多，将其误作为是庐山的念佛者了。不过，悟性晚年入庐山并在此入灭也未可知。不管怎样，写作时隔大历时代不远的《瑞应传》，其说法更有可信度吧。

二、唐长安李知遥

王日休《增广净土文》卷 5 中记载道：

> 知遥善净土教五会念佛，为众师范。后因疾忽云：
> "念佛和尚来也。"洗漱着衣，索香炉，出堂顶礼，乃闻
> 空中说偈云："报汝李知遥，成功果自招。引君生净土，

将尔上金桥。"却就床下而化去，众闻异香。（T47，268页上）

又，《佛祖统纪》卷28《往生庶士传》中，亦有记载道：

> 李知遥，长安人，率众为五会念佛。（唐大历中，法照师于衡州开五会念佛，今李知遥为五会，应是师法于照。五会者，当是五日为一会也。）（T49，285页上）

此下文中并有与王日休所记述相同的往生灵瑞。

据上两传，可知李知遥为唐人，但具体生活年代并不明确。所以，具体他是法照的亲传弟子还是再传弟子，不可得知。有一点要注意的是，李知遥虽然是在家之士，然在帝都统率指导五会念佛教的信众。

法照在谈到做五会念佛所需的维那、悦众的时候，这样说：

> 凡作法事人，若道若俗，多即六七人，少即三五人，拣取好声解者。（《略法事赞》，T47，475页上）

五会念佛的维那、悦众，也容许是在家人。

通过前面所说的尼悟性，以及这里的在家众李知遥，我们可以充分了解到，以仪式为中心的五会念佛教，广泛普及到庶民阶层。此外，所谓的"念佛和尚来"，应该是指法照。这与法照在《五会法事赞》的广本中所发的现于五会念佛人

之前护念的誓愿，正好吻合。[20]（参照本章第四"法照在南岳"一节）

三、章敬寺镜霜

《宝刻类编》卷8中记载道：

> 章敬寺法照和尚塔铭　镜霜述并书　大中十二年
> （858）　京兆

此外，圆仁《入唐求法巡礼行记》卷3"会昌元年（841）二月八日"条下道：

> 又敕令章敬寺镜霜法师，于诸寺传阿弥陀净土念佛教。廿三日起首，至廿五日，于此资圣寺传念佛教。又巡诸寺，每寺三日，每月巡轮不绝。（B18，88页上）

镜霜，是法照撰写《五会法事赞》之地长安章敬寺所属的僧人，于文宗、武宗、宣宗时代，在长安极力提倡指导阿弥陀念佛教。而且，他的弘法活动有朝廷援助的背景。作为法照碑文撰写者的镜霜，他所弘扬的念佛教，或许就是继承自法照的五会念佛教。他在会昌之初每年巡查诸寺并弘法，大中十二年又为法照撰写了碑文。据此可推知，他在长安经历了极为严酷的会昌废佛运动，并留在佛教界，大中年间佛教复兴期间，为法照教再次出山奔走活动。[21]

以上尝试寻找法照净土念佛教的继承人，仅得三人。但是这三人各有代表性，一为朝廷敕令巡视长安诸大寺弘教的比丘僧，一为尼僧，一为名列往生庶士传的在家众。从中可以看出，法照的净土教是如何网罗并普及到社会各阶层的。法照在《五会念佛略法事赞》之初的法事庄严文（发愿文）中，从天子、诸王，以至于禅和尚、法和尚、律和尚、尼众、诸公、夫人娘子、清信子女等，都一一列名，祈愿劝进。弘传于社会各阶层的法照教，不难想象肯定会得到诸多的信仰者。然而不幸的是，我们今天在史传中见不到明确记录有法照门流的记载。但是，在敦煌的写经中存在的诸多与法照相关的资料以及圆仁传到日本的法照念佛教，都可以追溯到唐五代之际在北方流传的法照教。

第十一节　法照传的要点

以上的法照传记，是我根据《宋高僧传》以下颇具神秘性、传说性的传文，以及其他散见于诸书中的片段性的资料而作的考证、综合的结果。所以，记述复杂且零散。下面，我将所考究的法照传的要点列记如下：

1. 法照或许与其师承远同样是汉州（四川）地方人。

2. 法照出家之后，游学于东吴之地，又慕慧远之芳躅而入庐山，修习念佛三昧。永泰年中（或为永泰元年，765），造访南岳专修念佛的承远，并投其门下。但法照早在师事承远之前，业已接触到念佛教，时间上限，可推到在扬子江下游南岸地方修学求道之际。其念佛教，是从彼时开始逐渐成长而成熟的。

3. 永泰二年四月以来，法照发誓每年夏季九十日间修习般舟念佛三昧。从那以来，至大历四年（769），在南岳、衡州地方专心精进于净业，并创立了音乐唱名性质的五会念佛法。其依据，是《无量寿经》所宣说的极乐世界水鸟树林出五会音声的经说。此法门是在感应中蒙阿弥陀佛亲授，他将其视为对现今末法众生功德最广大的法门。

4. 此间，他发愿朝拜文殊菩萨圣地五台山。大历四年夏，念佛三昧修习终了之后，与同志若干人赴五台山，于大历五年四月达到，住佛光寺、华严寺等寺院。大历五年、六年之际，在五台山屡屡获得感应，使他越发确信，他的念佛教是适应时代的宗教，应广为弘扬。

5. 大历九年前后，在北京并州（太原）地方弘扬五会念佛，并撰述了《五会念佛诵经观行仪》三卷。

6. 大历十二年，居五台山。此时，已有若干归依追随者。

7. 大历末年至帝都长安，受到朝廷的尊敬归依，隶属新建大寺章敬寺，在此弘传净土念佛教，致力于彰显师尊南岳承远之德风。《五会念佛略法事仪赞》一书，是大历九年以后，在帝都章敬寺净土院所撰述。

8. 贞元年间，在五台山创建竹林寺。竹林寺作为五台山的新建寺院，享有重要地位。

9. 生卒年份不明。作为净土教传道者的活动年代，在大历、贞元年间。

注释

[1]《北山录》注说：

> 蜀净众寺金和上，号无相禅师，本新罗王第三太子，于本国月生郡南寺出家。开元十六年至京，后入蜀，至资中，谒诜公学禅定，入蜀止净众，付法门人神会。又有南印、慧广，又有安僧、梁僧等，皆宗禅法也。（T52，611页中）

[2] 处寂之传，出自《宋高僧传》卷20，然记述颇多错误。敦煌发现的《历代法宝记》，较为详细地记载了其师智诜及其法嗣无相、无住的传记。此处遵从《历代法宝记》之说。《历代法宝记》的记述，终止于大历九年（774）六十一岁示寂的无住，或许是无住圆寂后不久其门徒所作。《宋高僧传》说处寂于开元二十二年（734），以八十七岁而卒。今从《历代法宝记》开元二十年五月六十七岁而卒之说。

[3] 唐僧详《法华传记》卷3《当阳玉泉寺弘景传》，将弘景之师定为道素。其传云：

> 释弘景是道素门人，诵《法华经》，普贤乘象而来授句逗，天童潜来侍，具如本传说。（T51，62页上）

《佛祖统纪》将弘景作为灌顶的弟子，此后，天台宗中一直错误相传，以致出现了年代上的误差。弘景相关的传承谱系，见下图所示：

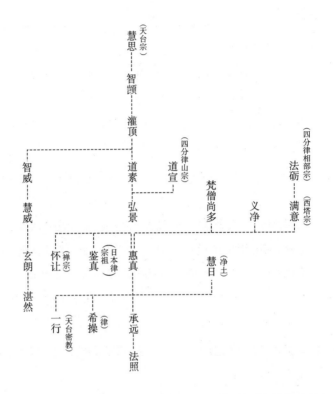

《释苑词林》卷 193 碑 40 中，收录有梁肃所撰的《唐常州天兴寺二大德比丘尼碑》。其碑记载：

> 一行避席作礼曰，吾畴昔之年，受此道（天台）于当阳大师弘景，本愿不终，遂迫恩召，不图为法之至于斯。因以上闻……诏安国寺，置法华院，御书院额，以光大法，一乘之宗，于此为盛。其后天下立法华道场，由我始也。

[4] 参照拙稿《常行堂の研究》及《南岳承遠伝とその净土教》。

[5] 不过，"般舟方等岁岁常行，十六妙观分时系习"所云之语，系道宣《续高僧传·道绰传》中之句。或许是据此而转用。

[6] 参照圆仁《入唐求法巡礼行记》以及敦煌《五台山图》。

[7] 戒珠的《净土往生传》卷下记载：

> （大历五年）至十二月朔日，于华严院，入念佛道场。……
> 倏见前来梵僧（佛陀波利）入道场云："汝之净土华台生矣，后
> 三年华开，汝其至矣。"……特建一寺，号竹林焉。寺之云毕，
> 照曰："吾事已矣，吾岂久滞于此哉。"不累日而卒焉。逆而推
> 之，向闻梵僧之说果三年。（T51，122 页上—中）

《佛祖统纪》卷 26 记载：

> 于见处建竹林寺。既毕，谓众曰："吾事毕矣。"数日别众坐
> 逝。推波利之言，果三年也（当大历七年也）。（T49，264 页上）

法照在大历九年还著述了《五会法事赞》，大历十二年也有法照
在东台活动的记载，将寂年定为此前的年份，显然是有问题的。
不过，此处将卒年记述为竹林寺建立之后数日，或许是暗示寺院
的建立是在法照晚年。

[8] 佐佐木功成的《承遠・法照の事蹟に就いて》（《龍谷大学論叢》
265）中说："竹林寺建立（大历六年，771）后，法照禅师的消
息不得而知。"想必是依据《宋高僧传》法照传中大历六年正月
的一段记述，而推断大历六年建寺的。《宋传》说：

> 自后照又依所见化竹林寺题额处，建寺一区，庄严精丽，便
> 号竹林焉。又，大历十二年九月十三日，照与弟子八人，于东台
> 睹白光数四……（T50，845 页上）

但是，"自后"一词，未必一定是大历六年。大历十二年以后，
也有可能。延一在大历十二年的记载后，讲到"其后法照大师云
云"，是说建寺之事。大概《宋高僧传》的作者，是根据竹林寺

的建立乃基于感见化竹林寺的缘故，而在灵异之后，紧接着记录了建立竹林寺之事，而将另外的大历十二年东台的灵异，又放置在建竹林寺之后。此外，无论是大历九年所撰的敦煌本《五会法事赞》，还是此后撰述的《略法事仪赞》中，法照的称呼都是南岳沙门，而不是竹林寺沙门。据此可以推断，此时竹林寺尚未建成。

[9] 澄观于大历十一年入五台山，住大华严寺。其寺也是法照曾止住之所，与竹林寺毗邻。澄观在此寺，于贞观三年十二月，完成名著《华严经疏》。《随疏演义钞》，是他为门徒而对疏的进一步讲述敷衍，于德宗崩后而成。现在的引用文，出自卷 76。

[10] 五台山十寺僧长制

五台山十寺僧长制的设立年代，是考察竹林寺建立年代的一个很好的线索。据井上以智为氏所云，五台十寺是大华严寺、王子、清凉、佛光、金阁、玉华、大历法华、大历灵境、竹林、建安十所寺院。五台山十寺僧长，是这十寺之长。故此，竹林寺的建立，是在十寺僧长制设立之前。

十寺僧长制的设立，《宋高僧传》卷 23《唐五台山善住阁院无染传》中记述道：

（无染）以贞元七年，到台山善住阁院。时有僧智頵，为台山十寺都检校守，僧长之初也。（T50，855 页下）

乍看起来，似乎智頵是在贞元七年之前成为第一任台山十寺僧长的，故此竹林寺的建立年代，应该限定在此年之前。然而，在同书卷 27 的《唐五台山智頵传》中说：

释智頵者，中山人也，自幼辞亲，来五台山善住阁院，礼贤林为师，诵经合格得度。……游方参玩，预诸讲席。传《法华》《维摩》二部，穷源尽理。后挂锡高峰，息心却扫。距元和中，众辟为五台山都检校守僧长。頵与时迁徙，固辞不允，遂登此职。后遇岁当饥馑，寺宇萧条。有华严寺，是大圣栖真之所，巡游者颇众，供施稀疏，院宇伦巡，例称不迫，众请为华严寺都供养主。时德不孤，有法照、无著、澄观之出世也。当观师制《华严经疏》，海众云集，请頵为讲主，日供千僧，十有余祀，食无告乏。……及钟武宗澄汰，頵遁乎山谷，不舍文殊之化境。未逾岁载，宣宗即位，敕五台诸寺，度僧五十人，宣供衣被。山门再辟，頵为十寺僧长，兼山门都修造供养主。大中七年，与寰海游台，四众建无遮精妙供养。一月日，乃谓大众曰："吾欲暂憩微骸……"乃净室安坐而灭。春秋七十七，夏腊五十八云。（T50，881 页上—中）

《广清凉传》卷中智頵传所记述的智頵的事迹，与此几乎相同，明确记载："大中七年寂，春秋七十七，夏腊五十八。"

如果按照这个寂年、春秋、夏腊来算的话，无染传中所谓的智頵成为五台十寺僧长的贞元七年，其时他还只有十五岁，都未剃度，根本不可能担任五台十寺的重职。既然世寿、夏腊和生存到大中年间这些信息都能够确认，那就只能依从智頵传文所说的"元和中辟为僧长"之说。

不过，在此传末后的"系曰"中，传的作者又附上了"五台山自贞元中，智頵始封僧长矣"这样一段难解之语。原本《宋高僧传》中有不少内容混乱、前后矛盾之处，智頵传就是其中一例。故此，五台十寺僧长相关的记载，也有些混乱不明确。根据传记中如上所记述的智頵的寂年、春秋、夏腊来推算的话，其就任十寺僧长的年代，不是贞元年中，而是元和中，这样会更自然。最终，依据十寺僧长制的设立年份来推算竹林寺的建立年代，如今也成为了难题。

此外，将竹林寺作为五台山十寺之一，也有存疑之处。开成五年（840）朝礼五台山，曾在竹林寺逗留半月之久的圆仁，在其《巡礼行记》卷3中，提到五台山有十二大寺，并在竹林寺条下记述说"此寺不属五台"。另一方面，贞元年代的五台山十寺僧长制，到宋代仍然存续，未曾见到有改为十二大寺僧长之类。圆仁的"此寺不属五台"，不用说，不能理解为"地理上，竹林寺在五台山之外"。这一句记述，也很难简单地就当作圆仁的误记或是后人的加笔来处理。是否可以解释为竹林寺不属于五台山十寺僧长的管辖呢？至少，圆仁所留下来的"十二大寺"与"不属五台"之语，有很大的思考余地。竹林寺算作五台十寺之一，也难以轻易决断。如此，不得不说将五台僧长制的设立与竹林寺的建立年代关联起来考察，是件困难的事情了。参照井上氏的《唐代における五台山の仏教》（《歴史と地理》21）及《入唐求法巡礼行记》卷1。

[11]《入唐求法巡礼行记》卷2：

（五月）十四日夜，惟正、惟晓共数十远来沙弥，于白玉坛受具足戒。（B18，66页中）

[12] 佛陀波利见老人之事，在《宋高僧传》卷2的《佛陀波利传》等有记述。佛陀波利来中土礼谒文殊，至五台山，遇一老人，被告知如果能够为此土造罪破戒的僧俗而携来除罪秘宝尊胜神咒的话，就会示以文殊居处。这里的图，想必描述的就是这段感应故事。

[13]《广清凉传》卷中记载说：

度华严寺南一十五里，当中台中麓下，依所逢大圣化寺式，

特建一寺，仍以竹林题号焉。(T51，1115 页下)

《入唐求法巡礼行记》卷 3 记载说：

> 出竹林寺乘谷，东行十里，向东北行十余里，到大花严寺。

(B18，68 页下)

详情参照小野玄妙氏《五台山记》(《仏教学雑誌》3—9)。

[14]《新唐书》卷 39《地理志》：

> 北都，天授元年置，神龙元年罢，开元十一年复置，天宝
> 元年日北京，上元二年罢，肃宗元年复为北都。太原府太原郡，
> 本并州，开元十一年为府。

[15]《净土五会念佛略法事赞》说：

> 凡作法事人，若道若俗，多即六七人，少即三五人，拣
> 取好声解者。总须威仪齐整，端坐合掌，专心观佛，齐声齐
> 和。切不得笑，左右顾视。起真实悲济之心，勿为名利。众诠
> 一人为座主，稽请庄严经赞法事，须知次第。一人副座，知香
> 火打磬，同声唱赞，专知捡校。……散华乐及诸赞文，总须暗
> 诵，周而复始。经赞必须精熟，不得临时把本。(T47，475 页
> 上—中)

[16] "太康"，《佛祖统纪》卷 26 作 "太原"。

[17]《金定四分律疏》之事，在首唱者圆照的《贞元续开元释教录》
中记述很详。与净土院法会相关的部分摘录如下：

> 其日品官杨崇一，宣奉敕语。兴唐、温国两寺三纲，即与
> 净土禅院捡校僧等，严饰道场，令道行僧伍拾肆人，起今月一
> 日，转经礼忏六时行道，至来年二月一日散。设其斋粮、香油、
> 茶药一事已上，令所司祇供。宜各精诚，问师等好在。……即

与大济师计会供，送兴唐、温国两寺净土院。……

　　其月五日品官杨崇一，宣奉敕语。温国寺检校大德飞锡，专知念诵大德昙邃等，好在否，检校有劳也。宜加精诚，转念行道，普为苍生。……至二月八日，品官杨崇一，宣奉敕语。大温国寺检校道场大德昙邃、飞锡等，其道场宜取十日散，设千僧斋，至十日散，设天使行香。大德五十四人，各绢三匹充贶也。(T55，761 页上—中)

[18] 有关绳床，可以参考藤田丰八博士的《胡床につきて》《胡床につきて補遺》(收于《東西交涉史研究》西域篇)。绳床原本是以绳所作的座椅，僧人中多用，唐代宫廷之中也用。通过《孟东野诗集》卷 3 的《教坊歌儿》，可以想象唐中期绳床与佛教乐曲之间的关系：

　　十岁小小儿，能歌得闻（一作"朝"）天。六十孤老人，能诗独临川。去年西京寺，众伶集讲筵。能嘶竹枝词，供养绳床禅。能诗不如歌，怅望三百篇。

[19] 参照《歷史と地理》21—5，井上氏论文，538 页注 (7)。如果是作"六十年"的话，则法照寂于大历十三年。一般认为，法照在贞元年代仍在活动。故此，井上氏之说也难以赞同。

[20] 敦煌本《五会法事赞》卷中说：

　　法照生净土已，誓来示为同类同学伴侣，常当守护此人。正修学时，若有诸魔鬼神及诸恶人水火毒药，如是诸难来恼行人，行人但于尔时，至心称念法照名字，一声多声，应念即至诸行人所，而为外护，立有微感，令彼诸恶应时散灭，发菩提心，称念佛名，同归净土，证不退转，速得成佛。尽未来际，无有休息，誓当守护一切佛法，及此五会念佛净土，速疾要门，

令不断绝。(T85，1255 页下)

[21] 参照拙稿《唐慈恩寺善導禅師塔碑考：附　章敬寺法照和尚塔銘考》，收录于 1930 年《摩訶衍》。

第七章

法照的著述

第一节　敦煌发现的诸断简

法照的著述在中国很早就佚失了，只有日本还有《净土五会念佛略法事仪赞》一卷行世。在此书中，法照有这样一段记述：

今依《大无量寿经》，五会念佛。若广作法事，具在《五会法事仪》三卷。启赞《弥陀》《观经》，广说由序，问答释疑，并在彼文。亦须具写寻读，流传后世。(T47，475页上)

据此可知，法照另著有《五会法事仪》三卷，但现在已无由得见。然而，近年在敦煌发现的诸多古写经中，有数种断简与法照有关，被认定为是《五会法事赞》。在此，首先将英国（斯坦因）、法国（伯希和）以及北京三处所藏的敦煌古写本中所找出的法照著述的若干断简略加论述（P：伯希和本，S：斯坦因本，北：北京本）。

（一）P. 2066

据矢吹博士所藏的翻拍照片，文首题曰：

净土五会念佛诵经观行仪卷中　南岳沙门法照撰

文末，亦作"净土五会念佛诵经观行仪卷中"。可知，这是此书中完整的一部分。这是用上下、竖立三方都画有细格线的写经用纸严谨书写的卷本。此外，此卷子之初附有这样一句题记：

咸通六年二月　日僧福威　牒

这段题记看起来是写在《诵经观行仪》外的另外的纸上，此后被装裱在同一个卷子上。由于只有翻拍照片，未见实物，难以遽断。故此，这句题记与《诵经观行仪》之间的关系，也不能明确。不过，将《诵经观行仪》的书写定为这个题记所示的年代前后，应该不会有大的问题。

（二）P. 2250

与前者相比，书写稍欠严谨。一看即知两者系出自不同的手笔。开头有题记曰：

净土五会念佛诵经观行仪卷下

卷子的末尾已缺，幸好由下面的断简可以弥补缺掉的部分。

（三）P. 2963

书写于五代后汉乾祐四年（951），书写之人与前两者系不同之人。笔迹虽不能说潦草，但屡有误写并有订正加笔。这个断简的前半部分缺失，幸运的是，开头是从与前面断简的后半部分有若干重复之处开始的，以下的文句都完整。卷尾有这样一段附记：

净土念佛诵经观行仪卷下

时乾祐四年岁次辛亥蕤宾之日莫愿十三叶，于宫泉大圣先严寺讲堂后弥勒院写，故记。

由以上法国国家图书馆所藏的伯希和氏所发现的三个卷本，《净土念佛诵经观行仪》中下两卷得以完整面世。《大正藏》将之收于古逸部。为方便区分，将三卷本（缺上卷）称为"广本"，日本所传的一卷本称为"略本"。

此外，据伯希和所发现的敦煌古抄本 nos. 2001—3511 目录中，上面三个卷本之外，可以认定为是法照著述的断简，或者是与法照有密切关联的断简，尚有如下几点。

（四）P. 3216

□□念佛赞文　法照

（五）P. 3373

归西方赞、四十八愿赞、随心叹西方赞、西方杂赞

含有上述内容的断简，是广本卷下的一部分。

（六）P. 3156

上都章敬寺西方念佛赞文、佛母赞、道场乐赞

上都章敬寺，是法照著述《五会念佛略法事赞》之所。法照在其塔铭中，也被视作"章敬寺法照"。《上都章敬寺西方念佛赞文》，或许也是法照的念佛赞，至少也是出自法照系统的人之手。《道场乐赞》，在法照的《五会法事赞》中可见有此赞名。《佛母赞》，一般将般若指称佛母，故此，这或许是出自略本的《般若赞》的异名，也可能是如广本所收的以佛母摩耶为主题的《涅槃赞》之类的赞文。若是如此，则此断简或许也是《五会法事赞》断简中的一种。

此外，圆仁所带来的目录中有：

念佛赞一卷　章敬寺沙门弘素述

断简的第一赞，或许就是这一类的赞颂。弘素的《念佛赞》与法照的五会念佛教恐怕也不无关系。

（七）P. 2483

归极乐去赞、五台山赞文、宝鸣（鸟？）赞、印沙佛文、临旷文、大乘净土赞

《归极乐去赞》与《宝鸣赞》，是否类同于法照《五会法事赞》中所收的《归西方赞》与《宝鸟赞》呢？《五台山赞文》中，有"梁汉禅师出世间"云云。这是述说法照入五台山获得感应的赞文，在斯坦因所带出的卷文中也有。《印沙佛文》，相当于据斯坦因氏敦煌本663号收于《大正藏》的同名赞子。《大乘净土赞》，相当于据斯坦因氏敦煌本382号收于《大正藏》的同名赞子。其中，后者也作为"法身赞、法照撰"而收录于法照的广本。若是如此，这个卷子虽然难以认定为是法照撰述的断简，起码可以说是收录了法照净土教行世的当时社会所举行的赞歌。

（八）S. 370 净土礼赞

同会往极乐赞、五台山赞（《鸣沙余韵》80—Ⅰ）

这两赞的前面，有失去了前半部分的、篇幅相当长的一个赞。推测是法照净土教的信奉者之间所行的赞。

（九）S. 382

大乘净土赞（《鸣沙余韵》80—Ⅲ、《大正藏》第85册）

相当于广本中的《净土法身赞　法照撰》的赞文。

（十）S. 3096

据矢吹博士的翻拍照片，这是 S. 382《大乘净土赞》，即是法照所用的《净土法身赞》的断简。

（十一）北（文）八十九

是广本卷下从《极乐连珠赞》到《归西方赞》《四十八愿赞》的部分。

上述的卷子中，伯希和本是从其所带出的写本 nos. 2001—3511 的不完整的目录中找出的，斯坦因本是根据矢吹博士带来的翻拍照片中找出的，北京本是从我在北京期间所得见的未整理的敦煌本中找出的。即便是如此不完全的一部分目录、公开的数量极少的卷本中，都能找到以上十余种之多，相信如果对分散于各国的数量庞大的敦煌写本展开整体调查的话，会发现更多的与法照有关的写本。可以推测，从唐代到宋初，雕刻有五台山石窟的敦煌地方，在五台山得到殊胜感应而著名的法照净土教必定相当地流行（敦煌地方的净土教，可以参考矢吹博士《鸣沙余韵》的解说，特别是第二部的论文。龙谷大学存有与法照相关的重要的敦煌写本。英法的敦煌本，如今在东洋文库、京都大学人文科学研究所可以据翻拍照片查阅）。

第二节　《净土五会念佛诵经观行仪》 三卷（广本）

此书收录于《大正藏》第 85 册，其原本是前文提到的法国国家图书馆所藏的敦煌本。在此书末尾，有这样一段题记：

> 上来依诸圣教，略述赞扬五会法事仪轨，以为三卷。前之两卷，其有明文，意遣群疑，归心净国，众等若念诵赞行，即依前卷回向发愿文，即便应知。时大历九年冬初十月，于北京龙兴寺再述净土念佛诵观门。（T85，1265 页下—1266 页上）

"净土念佛诵观门"，即是法照教徒所实践的赞扬五会法事的仪轨。法照将之前实践的行仪，于大历九年十月在北京龙兴寺又作了重新修订。

此法事的作法，是在讽诵净土经典、唱念种种歌赞的同时，穿插有五会念佛，是一种具有一定乐曲性质的引声念佛。法照称之为"五会念佛净土速疾要门""净土五会念佛教门""五会念佛诵经法事观门""净土五会念佛经赞法事观行仪"等。此书是配合法事仪轨的作法，广引圣教以释疑解惑，并述说五会念佛的由来，鼓吹此法门是现今最契机之教。此广本三卷，其实就是略本中"若广作法事，具在《五会法事仪》三卷，启赞《弥陀》《观经》，广说由序，问答释疑，并在彼文"所说的《五会法事仪》三卷。

虽然上卷已经不存，但是根据中下两卷所记述的内容，大体可以了知此书的组织架构。此书总体分为十章，卷上为第一章至第六章（或加第七章前半部分），卷中为第七章至第十章以及记述五会念佛法由来的一段结文，卷下是由第八章所分出，可以说是第八章的重说。图表显示如下：

卷上----第一……第七?

　　　　┌-- 第七? 阿弥陀经、附阿弥陀咒、往生西方记验、宝鸣赞

　　　　│　第八、赞佛得益门（收录赞十七种）

卷中---│　第九、化生利物门

　　　　│　第十、回向发愿门

　　　　└-- 总结问答

卷下----第八、赞佛得益门分出（收录赞二十九种）

第三节　广本卷中概要

首先，将卷中所应注意之点顺次介绍如下。

（一）《阿弥陀经》《阿弥陀咒》《往生西方记验》

书中全文录出了题为"《佛说阿弥陀经》（一名《小无量寿经》，后秦罗什法师译，宋元嘉年求那跋陀罗重译，名《阿弥陀经》）"[1]的罗什译的现行本《阿弥陀经》。经文之后的附记说，诵经结束后，应行第二会念佛一两会，接着再诵此后的《宝鸣》《相好》两赞。

经文之后，附有《阿弥陀咒》以及宣说持咒功德的一篇
文章。咒与《阿弥陀佛说咒》(《缩刷大藏经》地字号 12、《卍
续藏经》1—4、《大正藏》12) 为相同文本（个别文字稍有差
异）。过去认为此咒仅收录于高丽藏经中，不过，敦煌所出的
《阿弥陀经》中，附有此咒的例子为数不少。这说明在唐代敦
煌地方，有与《阿弥陀经》一起讽诵此咒的传统。特别是，
附有咒及持咒功德文的《阿弥陀经》，其中有记载为开元八年
(720) 的写本，显示这样的形式可以追溯到开元初年。[2]

善导的高足、承侍善导十余年、被称为是"秘偈真乘，
亲蒙付属"的实际寺怀恽的碑文中，对其事迹有如下记载：

> 每讲《观经》《贤护》《弥陀》等经，各数十遍。……
> 于是言论之际，恳劝时众，四仪之中，一心专念阿弥陀
> 佛，愿乘此胜因，祈生净域。又以般若神咒，能令速证
> 菩提，弥陀佛名，亦望横超恶趣。诸余妙典，虽并积心
> 台，于此胜缘，颇遍游智府。尝诵《大般若咒》向盈四
> 万，又诵《弥陀真偈》十万余遍。(《金石萃编》卷 86)

此处所说的诵了十万遍的《阿弥陀真偈》，是否就是《阿
弥陀佛说咒》之类呢？至少说明，善导的直系弟子怀恽是持
咒之人。到了法照的时代，正是中国密教的黄金时代，持咒
的宗教越发盛行。法照所采用的《阿弥陀经》经本附有这样
的咒语，毋宁说是一种必然。但是，法照在说持咒功德文之
后，又这样交代：

　　此陀罗尼及功德，能作法事时不须诵之。（T85，
1244 页中）

　　作五会念佛法事时，未必一定要诵此咒。"不须"，正显
示了法照是不排斥持咒的。作为密教黄金时代的佛教徒，这
是极为自然的。

　　附记的《阿弥陀咒》之后，是《往生西方记验》。从此文
中，可以推察法照所尊重的净土前辈都有何人，故此将全文
抄出如下：

　　昔长安叡法师、慧崇、僧显、慧通，近至后周实禅
师、西河鸾法师等数百人，并生西方。绰禅师等，因鸾
法师得生西方，各率有缘，专修净土之业。绰禅师又撰
西方记验，名《安乐集》流行。又晋朝远法师，入卢山
三十年不出，乃命同志白黑百有二十三人，立誓期于西
方，凿山铭愿。至陈天嘉年，卢山珍禅师，于坐时见人
乘船往西方，乃求附载。报云："法师未诵《阿弥陀经》，
不得去也。"因即诵此经应二万遍。未终四七日前四，更
有神人从西方送一白银台来，空中明过于日，告云："法
师寿终，当乘此往生阿弥陀佛国，故来相示，令知定
生。"临命终时，白黑咸闻异香数日。其夜，峰顶寺咸见
一谷中有数十炬火，大如车轮。寻验古今，往西方者非
一，多见化佛徒众来迎，灵瑞如传，不可繁录。因珍禅
师于此经有验，故略述此，以悟来喆，助往生之志耳。
（T85，1244 页中）

上面的文字，虽然有不少出入，但是应当是相当于元、明大藏经的《拔一切业障根本得生净土神咒》之后所附的《阿弥陀经不思议神力传》(T12，351页)。《拔一切业障根本得生净土神咒》，与《阿弥陀佛说咒》是同类。《不思议神力传》，是特别记述《阿弥陀经》持诵功德的，附录于《阿弥陀经》之后书写印行之例不少。明本在题目下，说此传"附隋录，未详作者"。是否果真如此，不得而知。但是文中提及了道绰，对善导却只字未提。又说"近至后周实禅师"云云，如此则唐初此传即已存在了。[3]唐代，作为《阿弥陀经》的附加资料，《阿弥陀咒》以及此传应该常被使用。故此，法照才在此传的前面提醒说"此传作法事时，不在诵限"，强调在作五会念佛法事期间，不需要读诵。

(二)《宝鸟赞》(依《阿弥陀经》)

这是在读诵《阿弥陀经》之后所唱的赞歌。法照说：

> 众等诵《弥陀经》了，即诵《宝鸟赞》，诵诸赞了发愿，具在赞后，即散。(T85，1244页下)

五会念佛法会的整体顺序，先是诵《阿弥陀经》，其次再顺次唱诵诸赞，最后念发愿文而终。在法照的广、略两本当中，赞歌占了其中的大半，其数量也颇为不少，故此，后文将专项叙述。

(三) 第八赞佛得益门

行文首先提起一个疑问，作为开始：

难曰：如说修行，理实明矣。仰信专行，今赞佛之时，有何益焉？

从此文句的语气，可以推察，在此章之前，也即是上卷中，法照已经在理论方面作了相当的铺陈与说明。原本上卷是教理篇，中下两卷是显示实行仪轨的次第的。惜乎上卷散失了。

对于上述的质疑，法照这样回答：

答曰：利益无边，说不可尽。略而言之，旦诸佛世尊名闻满十方，饶益众生，称叹无穷尽，一切众生类，无不宗奉者何旨。实由过去为凡夫时，以身意口业赞佛及众生，不毁于他人。由斯赞功德，今速成佛道，还令众生恭敬尊重而赞叹。（与在五台山感见文殊时文殊所说一致）

又说：

若赞佛时，现世为人恭敬仰瞻，命终之时，佛来迎接……一切众生，无不尊重赞叹。（T85，1244 页下）

特别高唱应当赞叹他人，不可对他人恶言诽谤。在当时佛教界互争正统、论难正邪、分流对抗之弊丛生的环境下，法照的这种态度很耐人寻味。

其次，第八门中，收录有十八个赞，其篇幅占了卷中的

大半。法照在此特别提醒，在举行法事之时，可以根据时间
与场合的不同，适当地加以节略，调整长短。又，诵《阿弥
陀经》的时候，应在最后诵善导和尚的礼赞，诵《观经》的
时候，应诵彦琮法师的礼赞，然后发愿散会。又，每诵一赞
毕，当念佛三五十声，等等。

（四）第九化生利物门

前八门是因，此第九门为果。若能不惜身命勇猛精进，
念佛诵经，称赞大乘，换言之，若能修行此五会念佛诵经礼
赞法事的话，在临命终时，就能感得阿弥陀佛来迎，往生彼
佛净土。然后得六神通，证无生忍，成就救济众生的广大利
他行。

（五）第十回向发愿门

以下面的《天台回向发愿文》而为结束：

> 向来念诵无量胜因，散沾法界，同得上品，往生阿
> 弥陀佛国。到彼国已，获六神通，游历十方，奉事诸佛，
> 常闻无上大乘正法，修行普贤无量行愿，福慧资粮，疾
> 得圆满，速成无上正等菩提。法界怨亲，同斯愿海。至
> 心发愿已，归命顶礼西方阿弥陀佛。

注释说"即唱，随意便散"。接着又说：

> 上来十段不同，总明一期净土五会念佛经赞法事观
> 行仪竟。（T85，1252 页下）

按照如上的作法，五会念佛法事一会即圆满。

法照所用的天台智者的发愿文，是否真为智者的作品不明。但是当时很多的佛教徒，都将智者视为净土行者，将《十疑论》《观无量寿经疏》等净土著述都视为智者真撰。出自天台教系，立足于天台教义而说净土教法的法照，将智者作为净土信仰的前辈而尊敬是必然的。

(六) 总结问答

如上法事告终之后，法照又引用《净名经》及《无常经》，说明人生无常，不可依赖，应当深厌生死，发菩提心，然后依净土念佛教门，可得永离轮回，长揖五浊。故劝有缘之人，须努力依行，毕命为期，同生净土。

接着，法照又对重新修订的念诵法作了如下补充说明：

> 上都、南岳念诵音旨虽有稍殊，而根本体同，不离念佛，皆归净土，同见弥陀，更无别耳。但随根逐时，化物以多方便，而接引之，非向声中有别异意。但据经文，作观念佛，或定或散，或高声兼默念，但随众生心，称念佛名者，尽得生净土。成佛皆归一，一亦不可得，无得无不得，是名中道观。譬如一树有多枝叶，形状虽殊，不离一根而出故。《华严经》："众生形相各不同，行业音声亦无量，如是一切皆能现，海印三昧威神力。故演微妙净法音，供养一切诸如来。"既音声无量，何妨五会念佛诵经种种音声，皆为令诸众生同生净土，同得成佛，更有何别。
>
> 众等必须如是圆见修觉，慎勿互生毁谤，见有是非。

若各互见是非，即当自灭佛法，命终必堕阿鼻，何由得生净土？一切念佛之人，相见须如父母兄弟姊妹至亲无别，深生欢喜，各庆不久，即当成佛，勿怀彼此之心。何以故？导和尚云："亲中之亲，无过念佛之人。"和尚赞云："同行相亲相策励，毕命为期到佛前。"

文句最后引用善导之语，强调念佛教徒之间不可是非相争，极力劝说同信、同行的念佛教徒，当互相亲善。

接着，法照又热烈地表白自己对五会念佛教的信念说：

法照自惟，垢障深重，多劫沉沦，有少微因，遇斯净教，悲喜交集，庆跃于怀。信自己身，与念佛众，尽此残生，定超苦海，舍最后凡身，得无上圣智，生死永断，更有何忧。普劝未来一切四众，但依此行，尽此一形，若不生彼国，疾成佛者，法照即愿，舌根堕落，遍体生疮，代为诸子，长处阿鼻，受苦无穷。誓将此身，以为念佛保证。今得斯法，欲报佛恩，遂辄搜约诸经，述斯法事，称赞念佛净土教门，普愿速出爱河，俱登不退者矣。

在此之下，法照表明五会念佛诵经法门并非出自己意，完全是得自阿弥陀佛亲授的秘法。进一步，针对有人疑问，此秽土末法时代的凡夫念佛得以见佛，可有证据否？法照首先引述《观经》《华严经》《贤护经》《禅秘要经》《涅槃经》等诸经之语，强调末法时代，唯有依靠念佛之力，才可以往生，永离生死。又转述《无量寿经》等诸部方等经典当中，都说道此土他方有无数的菩萨发愿往生西方净土。菩萨圣众尚且发愿往生西方，亲奉阿弥陀佛，何况是一毫烦恼都未断的凡夫，若不仰赖佛力，终无有出离之期。更何况佛灭度之后，西天东土的祖师都念佛求生。印度的龙树、天亲，修行念佛三昧，著述赞颂并愿往生，中土的慧远、昙鸾、珍法师、智者大师，乃至近时的善导、道绰、慈愍诸师等，都有观见极乐世界的灵相。《观经》中也有明文说"以见佛故，名念佛三昧"。广举经典与人以为明证之后，法照自信地主张，佛灭之后，若有苦恼众生修行念佛三昧，皆得见佛，绝非虚构。

行文最后，法照立誓愿说：

> 法照生净土已，誓来示为同类同学伴侣，常当守护此人。正修学时，若有诸魔鬼神及诸恶人水火毒药，如是诸难来恼行人，行人但于尔时，至心称念法照名字，一声多声，应念即至诸行人所，而为外护，立有微感，令彼诸恶应时散灭，发菩提心，称念佛名，同归净土。……誓当守护一切佛法，及此五会念佛净土，速疾要门令不断绝。……若发此愿虚愿，身便红烂，命终堕地狱，不生于净土。(T85，1252 页下—1255 页下)

法照以类似于阿弥陀佛誓愿的决意誓言，表明自己誓愿一生守护佛法，对五会念佛的弘布而鞠躬尽瘁，以此而结束卷中。我想，这样热诚的信念与誓愿，正是引发五会法事信仰的动力，也是在敦煌地方留下许多此书书写卷本的缘由。

第四节　广本卷下梗概

卷首首先表明"此下一卷赞，从第八赞佛得益门分出"，显示卷下是从卷中的第八章开出的别卷。法照接着又提示说，赞诗必须用第三会的念佛和之。在举行仪式之前，先须熟悉这些赞诗，并能覆本背诵，法会之时不得执本读诵。非大会之日，一切处都可以诵赞念佛，可根据具体情况进行广略取舍。

从这段话中也可以得知，卷下几乎全部都是在罗列赞歌诗，从"依无量寿观经赞　法照述"以下，总计收录了二十九种赞诗。这些赞诗将另文叙述。

在列举了诸多的赞歌之后，如前所述：

> 上来依诸圣教，略述赞扬五会法事仪轨，以为三卷。前之两卷，其有明文，意遣群疑，归心净国，众等若念诵赞行，即依前卷回向发愿文，即便应知。

法照补充说明道，前两卷重在列举明文，释疑解惑，此卷是仅举赞文的别卷。若念诵之时，应当依用前卷的回向发愿文。

最后，

> 时大历九年冬初十月，于北京龙兴寺，再述净土念诵观门。……（T85，1265 页下—1266 页上）

法照以叙述此书的述作年代与场地之文，而结束本卷。

第五节　《净土五会念佛略法事仪赞》
一卷（略本）

卷文开头，有这样一段题记：

> 净土五会念佛略法事仪赞一卷并序　南岳沙门法照
> 于上都章敬寺净土院述

从此题记可以得知，此书是在长安章敬寺的净土院述
作的。

章敬寺，已经在法照传中述及。题记中虽未记载述作年
代，但是如前所述，在此书之前，已经述作有三卷本的《法
事赞》，此三卷本如果就是敦煌出土的所谓广本的话，此略本
的述作年代应在大历九年十月之后。对两书的内容加以比较，
可发现广本组织有些杂乱，此略本颇为条理简洁。从这一点
也可以推察，略本是在广本之后，即大历九年之后，在实践
当中逐渐整理撰述而成为定本的。

如此书的题目所示，此书是略示五会念佛法要的次第。
在文初，据本书制作的缘由，而概说了五会念佛的性质。这
段材料，为研究法照净土教义提供了重要的线索。

首先，法照述说本书述作的缘由说：

　　夫如来设教，广略随根，终归乎实相，得真无生者，孰能与于此哉？然念佛三昧，是真无上深妙禅门矣。以弥陀法王四十八愿名号为佛事，愿力度众生，所以五会声流于常宫，净教普沾于沙界。故《华严经》云，三贤乃至一切诸佛无上菩提，皆不离念佛念法念僧而生。故《法华》《维摩》等经，有以音声语言而作佛事，又声名句文为诸教体。岂同今之学者，紫金之容都拨为有相，髻珠之教悬指为文字，语无色则舍于真色，论无声乃厌于梵声。坐号无为，行称失道，即颠坠邪山，良可悲矣。今则不然。且《金刚般若》云，六度万行一切善法，无非佛因。此是释迦三世诸佛诚谛真言，足以为信敬，可依行。

　　今依《大无量寿经》，五会念佛。若广作法事，具在《五会法事仪》三卷。启赞《弥陀》《观经》，广说由序，问答释疑，并在彼文。亦须具写寻读，流传后世。若略作法事，即依此文。

其次，对依此略本而作法事时的注意事项，提示说：

　　凡作法事人，若道若俗，多即六七人，少即三五人，拣取好声解者，总须威仪齐整，端坐合掌，专心观佛，齐声齐和，切不得笑，左右顾视，起真实悲济之心，勿为名利。众诠一人为座主，稽请庄严经赞法事，须知次第。一人副座，知香火打磬，同声唱赞，专知捡校。……观其道场徒众多少，或昼或夜，或广或

略。……散华乐及诸赞文，总须暗诵，周而复始。经赞
必须精熟，不得临时把本。

接着，又对法事的师资传承提出要求，强调要重视法事
的师资相授，以使法事神圣庄严：

> 智者必须……专心学取五会真声，传于未来，广度
> 群品。若不师学，滥授与人，转误后学，失其宗旨。

此后，总结说：

> 普劝现在及以未来道俗，广作五会真声。念佛三昧
> 理事双修，相无相念，即与中道实相正观相应。（T47，
> 474 页下—475 页中）

又此后，法照对五会念佛的利益、来源、出典、性质等，
作了陈述。这些内容，下章将作专题讨论，此处从略。

本书所示的法事的顺序，整理如下：

一、云何梵

二、赞（有本作"稽"）请文

三、庄严文

四、散华乐文

五、五会念佛

六、宝鸟赞以下，共三十九赞

云何梵，出自《大般涅槃经》（三十六卷本）第三《长寿

品》，是以此下的偈颂附上曲调而唱诵：

> 云何得长寿，金刚不坏身？
> 复以何因缘，得大坚固力？
> 云何于此经，究竟到彼岸？
> 愿佛开微密，广为众生说。（T47，475 页中—下）

宋天禧三年（1019）道诚撰写的《释氏要览》卷上"梵音"一项中，有这样的记述：

> 今开经梵，云何于此经，乃至广为众生说。（T54，276 页上）

唐宋时代，在做一般法事与诵经之初，应该都会唱念此偈颂。

梵音，《梁高僧传》卷 13 中有解释：

> 天竺方俗，凡是歌咏法言，皆称为呗。至于此土，咏经则称为转读，歌赞则号为梵音。（T50，415 页中）

赞请文，是唱念礼拜"南无一心奉请本师释迦牟尼佛"等，将祈愿对象释迦牟尼佛、十方三世诸佛、阿弥陀佛、观世音菩萨、大势至菩萨、十方声闻缘觉一切贤圣众，奉请到道场中。

庄严文，是关于法事修行的愿文。故此，是应时宜而作。

今略本中所出的庄严文，具有很浓厚的国家色彩。愿文中，祈愿皇帝的德化普及，国家安宁，太子、诸王、公主、卿相、百官昌隆，寺门清宁等。这与述作此书的章敬寺乃与朝廷有密切关系的大寺是非常贴合的。

列举的三十九种赞诗，占了此书大部分的篇幅。唱念这些赞诗，与五会念佛相和，是此书所要显示的法要的内容。赞诗在第九章会另外叙述。

另外，此书由圆仁携来我国，随着念佛教的流布盛行，被源空及其一门念佛宗徒所特别珍重。圆仁的《入唐新求圣教目录》中，对此书有提及：

净土五会念佛略法事仪赞一卷　南岳沙门法照述（T55，1085 页上）

长西的《总净土依凭章疏目录》中，也记述有：

五会法事赞二卷　法照后善导号

在刊本中，有刊行年代不明的一卷本和正保五年刊行的两卷本。两卷本，是将原一卷本分为了本末两个部分。《卍续藏》《净土宗全书》《大正藏》等收录的，都是以两卷本作为底本。所有的本子，都出现了数量不少的传写错误。注释书，有东日的力作《演底》五卷、神舆的《讲义》两卷可作参考。前者除享保刊本之外，被收于《续净土宗全书》第 7 册中，后者收录于《真宗全书》。

以上广略两本之外，还有法照记述自己在五台山亲身经历的灵异的《灵验记》，相当于圆仁的《入唐新求圣教目录》中所见的《五台山大圣竹林寺释法照得见台山境界记》。此《灵验记》现今已经无存。不过，在《宋高僧传》《广清凉传》的法照事迹中，保留了相当篇幅这方面的记述。

总而言之，虽然也存在有以法照之名而流传的其他著作或断简，但是现在我们所能见到的系统性的法照著作，就是这《法事赞》三卷与《略法事赞》两书。广略两本《法事赞》中所显示的法照的宗教，是声音的宗教，是梵音、梵呗的宗教。

> 《法华》《维摩》等经，有以音声语言而作佛事，又声名句文为诸教体。（略本）

法照非常认可佛教音声的重要性。声音与音律相协调的话，最为优美且尊贵。法照的《法事赞》，注重选择有好音声之人而举行。合于音律的诵经、赞咏、念佛，即是所谓的梵音、梵呗。阿弥陀佛传授与法照的念佛法是：

> 无价梵音五会念佛（广本卷中）

在中国，梵音、梵呗之法从六朝时代开始渐次发达。《梁高僧传》为表彰善梵呗者，特在十科中设置一科。唐代的净土教徒当中，善导有《法事赞》与《往生礼赞》，慈愍有《般舟三昧赞》，实践性格很强的净土教徒，特别重视梵呗。法照净土教的显著特点，是充分利用梵呗之法，鼓吹净土信仰，制定净土教徒的实践修行仪轨，并以集团的形式布教传道。两书的主旨都是显示实践行的，不是以教义论述为主。

注释

[1] 经名下小注所说的宋求那跋陀罗译的《阿弥陀经》，《开元释教录》卷 17、《贞元新定释教目录》卷 24，皆说当时已缺。据此，则不可能流传于法照时代的长安地方。

[2] 据《鸣沙余韵》94，持咒功德文中说："今更勘梵本，并对问婆罗门僧毗尼佛陀僧伽等，知此咒威力不可思议云。"虽然文中所说的婆罗门僧是否实有其人尚有可疑，此段事实也难以遽然采信，不过，开元时代，这样的咒语及持咒功德文被使用，是可以肯定的。

[3] 如前注中所说，开元《阿弥陀经》后文中，在述说持诵《阿弥陀咒》功德之时，有云"不可思议"，这让人联想起《不思议神力传》。参考矢吹博士的《鸣沙余韵解说》，282 页。

第八章

五会念佛

五会念佛，是法照在大历年间，于南岳承远的道场内，依据《无量寿经》所说而创作的带有音乐曲调的念佛法。[1]

《略本》中的小注中说：

> 梁汉沙门法照，大历元年夏四月中起，自南岳弥陀台般舟道场，依《无量寿经》作。（T47，476 页上）

广本中进一步详述说，此法是亲从阿弥陀佛所传授。相关文句，在法照传记条下已经引述过。为了方便理解，再次抄录如下：

> 智者当知，此五会念佛诵经法事观门，实非自意。……照以永泰二年（十一月改元大历）四月十五日，于南岳弥陀台，广发弘愿，唯为诸众生，更无所求，尽此一形，每夏九旬，常入般舟念佛道场。其夏以为初首，既发愿竟，即入道场，勇猛虔诚，至第二七日夜……须臾即至阿弥陀佛所。

……阿弥陀佛欢喜微笑，告法照言："……我有妙法，无价珍宝，今付嘱汝。今将此法宝，于阎浮提广行流布，普利天人，无量众生遇斯法宝，皆得解脱。"……佛言："有一无价梵音五会念佛法门，正兴彼浊恶世，今时末法一切众生，机感相应……如是《无量寿经》说宝树五音声，即斯五会佛声是。以是因缘，便能称念佛名，报尽定生我国。汝等未来一切贫苦众生，遇斯五会念佛无价宝珠，贫苦皆除。亦如病得药，如渴得浆……即此一生，定超苦海，登不退转，速具六波罗蜜一切种智，疾得成佛，受胜快乐，亦复如是。"言讫，彼佛国界，佛菩萨众，水鸟树林，皆悉五会念佛诵经。

法照粗记……阿弥陀佛言："汝但依此五会念佛诵经之时，我此国土水鸟树林，诸菩萨众，无量音乐，于虚空中，一时俱和念佛之声。令于一切之处人非人等，亦不劳汝，一一亲自化之，但见闻者，无不发心欢喜信受而便念佛，至命终时我来迎接，决定有大利益，已后应知。"言讫，忽然还见自身而在道场，睹斯境界，悲喜勇跃。依教念佛，自尔已来，迄至于今，果如先说。（T85，1253页中—1254页上）

简要言之：

第一，五会念佛是法照在三昧中得阿弥陀佛亲授的无价梵音念佛，也即是无上最尊的念佛法。

第二，无价梵音念佛法，是与极乐世界水鸟树林的音声相唱和的念佛法。

第三，五会念佛法是所有念佛法中功德利益最大的念佛法，是救度末法众生的至宝，特别是在五浊恶世的现在。

如上法照所述，极乐世界自然界的音声皆与五会韵律相和。法照在《净土五会赞》中描述说："微风五会声""弥陀五会声""空中开梵响，五会长劫常""花开五会声""水声含五会"（T85，1264页中）。

法照相信，西方极乐世界是一个充满五会音声旋律的世界，如果将此极乐世界的旋律移植到我们的念佛上，就能使念佛发挥出最大的功德，使往生净土得到保证。

其实，《无量寿经》所说的"念佛"，本来是"想念佛"的意思。不过，中土的净土教徒们在实修中，大多采取出声唱念佛名的方式，即所谓的称名念佛。尤其是道绰、善导一门，称名尤为盛行。如善导门下的怀感就劝令高声念佛：

> 《大集日藏分经》言，大念见大佛，小念见小佛。大念者，大声称佛也。小念者，小声称佛也。斯即圣教，有何惑哉！现见即今诸修学者，唯须励声念佛，三昧易成，小声称佛，遂多驰散。（《释净土群疑论》卷7，T47，76页下）

在唐代中期，善导一门的净土教占据指导性的地位，称名念佛非常盛行，带有净土特色的法会仪式特别发达。法照受这种风气的影响，劝进称名念佛，并亲自撰写《高声念佛赞》（收于广本卷下）。在遍及僧俗男女的净土教徒之间，宗教仪式发达之际，客观上需要一种多人唱和的念佛法，于是催生了一种带有曲调的念佛法，所谓的引声念佛由此登场并流行。引声念佛，在承远、法照的故乡四川地方，甚至连禅门的传法仪式当中都被采用。

在这样的时代背景中出现的法照，为称名念佛赋予净土经典的依据，又对其加上与净土五会音声相唱和的神秘说明，这使得念佛教徒们对此更加喜闻乐见。尤其要注意的是，法照将称名念佛神圣化为"极乐的音声""佛的亲授"，并到处强调这种能与佛界相唱和的五会念佛的广大功德。[2]法照的这种超越理论性的、建立在灵感启示信仰上的主张，使得他得以极大地发挥其净土教作为宗教的热情并增强其传播力度。

那么，法照的五会念佛，到底是怎样的念佛法呢？首先看一下法照自己的说明：

> 又释五会念佛，五者会是数，会者集会。彼五种音声，从缓至急，唯念佛法僧，更无杂念。（略本，T47，476 页中）
>
> 此五会念佛声势，点大尽长者，即是缓念，点小渐短者，即是渐急念，须会此意。（略本，T47，476 页中）

此外，法照共在三处谈及五会念佛。为方便对比其三处表述的不同，将其三处之文罗列对照如下：

（略本）	五会赞（略本）	叹西方净土五会妙音赞（广本、略本）
第一会，平声念南无阿弥陀佛	第一会时平声入	第一会时除乱意

唐中期的净土教

（略本）	五会赞（略本）	叹西方净土五会妙音赞（广本、略本）
第二会，平上声缓念南无阿弥陀佛	第二极妙演清音	第二高声遍有缘
第三会，非缓非急念南无阿弥陀佛	第三盘旋入奏乐	第三响扬能哀雅
第四会，渐急念南无阿弥陀佛	第四要期用力吟	第四和鸟真可怜
第五会，四字转急念阿弥陀佛	第五高声唯速念，闻此五会悟无生	第五震动天魔散，能令念者入深禅

要之，五会念佛法，是将南无阿弥陀佛的唱法按照高低缓急的不同分为五种而进行。大体是在第一会之时，用缓和的平声而念，然后渐次转为高声急速的念佛，至第五会，略掉南无，以四字高声急速而念。从"点大尽长者，即是缓念，点小渐短者，即是渐急念"中可以得知，当时为了方便学习唱和，在"南无阿弥陀佛"字体的一边，标记上了谱有曲调的某种符号。现在，这种标记有符号的《五会法事赞》已经不传，故此，也无法确知五会念佛的具体曲调。

不过，我国的圆仁在法照寂后尚被尊崇之际造访五台山竹林寺，得到《五会念佛略法事仪赞》，并携来我国。同时，也将"五台山念佛法"传来，在比叡山设立常行堂传授与弟子，并遗命弟子，要让常行堂的念佛永不断绝。圆仁所传来的五台山念佛法，推测应该就是法照的五会念佛，或者与之相近的念佛法。

另外，我国安然的《金刚界大法对受记》中，有这样一段记述：

> 昔斯那国法道和上，现身往生极乐国，亲闻水鸟树
> 林念佛之声，以传斯那。慈觉大师入五台山，学其音曲，
> 以传睿山，此有长声二声合杀五声。(T75，179 页中)

记述了法照五会念佛的流传情况。虽然将五会念佛明确为是一种带有音曲性的念佛，但是仅凭"长声二声合杀五声"，仍然无法得知实际的曲调。也有观点认为，五台山传来的念佛法和于"涉河鸟曲"。(《体源钞》3，《乐家录》31) 由于我本人对声明、雅乐不通，具体这种曲子是何种曲调也不能确知，也无法断定这种说法的对错。

比叡山常行堂的念佛在平安时代大为流行，并流传至镰仓时代，现如今真如堂的引声念佛据称也属于这个系统。另外，真宗也流传五会念佛法，据说现今仍在实修。[3]

这些多大程度地真实传达了法照五会念佛的音曲不能明确。但是，通过以上的记述可以确定，法照的五会念佛是带有高低缓急曲调的五种念佛唱法。宋代的志磐将五会念佛解释为"当是五日为一会耳"，显然是错误的。

注释

[1]《略本》云：

> 问曰：五会念佛，出在何文？答曰：《大无量寿经》云，或
> 有宝树……行行相值，茎茎相望，枝枝相准，叶叶相向，华华相

顺，实实相当，荣色光耀，不可胜视。清风时发，出五会音声，微妙宫商，自然相和，皆悉念佛念法念僧。其闻音者，得深法忍，住不退转，至成佛道。（T47，476 页上—中）

[2] 如《广本》卷中，借阿弥陀佛之语，称扬五会念佛的功德说：

> 汝等未来一切贫苦众生，遇斯五会念佛无价宝珠，贫苦皆除。亦如病得药，如渴得浆，如饥得食，如裸得衣，如暗遇明，如过海得船，如遇宝藏必获安乐。何以故。彼诸众生，遇斯法宝，便能念佛，即此一生，定超苦海，登不退转，速具六波罗蜜一切种智，疾得成佛，受胜快乐。（T85，1253 页下）

略本中，以更加排比的句式赞说五会念佛的利益：

> 即于此生，为能离五浊烦恼，除五苦，断五盖，截五趣，净五眼，具五根，成五力，得菩提，具五解脱，速能成就五分法身。五会念佛，功力如斯，最胜无比。尽此一形，顿舍最后凡夫之身，生极乐国，入菩萨圣位，得不退转，疾至菩提。（T47，475 页中）

此外，广略两本中所收录的《五会赞》（略本）、《叹西方净土五会妙音赞》（广本、略本）、《极乐五会赞》（广本、略本）、《赞五会妙音赞》（广本、略本）等，都是宣扬赞叹五会念佛的赞诗。

如广本"我有妙法无价珍宝，今付嘱汝，今将此法宝，于阎浮提广行流布，普利天人"所说的那样，法照始终相信，弘传流布五会念佛是阿弥陀佛托付与自己的使命，他毕生不遗余力，致力于弘扬此道。

[3] 例如，本愿寺的梵呗集中收录的五会念佛，曲调如下：

第一会　平声缓念（律曲的调子平调）

都而五句，初句调声，二句开始同音

第二会　平上声缓念平调

第三会　非缓非急念调子下无调

第四会　渐急念调子双调

第五会　四字转急调子黄钟调

以博士点标记的谱本，也保存的有。发端于圆仁的比叡山常行堂的发展沿革，参阅拙著《常行堂の研究》。最近，羽塚坚子氏出版有《引声考》，提供了颇为丰富的资料。其作在史传考证方面，与本人的见解虽不尽相同，但其对声明造诣颇深，在这方面有独到之处。尤其是对真宗所传的念佛法与五会念佛的关系，论述颇为精到，本人也深受启发。

第九章

《五会法事赞》所收的赞诗

第一节　赞诗的数量与作者类别

　　如前所述，法照的《五会法事赞》广略两本，可以说几乎是赞诗的集成。收录于两本中的赞诗，广本四十七种（卷中十八种，卷下二十九种），略本四十种（其中，广本第十三、略本第十二的《请观世音菩萨赞》是陀罗尼）。两本中，有部分重复。现将两本中所收录的赞诗分列如下：

广本	撰者	略本	略本	撰者	广本
一、宝鸟赞	善导《法事赞》中的一节	1	一、宝鸟赞		1
二、观经十六观赞	释净退	26	二、维摩赞		4
三、阿弥陀经赞	释净退	27	三、相好赞		
四、维摩赞		2	四、五会赞	释法照	

续表

广本	撰者	略本	略本	撰者	广本
五、涅槃赞			五、净土乐赞	释法照	12
六、般舟赞	释慈愍和上	9	六、离六根赞	释法照	14
七、道场赞		13	七、正法乐赞		
八、无量寿佛赞		22	八、西方乐赞		
九、观世音赞		23	九、般舟三昧赞	慈愍和尚	6
十、大势至菩萨赞		24	十、菩萨子赞文		
十一、出家乐赞		17	十一、鹿儿赞文		
十二、净土乐赞	(法照)	5	十二、请观世音赞文		13
十三、请观世音菩萨赞		12	十三、道场乐赞文		7
十四、六根赞		6	十四、往生乐愿文		
十五、〔净土礼赞〕	(彦)琮法师	35	十五、小般舟三昧乐赞文		
十六、归西方赞			十六、相观赞文		
十七、西方礼赞文	善导和上		十七、出家乐赞文		11
十八、归西方赞			十八、愿往生赞文		
以上卷中					
十九、依无量寿观经赞	释法照	28	十九、般若赞文		

广本	撰者	略本	略本	撰者	广本
二十、依阿弥陀经赞	释法照	29	二十、小道场乐赞文		
二十一、叹散花供养赞	释神英	30	二十一、大乐赞文		
二十二、净土五会赞	释法照	31	二十二、叹阿弥陀佛赞文		8
二十三、极乐五会赞		32	二十三、叹观世音菩萨		9
二十四、叹五会妙音赞		33	二十四、叹大势至菩萨		10
二十五、极乐欣厌赞	释灵振		二十五、叹大圣文殊师利菩萨		
二十六、极乐庄严赞	释法照	34	二十六、观经十六观赞	释净遇	2
二十七、厌此娑婆愿生净土赞	慈愍和上		二十七、阿弥陀经赞文	(净遇)	3
二十八、归向西方赞			二十八、新无量观经赞	法照	19
二十九、念佛之时得见佛赞			二十九、新阿弥陀经赞	(法照)	20
三十、高声念赞	释法照		三十、叹散花供养赞	(神英)	21
三十一、极乐宝池赞			三十一、叹西方净土五会妙音赞	(法照)	22
三十二、六道赞			三十二、极乐五会赞		23

续表

广本	撰者	略本	略本	撰者	广本
三十三、叹弥陀观音势至赞	释法照		三十三、叹五会妙音赞		24
三十四、西方十五愿赞			三十四、极乐庄严赞	（法照）	26
三十五、极乐连珠赞			三十五、〔净土礼赞〕	（彦琮）	15
三十六、归西方赞	沙门法照		三十六、〔藏钩乐赞文〕		
三十七、四十八愿赞			三十七、父母恩重赞文		
三十八、随心叹西方赞	沙门惟休		三十八、新华台赞文		
三十九、西方杂（一本作"新"）赞			三十九、述观经九品往生赞文		
四十、西方赞	善导和上		四十、劝修行偈		
四十一、慈愍三藏西方赞	慈愍三藏				
四十二、西方极乐赞	释法照				
四十三、净土五会赞	沙门法照				
四十四、西方极乐赞	沙门法照				
四十五、净土法身赞	释法照				
四十六、净土五字赞					

续表

广本	撰者	略本	略本	撰者	广本
四十七、厌苦 归净土赞					
以上卷下					

注：广本第十六、十八、三十六《归西方赞》，以及第四十二、四十四《西方极乐赞》，虽赞名相同，然内容不同。

以上略本中所收录的四十种赞中，有十九种是广本中所没有的。将这十九种与广本的四十七种合算的话，实际上法照广略两本中所收录的赞诗共有六十六种之多。不仅在净土教，就是从整个佛教来看，这都是很稀有的赞诗集成。现将这些赞文，按照撰者而分类如下：

一、彦琮

1. 净土礼赞文（广十五，略三十五）

二、善导

1. 宝鸟赞（广一，略一）（出自《法事赞》）

2. 道场赞（广七，略十三）（出自《法事赞》）

3. 西方礼赞（广十七）

4. 西方赞（广四十）

⑤. 往生乐愿文（略十四）

⑥. 小般舟三昧乐赞文（略十五）[1]

三、慈愍（慧日）

1. 般舟赞（广七，略十三）

2. 厌此娑婆愿生净土赞（广二十七）

3. 慈愍三藏西方赞（广四十一）

4. 菩萨子赞文（略十）[2]

四、净邈

1. 观经十六观赞（广二，略二十六）

2. 阿弥陀经赞（广三，略二十七）

五、神英

1. 叹散花供养赞（广二十一，略三十）

六、灵振

1. 极乐欣厌赞（广二十五）

七、惟休

1. 随心叹西方赞（广三十八）

八、法照

1. 净土乐赞（广十二，略五）

2. 六根赞（广十四，略六）

3. 依无量寿观经赞（广十九，略二十八）

4. 依阿弥陀经赞（广二十，略二十九）

5. 五会赞（略四）

6. 净土五会赞（广二十二，略三十一）

7. 净土五会赞（广四十三）

8. 高声念佛赞（广三十）

9. 极乐庄严赞（广二十六，略三十四）

10. 叹弥陀观音势至赞（广三十三）

11. 归西方赞（广三十六）

12. 西方极乐赞（广四十二）

13. 西方极乐赞（广四十四）

14. 净土法身赞（广四十五）[3]

以下各项，拟从以上诸赞中选取应该注意的若干，分别
展开论述。特别是对法照的赞文，将重点论述。

第二节　琼法师《净土礼赞》
（广本十五，略本三十五）

广本中录有三十二首，略本录有十一首。广本赞诗前面
的小注中说："众等诵《观经》诸赞念佛竟，即诵此琼法师、
导和上净土礼赞。诵礼赞竟，即诵后发愿文便散。"（T85，
1249页上）法照选取了当时非常普及的两法师的净土礼赞，
作为五会法事的结束。琼法师，即是深得隋朝廷归依而大为
活跃的彦琼。此《净土礼赞》，不仅在善导的《往生礼赞》的
晨朝礼赞中转用了十九首，而且在我国正仓院秘藏的《圣武
天皇宸翰杂集》中，作为《隋大业主净土诗》而录有三十二
首。可知在唐代净土教徒之间曾广为传播。

关于《宸翰杂集》的净土诗，岩井大慧氏将之与善导所
引的十九首及法照略本所引的十一首作了比较，发表了详细
精密的研究。[4]如今借由敦煌新出的广本，可以与宸翰净土诗
的全部三十二首作比较对照。对比两者，可以发现有若干前
后顺序与字句的不同（如下表所示）。但两者系同一资料是明
确的。这给研究隋唐净土教，特别是隋唐净土赞诗的发达，
提供了宝贵的资料。

广本	宸翰	广本	宸翰
1	一	17	十七、十四
2	二	18	十八、二十四
3	四	19	十九
4	六	20	二十
5	七	21	二十一
6	八	22	二十二
7	九	23	二十三
8	十	24	二十四、十八
9	十一	25	二十五
10	十二	26	二十六
11	十三	27	二十七
12	三	28	二十八
13	五	29	二十九
14	十五	30	三十
15	十六	31	三十一
16	十四、十七	32	三十二

以下，尝试对字句出入较多的法照广本中的第十八、二十四两首诗与宸翰净土诗对照，以显示两本合校研究的必要，以及在善导《往生礼赞》的研究方面，广本也是珍贵的资料。

法照	宸翰	善导	备注
十八	十八	缺	
恒明四海色	恒明四海色		
高贮一瓶光	高贮一瓶光		

法照	宸翰	善导	备注
真珠和日月	①莲开人独处		① 以下两句，为法照第二十四首的三、四句。
②映地乃千光	波生法自扬		② 以下三句，为宸翰第二十四首的二、三、四句。
闻声开旧习	珠璎和日月		
宝树镜他方	风树合宫商		
③弦歌空里唱	④倘如今所愿		③ 此句宸翰中无。 ④ 以下两句法照中无。
风树合宫商	何夫得真常		
二十四	二十四	十一	
坐花非一像	座花非一像	坐华非一像	
圣众亦难量	⑤映地乃千光	圣众亦难量	⑤ 以下三句，为法照第十八首的四、五、六句。
⑥莲花人独处	钟声闻旧习	莲开人独处	⑥ 以下两句，为宸翰第十八首的三、四句。
波生法自扬	宝树镜他方	波生法自扬	
无灾由处静	无灾由处静	无灾由处静	
不退为用良	不退为朋良	不退为朋良	
问非前生辈	问非前生辈	问彼前生辈	
来斯几劫强	超斯几劫长	来斯几劫强	

宸翰净土诗的第十八、二十四两首中，似乎存在句子的错杂。法照的第二十四首与善导的一致，在这一点上似乎是正确的。但是，"莲花人独处"的"花"字，宸翰与善导都作"开"，应该是"开"字之误。如上所示，要想得到彦琮礼赞正确的文本，应该将法照、善导的引用与宸翰本合校。同样的方法，也适用于善导的礼赞与法照的五会赞。

第三节 善导的述作

（一）西方礼赞文 善导和上（广本十七）

法照在广本中，将善导礼赞文与彦琮的《西方礼赞》一起，用作法会的结束之文。赞文共由十八首诗偈组成，其中七言八句十五首，七言十句两首，七言十五句一首。

这十八首与流传于日本的善导《往生礼赞日中偈》相对照，会发现相通的有六首，其他是《日中偈》中所没有的。在《日中偈》所没有的十二首中，其中有五首与广本卷下慈愍三藏的《西方赞》（广本四十一）相通。今试将三者对照如下。

甲：广本善导和上《西方礼赞文》

乙：日本流传的善导《往生礼赞日中偈》

丙：慈愍三藏《西方赞》

甲	乙	丙
1		
2		

甲	乙	丙
3		
4		
5		
6		
7		
8	1	
9		1
10	15	
11	16	
12	17	
13		2
14		5
15		3
16	7	
17		12
18	18	

由上可以看出，广本所独有的赞只有第一至第七七首。鉴于善导《往生礼赞》在日本净土各宗的重要性，[5]今将三者全文对照如次。

甲 (《五会法事赞》广本)	乙 (善导《往生礼赞》)	丙 (慈愍《西方赞》)
1 欲知何处苦偏多	缺	缺
惟有泥犁更莫过		

甲 （《五会法事赞》广本）	乙 （善导《往生礼赞》）	丙 （慈愍《西方赞》）
罪人一入迳尘劫		
受苦从倾无奈何		
渴饮融铜登剑树		
饥餐猛火渡灰河		
愿离此苦生安乐		
求生净土见弥陀		
2 普共道场敬三宝	缺	缺
地狱寒心不忍闻		
一堕此苦恒沙劫		
不知年岁永沉沦		
遍身猛火钻心出		
五百铜狗竞来分		
灰河一日千回度		
犹被拔舌绞刀轮		
众生如何不念佛		
故故将身入苦门		
3 思惟饿鬼实堪怜	缺	缺
遍体由来猛焰然		
两耳不闻浆水字		
一身唯有骨相连		
值食将餐便作火		
临河欲饮见枯泉		
愿离此苦生安乐		

续表

甲 (《五会法事赞》广本)	乙 (善导《往生礼赞》)	丙 (慈愍《西方赞》)
长处西方坐宝莲		
4 迷途一配畜生身	缺	缺
遥历多年受苦辛		
严冬露地居寒雪		
盛夏当街卧暗尘		
衣裳尽用皮毛覆		
饮食唯将水草珍		
愿离此苦生安乐		
长处西方坐宝莲		
5 人身虽复甚难求	缺	缺
得已还生万种忧		
始见红颜花欲茂		
俄然白发飒成秋		
魂飞魄散身归冢		
命尽形消肉粪丘		
如何不乐生安乐		
永座金台佛国游		
6 五浊众生难共语	缺	缺
十恶凡夫异种痴		
贪爱眼前财色利		
不觉此身霜露危		
无常杀鬼临头上		
忽被他将谁得知		

续表

甲 （《五会法事赞》广本）	乙 （善导《往生礼赞》）	丙 （慈愍《西方赞》）
不肯今时专念佛		
临终翻悔欲何为		
7 大众欲作西方业	缺	缺
有罪无罪自应知		
闻身康强不修福		
临渴掘井水难期		
旧日少年凶猛盛		
如今日发乱如丝		
眼见死时归大地		
不修十善待何时		
8 观彼弥陀极乐界	观彼弥陀极乐界	缺
广大宽平众宝成	广大宽平众宝成	
四十八愿庄严起	四十八愿庄严起	
超诸佛刹最为精	超诸佛刹最为精	
本国他方大海众	本国他方大海众	
穷劫算数不知名	穷劫算数不知名	
普劝归西同彼会	普劝归西同彼会	
恒沙三昧自然成	恒沙三昧自然成	
9 释迦慈心遍法界	缺	释迦慈心遍法界
蠢动含识普昏怜		蠢动含识普皆怜
意欲化令俱解脱		意欲化令皆解脱
众生罪业共无缘		众生罪业共无缘
所以总教归净土		所以总教归净土

续表

甲 (《五会法事赞》广本)	乙 (善导《往生礼赞》)	丙 (慈愍《西方赞》)
弥陀宿昔有深因		弥陀宿昔有缘因
非但娑婆人独往		非但娑婆人独往
他方去者亦无边		他方去者亦无边
10 上辈上行上根人	上辈上行上根人	缺
求生净土断贪瞋	求生净土断贪瞋	
就行差别分三品	就行差别分三品	
五门相续助三因	五门相续助三因	
一日七日专精进	一日七日专精进	
毕命乘台出六尘	毕命乘台出六尘	
庆哉难逢今得过	庆哉难逢今得遇	
永证无为法性身	永证无为法性身	
11 中辈中行中根人	中辈中行中根人	缺
一日斋戒处金莲	一日斋戒处金莲	
孝养父母教回向	孝养父母教回向	
为说西方快乐国	为说四方快乐国	
佛与声闻众来取	佛与声闻众来取	
直到弥陀花座边	直到弥陀花座边	
百宝花笼经七日	百宝花笼经七日	
三品莲开证小真	三品莲开证小身	
12 下辈下行下根人	下辈下行下根人	缺
十恶五逆等贪瞋	十恶五逆等贪瞋	
四重偷僧谤正法	四重偷僧谤正法	
未曾惭愧悔前愆	未曾惭愧悔前愆	

续表

甲 (《五会法事赞》广本)	乙 (善导《往生礼赞》)	丙 (慈愍《西方赞》)
终时苦相皆云集	终时苦相如云集	
地狱猛火罪人前	地狱猛火罪人前	
忽过往生善知识	忽遇往生善知识	
急劝专称彼佛名	急劝专称彼佛名	
	化佛菩萨寻声到	
	一念倾心入宝莲	
	三业障重开多劫	
	于时始发菩提因	
13 弥陀摄化无厌足	缺	弥陀摄化无厌定
悲心常绕世间行		悲心常绕世间行
但有倾诚能念佛		但有倾诚能念佛
毫光直照目前明		毫光直照目前明
十方世界微尘众		十方世界微尘众
同时命尽愿皆生		同时命尽愿皆生
讣彼众生心乐欲		计彼众生心乐欲
分身遍布一时迎		分身遍布一时迎
14 菩萨道成皆为物	缺	菩萨道成皆为物
众生未熟道成难		众生未熟道成难
为待化缘兜率往		为是化缘兜率住
时时向下谛心观		时时向下谛心观
人年八万方成道		人年八万方成道
三会逢缘证涅槃		三会逢缘证涅槃
且共回心生净土		具共回心生净土

甲 (《五会法事赞》广本)	乙 (善导《往生礼赞》)	丙 (慈愍《西方赞》)
临时随意往来看		临时随意往来看
15 观彼弥陀与眷属	缺	观彼弥陀与眷属
久于曩劫植洪因		久于曩劫植洪因
凡圣等皆同相好		凡圣等皆同相好
人天一种紫金身		人天一种紫金身
宝树宝楼飞宝阁		宝树宝楼飞宝阁
宝池宝地宝成莲		宝池宝地宝成莲
地及虚空贤圣满		地及虚空贤圣满
花中总是化生人		花中总是化生子
16 西方净土甚精华		缺
宝池宝岸宝金沙	宝池宝岸宝金沙	
天乐音声常遍满		
宝渠宝叶宝莲花	宝渠宝叶宝莲华	
十二由旬皆正等	十二由旬皆正等	
宝罗宝网宝栏遮	宝罗宝网宝栏巡	
德水分流寻宝树	德水分流寻宝树	
闻波睹乐证恬葩	闻波睹乐证恬怕	
寄语有缘同行者	寄语有缘同行者	
努力翻迷还本家	努力翻迷还本家	
17 十方三世声闻众	缺	十方三世声间众
穷劫算数不能知		穷劫算数岂能知
诸佛如来方便化		诸佛如来方便化
咸令至果断贪瘶		咸令至果断贪痴

续表

甲 (《五会法事赞》广本)	乙 (善导《往生礼赞》)	丙 (慈愍《西方赞》)
指示西方安乐国		指示西方安乐国
闻名皆恨往生迟		闻名皆恨往生迟
解脱之人犹愿乐		解脱之人犹愿乐
凡夫不去欲何为		凡夫不去欲何为
18 乐何谛乐事难思议	乐何谛乐事难思议 *	缺
无边菩萨为同学	无边菩萨为同学	
性海如来尽是师	性海如来尽是师	
渴闻般若绝思浆	渴闻波若绝思浆	
念服无生即断饥	念食无生即断饥	
一切庄严皆说法	一切庄严皆说法	
无心领纳自然知	无心领纳自然知	
七觉花池随意入	七觉花池随意入	
八辈凝神会一枝	八辈凝神会一枝	
弥陀心水沐身顶	弥陀心水沐身顶	
观音势至与衣披	观音势至与衣披	
欻尔腾空游法界	欻尔腾空游法界	
须臾受记号无为	须臾受记号无为	
如此逍遥快乐处	如此逍遥无极处	
人今不去待何时	吾今不去待何时	

注: * 此节据智昇忏仪本。敦煌出善导礼赞亦与此相同。

在现行的善导《往生礼赞》中，善导自云，此赞文是据《观经》十六观而作。善导此语与赞文的内容非常符合。收录于智昇《集诸经礼忏仪》卷下的善导礼赞，内容与《往生礼赞》也几乎完全一致。另外，如前所述，北平图书馆（译者按：今中国国家图书馆）也存有敦煌流出的、被视为是唐代抄本的《往生礼赞》断简，跟所谓的善导礼赞相同，而跟法照所用的不一样。据此，或许法照并非直接从善导的《往生礼赞》中引用，而是用了当时被称作善导作的别行的《礼赞》文本，又或是他对善导的《往生礼赞》作了取舍，然后又以善导之名而用也未可知。[6]在歌唱地狱之苦部分，稍微带有一点俗调，与善导的风格似有出入。又，赞文中有部分与慈愍的《西方赞》重合，让人怀疑是不是法照将"与善导异时同化"的慈愍与善导混同了，将慈愍之作混入到了善导之作中，又或者此赞原本是慈愍借鉴善导的礼赞而作，被归入到了善导的名下。总之，慈愍被视为与善导异时同化，从此赞文上也可以看得出来。

（二）西方赞　善导和上（广本四十）

共有七言赞诗一百零七句，在善导的《往生礼赞》中全部都收录有，可以说是善导《礼赞》的略抄本。有两点需要注意。一、第九十三句以下，与智昇所收的善导礼赞的最后一节非常一致。二、与前者同样，与日本现行本不一致。

（三）宝鸟赞（广本一，略本一）

由七言句二十句构成，如下所示，与善导《法事赞》下所出的赞文几乎完全一致。虽然没有给出善导之名，但是可以看作是从善导的《法事赞》中所抄出（参照《演底》卷1）。

法照五会宝鸟赞	善导法事赞
极乐庄严间杂宝	极乐庄严间杂宝

续表

法照五会宝鸟赞	善导法事赞
实是希有闻未闻	实是希奇闻未闻
宝鸟临空赞佛会	宝鸟临空赞佛会
哀怨雅亮发人心	文文句句理相同
昼夜连声无有息	昼夜连声无有息
文文句句理相同	哀怨雅亮发人心
或说五根七觉分	或说五根七觉分
或说八圣慈悲门	或说八圣慈悲门
或说他方杂恶道	或说他方离恶道
或说地狱对人天	或说地狱封人天
或说散善波罗蜜	或说长时修苦行
或说定慧入深禅	或说无上菩提因
或说长时修苦行	或说散善波罗蜜
或说无上菩提因	或说定慧入深禅
菩萨声闻闻此法	菩萨声闻闻此法
处处分身转法轮	处处分身转法轮
愿此法轮相续转	
道场众等益长年	
众等回心生净土	众等回心皆愿往
手执香花往西方	手执香华常供养

两者之间虽然存在有语句颠倒以及字词的小异，但基本雷同。只是法照的宝鸟赞，在最后一节中增加了两句而已。在作为结尾的发愿的一节颂中，表达了对参加道场的信众延年益寿的祈愿，作为中国人的宗教，这应该会感到颇为亲切

吧（善导的《观念法门》中，也有"即蒙护念，即得延年转寿长命安乐"之句）。

（四）道场赞（广本七，略本十三）

句式为七言十六句。虽未给出著者之名，但与善导《法事赞》卷下的一段赞文高度一致，只有两三个字句作了改变。《演底》说此赞全由善导法事赞中抄出，应为确论。

（五）往生乐愿文（略本十四）

由七言二十一句组成，其中有十句与善导《法事赞》文句相同，另有部分文句与善导《般舟赞》相同。东日的《演底》卷2中认为，此赞原本的句式是：

> 往生乐往生乐（无量乐），得生净土报师恩（弥陀佛）。
>
> 人能念佛佛还念（无量乐），专心想佛佛知人（弥陀佛）。

在传写的过程中，"往生乐往生乐"一句脱漏了。这种推定应该是正确的。与善导赞文的对比，可以参照《演底》。

（六）小般舟三昧乐赞（略本十五）

东日认为，赞名加"小"字，是因有慈愍作《般舟三昧赞》在前，为表达谦逊故。此赞没有给出作者之名，推测或系法照之作。不过，不少文句与善导《般舟赞》相雷同。东日认为，此赞也存在有传写之误，并对全文作了整理。具体详情，参阅《演底》卷2。

以上收录了法照广略两本中标有善导之名的赞两种，另有四种虽未标出善导之名，应系从善导著述中抄录而出，或者是对善导原作的改作。不仅如此，法照在广本的说明之文中，也有引用善导之语。这充分说明，法照净土教蒙受善导的影响最大。

第四节 慈愍的述作

（一）般舟（三昧）赞 释慈愍和上（广本六，略本九）

广略两本除有少许句子的前后错位，以及文字略有出入之外，几乎相同。如略本所示：

> 般舟三昧乐（愿往生），专心念佛见弥陀（无量乐）。
> 普劝回心生净土（愿往生），回向念佛即同生（无量乐）。
> 般舟三昧乐（愿往生），专心念佛见弥陀（无量乐）。
> 旷劫已来流浪久（愿往生），随缘六道受轮回（无量乐）。
> （T47，481 页上）

"般舟三昧乐（愿往生），专心念佛见弥陀（无量乐）"之句，每隔两句反复出现。广本中，只在开头的地方出现一次，后文中省略了。不过，在实际的法事操作中，应当是采取略本这样的形式。"般舟三昧乐、愿往生、无量乐"等语句，在善导的《法事赞》《般舟赞》中反复运用，从中可以看出，慈愍受到了善导净土教的影响。

赞文标题后的小注中说，此赞"依《般舟三昧经》"——乃是依据《般舟三昧经》而作。然而，赞文中却（依《观佛三昧经》）详说六道轮回特别是地狱的苦难。又赞说今日得值念佛法门、弥陀誓愿，当得往生。文中出现的四十八愿也罢，闻名念佛来迎也罢，称名灭罪也罢，这些理念都是出自纯粹的净土经典，《般舟三昧经》中几乎见不到这样的内容。而且，《般舟三昧经》所说的念佛的目的，也未必是如此。最初将《般舟三昧经》的般舟三昧转用作纯然的往生净土之业的著作，是善导的《法事赞》《般舟赞》等。将善导在《法事赞》《般舟赞》两书中反复应用的"般舟三昧乐、愿往生、无量乐"加以使用，从中可以看出善导教对慈愍、法照的影响之大。

> 彼佛因中立弘誓，闻名念我总迎来，
> 不简贫穷将富贵，不简下知与高才。
> 不简无非净土业，不简外道阐提人，
> 不简长时修苦行，不简今日始生心。
> 不简多闻持净戒，不简破戒罪根深，
> 但使回心多念佛，能令瓦砾变成金。
>
> （T85，1246 页下）

此赞中的这段文句，被标榜"偏依善导"的源空在《选择集》等所引用，并深为其门人弟子所爱读诵，成为其宗义的重要依据。

此外，此赞的"大会时及亡者处诵"的小注，也很意味深长。此注暗示，五会法事有时也作为对死者的追善法会而举行。

（二）厌此娑婆愿生净土赞　慈愍和上（广本二十七）

由七言句二十句组成。此赞述说三界、六道轮回之苦，至诚归命阿弥陀佛、称名念佛相续，则得临终蒙佛来迎。跟前一赞同样，此赞的理念很明显地体现了善导教义的特征。

（三）慈愍三藏西方赞（广本四十一）

此赞在广本卷下的善导和上《西方赞》之后，是由七言九十六句组成的长赞。此赞亦是据净土经典而作，劝进念佛往生，与善导等的教义几乎无异。尤其意味深长的是，与前所述广本卷中的《善导西方礼赞文》语句一致之处颇多。

原本慈愍是引导承远进入念佛专修之门的人，而法照是入承远门下而修念佛之业。故此，法照的五会念佛法会中选用慈愍所作的赞，是再自然不过的事情了。这里所用的慈愍的三首赞诗，与道绰、善导的净土教理念颇为一致。这也从侧面证明了，前面所述玄宗时代长安地方的净土教，是在道绰、善导的引导下而展开的。

又，对于慈愍，《宋高僧传》卷 29 中评述说：

其道与善导、少康异时同化也。（T50，890 页中）

戒珠的《净土往生传》卷中也说：

其为潜心诱俗，与道绰、善导诸贤近之。（T51，120 页中）

两书的评价颇为中肯。与此同时，在慈愍的著述尚不完整的现状下，敦煌所出广本也提供了宝贵的新资料。

菩萨妙行虽无量，当知念佛最为先。

乘此因缘生净土，须臾即至世尊前。

三藏微言真圣教，难逢难过亦难逢。

动经恒沙河劫数，知有西方净土门。

一念须心出生死，终身不退佛迎魂。

（T85，1264 页上）

从此赞诗的语句当中，可以看出慈愍对念佛的强调。

第五节　其他诸师的赞

（一）释净遇

（1）观经十六观赞（广本二，略本二十六）

（2）阿弥陀经赞（广本三，略本二十七）

前一赞由七言六十四句组成，后一赞由七言六十句组成。后一赞略本中虽未附作者之名，但由广本的"净遇作"而可得知。净遇应为唐代僧人，其传不详。我国圆仁在《五会法事赞》之外，将净遇的《阿弥陀经赞》单独携来。这说明在圆仁的时代，此赞是作为别行之赞而具有相当的知名度。

法照在咏唱赞诗之时，

第一初观日在西（阿弥陀佛），

端身正坐去昏迷（阿弥陀佛，南无阿弥陀佛）。

见时欲没如悬鼓（阿弥陀佛），

令心坚故莫高低（阿弥陀佛，南无阿弥陀佛）。

（T47，485 页上）

中间每隔一句，交互穿插有"阿弥陀佛"与"阿弥陀佛，南无阿弥陀佛"。对照广本与略本，可以发现两者之间有若干文字出入。据此，略本传写的一些错误，可以借由广本加以订正。此处举《观经十六观赞》中最后两节作为对照：

略本	广本
十五生居九品中	十五生居九品中
净戒重修始业融	净戒熏心业始融
善友教令回愿往	善友教令回愿住
须臾不觉坐莲宫	须臾不觉坐莲宫
十六下生位最卑	十六下生位最卑
业障难消惠发迟	业障难消惠发迟
十年莲胎虽住劫	十年莲胎虽住劫
花开还得悟无生	花开还得悟无为

《演底》认为"无生者，案应是无为，早迟二字同支韵故。玄义云，乘愿往生证无为之法乐。礼赞云，永证无为法性身"，推测"无生"应为"无为"。

此外，《阿弥陀经赞》第五十二句，略本与广本分别是：

光照恒沙法界国　　光照恒沙法界圆

（T47，486 页上）　（T85，1245 页下）

《演底》说，"法界国者，先师云，国字恐误，应是作缘"，认为"国"字是"缘"字的传写之误。其实，从字形上看更像是广本"圆"字的误写。

（二）释神英

叹散花供养赞（广本二十一，略本三十）

略本中缺作者之名。不过，据广本可知是神英之作。神英之传不详。但是，据赞文"往往宣扬五会声"之语，可知他似是归依法照五会念佛之人。又，《广清凉传》卷中以及《宋高僧传》卷21，有五台山法华院神英的传记，其人于开元时代入五台山，以灵感而著名。或许就是此人。暂记于此，俟后再考。

（三）释灵振

极乐欣厌赞（广本二十五）

是七言二百二十句的长赞。灵振之传不详。据赞中"一朝雨堕衡山谷"之语，其人似与南岳衡山有某种关联。推测应是归依法照五会念佛教之人。灵振自许为末法无佛时代的凡夫，罪障深重，久处轮回，今日虽有幸得入圣教，身着法服，然去圣时遥，深叹自力难得解脱。故此鼓吹如今唯有念佛一门可为要务，念佛依托阿弥陀佛的大愿为增上缘，非余门可得比拟。七日七夜专心念佛，超胜其他法门数百年之行，速疾解脱之门无过念佛。其赞大意是劝发厌离秽土、欣求净土的愿心，并劝进念佛之行，主张与法照一致。另外，此赞的末尾部分有十数句赞文与略本的《离六根赞》一致（文字稍有出入）。

（四）沙门惟休

随心叹西方赞（广本三十八）

惟休之传亦不明确。赞文由七言三十六句组成，频频劝令观佛、观察净土之行。推测应是据《观无量寿佛经》而作。法照推崇称名念佛之外，也不废舍观佛观察之行。这一点，是唐代以来中国净土教徒的普遍特征，与主张无观称名一行的日本源空一门的旨趣有所不同。

第六节　法照自作之赞

如前所述，法照大量采用彦琮、善导、慈愍以及其他诸师述作之赞，用于五会念佛法事当中。毫无疑问，法照认同这些赞诗的理念，将这些赞诗看作是法照的教义亦无不可。然而，想要明了地了解法照教义的特征，最终必须依照法照自著的赞文。首先，从明确给出法照之名的赞诗说起。

（一）净土乐赞（广本二，略本五）

广本小注中仅说"依《称赞净土经》，亦通一切处诵"，亦未注明法照之名。不过，略本中明确记载作者为法照。赞诗由七言四句的偈颂十九首组成。各首之初，要诵"净土乐净土乐，净土不思议，净土乐"（前四首）或"净土乐净土乐，西方净土甚快乐，净土乐"（第五首以下）之句。其余各句之后诵"净土乐"之句。《净土乐赞》之赞名，或是据此。广本第五首之后有小注说"此后渐急诵",显示下面的赞诗调子转急。略本与广本稍微存在一些文字的差异,其中略本有两三句误写,可由广本订正。法照自述此赞乃依《称赞净土经》而作,不过,赞诗中提及弥陀本愿、九品往生云云,显然《观无量寿佛经》《无量寿经》也是重要的经典来源。此处,将广本中代表法照教义的赞诗抄出一二如下:

> 净土乐净土乐,西方净土甚快乐,净土乐。
>
> 弥陀本愿大慈悲(净土乐),此地愚人不觉知(净土乐)。
>
> 九品莲开相引接(净土乐),虑恐众生出世迟(净土乐)。
>
> (以下反复出现之句省略)
>
> ……
>
> 如来尊号甚分明,十方世界普流行。
>
> 但有称名皆得往,观音势至自来迎。
>
> ……
>
> 如来本愿特超殊,慈悲方便引凡愚。
>
> 不问众生皆度脱,称名即得罪消除。
>
> ……
>
> 西方净土更无过,阎浮极苦罪人多。
>
> 欲得今生出三界,惟须至意念弥陀。
>
> (T85,1247页下—1248页上)

此处,法照力说本愿、称名、凡夫往生,与善导的理念非常吻合。

(二)（离）六根赞（广本十四，略本六）

广本在题目下标注云"依《大般若经》，通一切处诵"，没有标出作者之名。但是略本题目下有云"依《大般若经》，释法照"，注明作者是法照。赞文从"我净乐我净乐，照见心空了世间，我净乐"开始，此下二十四句，是依《大般若经》而说明"主观的六根常清净，客观的六境原来是空，法性本来无障碍，无来无去了真宗"之理，每句下要加诵"我净乐"之语。略本在此二十四句赞后，注云"已后急诵"。据此，则从此以下变调而唱。将反复吟诵的"我净乐"转为了"难识努力"，且赞的内容也据净土经典而转为了劝发厌离娑婆、欣求极乐为主。

变调以下部分，广本与略本在内容上颇有出入，试对照如下：

广本	略本
妄想眼根缘色转（努力）	妄想眼根缘色转（努力）
妄听界耳被声牵（难识）	妄听耳界被声牵（难识）
妄嗅舌香常染味（努力）	妄臭鼻香舌染味（努力）
妄识身触意尘迁（难识）	妄识身触意尘迁（难识）
难识（努力）　急急断狐疑修福	难识（努力）　普劝念弥陀修福
妄想腾波常没溺（努力）	妄想腾波常没溺（努力）
烦焰猛焰镇烧然（难识）	烦恼猛焰镇烧燃（难识）
上去慈尊迢递远（努力）	为此轮回三界狱（努力）
西方望弥陀道路悬（难识）	生老病死苦常煎（难识）

续表

广本	略本
难识（努力）　急急断狐疑修福	（难识）努力　普劝念弥陀修福
唯有文殊大菩萨（努力）	弥陀宝国实门开（努力）
现今此地五台山（难识）	七宝池中七宝台（难识）
愍念众生沉苦海（努力）	千叶千般千种色（努力）
永劫波中驾法船（难识）	一半含光出水来（难识）
难识（努力）　急急断狐疑修福	难识（努力）　普劝念弥陀修福
弥陀净土甚荣华（努力）	弥陀五会救娑婆（努力）
宝池花开数杂花（难识）	闻者皆能发道芽（难识）
欲得西方长寿乐（努力）	众等倾心勤念佛（努力）
并俗归真早出家（难识）	弃俗归真早出家（难识）
难识（努力）　急急断狐疑修福	难识（努力）　普劝念弥陀修福
出家何以故迟迟（努力）	阎浮浊恶不堪停（努力）
辞奉耶娘悲复啼（难识）	处处唯闻众苦声（难识）
咽苦吐甘恩爱重（努力）	不如专念弥陀号（努力）
如今不忍苦分离（难识）	今生直到宝莲城（难识）
难识（努力）　急急断狐疑修福	难识（努力）　普劝念弥陀修福
入道速分离（努力）	西方宝殿宝池亭（努力）
纯莫守愚迷（难识）	宝林水鸟解人情（难识）
出家即是报恩爱（努力）	鹦鹉和鸣赞三身（努力）
儿能为救拔泥犁（难识）	声中演出大乘经（难识）
难识（努力）　急急断狐疑修福	难识（努力）　普劝念弥陀修福
耶娘莫悲啼（努力）	西方宝树宝根茎（努力）
儿今入道奉尊师（难识）	宝华宝网甚分明（难识）
坐禅诵经常念佛（努力）	宝叶行行相间错（努力）

续表

广本	略本
会当证果得菩提（难识）	宝果重重出化生（难识）
难识（努力）　急急断狐疑修福	难识（努力）　普劝念弥陀修福
慈父门前唤（努力）	宝池宝岸宝莲华（努力）
三车与子期（难识）	宝阶宝底宝金沙（难识）
速来归本国（努力）	下生虽有前生障（努力）
正值法门开（难识）	菩提不发自生芽（难识）
难识（努力）　急急断狐疑修福	难识（努力）　普劝念弥陀修福
八德池中戏（努力）	西方净土雨天衣（努力）
逍遥七宝台（难识）	宝殿空里逐身飞（难识）
千秋听妙法（努力）	一念百味随心至（努力）
万劫不闻哀（难识）	何故众生去者稀（难识）
难识（努力）　急急断狐疑修福	难识（努力）　普劝念弥陀修福
诸佛在心头（努力）	
迷人向外求（难识）	
内怀无价宝（努力）	
不识一生休（难识）	
难识（努力）　急急断狐疑修福	
烦恼绳索牢（努力）	
利磨智慧刀（难识）	
割断愚痴网（努力）	
逍遥上法桥（难识）	
难识（努力）　急急断狐疑修福	
出家刚（努力）	
苦乐自须当（难识）	

广本	略本
观身如泡影（努力）	
念念趣无常（难识）	
难识（努力）　急急断狐疑修福	
地狱门前有何物（努力）	
牛头狱卒在傍边（难识）	
手把铁叉叉入镬（努力）	
纵得人身受苦殃（难识）	
难识（努力）　急急断狐疑修福	
归去来（努力）	
阎浮浊恶不堪停（难识）	
欲得安身长受乐（努力）	
无过净土最为净（难识）	
难识（努力）　急急断狐疑修福	

　　广本"难识（努力）　急急断狐疑修福"与略本"难识（努力）　普劝念弥陀修福"在赞中反复出现，贯穿了赞的始终。此赞的整体内容，与法照在五台山值遇文殊，其为智识转劣的末代凡夫而请求文殊为开示浩瀚佛法中的修行要门，蒙文殊告以"诸修行门，无过念佛。供养三宝，福慧双修，此之二门，最为其要"的教说，前后呼应。故此，推测此赞应是法照在五台山经历感应之后而作。赞中"弥陀五会救娑婆"（略本）等语句，很明显是劝进五会念佛。

　　此外，还应注意：第一，此赞特别是广本之中，运用了颇多类似俗语的歌词。第二，法照将《法华经》三车喻转用于净土教，然后又在赞中鼓吹"坐禅诵经常念佛"，"诸佛在心头，迷人向外求，内怀无价宝，不识一生休"，主张主观清净、客观空寂，其思想中具有浓厚的禅宗、天台宗的色彩。

再有，略本"西方宝殿宝池亭"以下四节，系出自释灵振的《极乐欣厌赞》。到底是《极乐欣厌赞》中混杂了略本的《六根赞》，抑或是法照据《极乐欣厌赞》而改作成这段《六根赞》，还不清楚。

（三）依无量寿观经赞（广本十九，略本二十八）

略本作《新无量观经赞》。这大概是法照在法事中采用了净遏的《观经十六观赞》，故此将标题以"新"字标示区别之。将《观无量寿佛经》全卷归纳为二十八偈的赞诗，每句之后都加唱"阿弥陀佛"或者"南无阿弥陀佛"佛号。歌词具有很明显的庶民风格，很类似我国镰仓时代流行的和赞文学。广本与略本文字上有些许差异，可以据此相互勘误。下面一节，是为未来五浊凡夫开示弥陀净土教的一段内容：

略本	广本
佛告韦提汝知不（阿弥陀佛）	
弥陀去此亦非遥（南无阿弥陀佛）	
但①当劝修三福行（阿弥陀佛）	① 作"促"。
临终迎子上金桥②（南无阿弥陀佛）	② 作"楼"。
亦为未来诸大众（阿弥陀佛）	
五浊凡夫至恶人（南无阿弥陀佛）	
但③使回心生④彼国（阿弥陀佛）	③ 作"促"。④ 作"观"。
能令净业断贪瞋（南无阿弥陀佛）	

（四）依阿弥陀经赞（广本二十，略本二十九）

略本中缺撰者之名，不过，据广本可知是法照所撰。这是依据《阿弥陀经》而制作的十六偈的平易的赞歌。赞中有"永绝胞胎证六通"之句，与善导礼赞的日中偈其中一句相同，很耐人寻味。广略两本文字有少许差异。在此，据略本而录出最后的数节。赞偈中很明显地表达了念佛、本愿的思想：

略本	广本
善根福少理难容（阿弥陀佛）	
七日须成净土功（南无阿弥陀佛，南无阿弥陀佛）	
十念①倾心于彼国（阿弥陀佛）	① 作"念念"。
刹那便即坐莲宫（南无阿弥陀佛，南无阿弥陀佛）	
弥陀愿力不思议（阿弥陀佛）	
庄严净国甚奇希②（南无阿弥陀佛，南无阿弥陀佛）	② 作"希奇"。
六方诸佛同时赞（阿弥陀佛）	
意令诸子断狐疑（南无阿弥陀佛，南无阿弥陀佛）	
人命无常如刹那（阿弥陀佛）	
永劫沉沦恶趣多（南无阿弥陀佛，南无阿弥陀佛）	
急急须专念彼佛（阿弥陀佛）	
共汝相将出爱河（南无阿弥陀佛，南无阿弥陀佛）	
诸佛同声赞③释迦（阿弥陀佛）	③ 作"叹"。

续表

略本	广本
能于苦海度人多（南无阿弥陀佛，南无阿弥陀佛）	
一一总令专念佛（阿弥陀佛）	
生生当^④得见弥陀（南无阿弥陀佛，南无阿弥陀佛）	④ 作"常"
如来说已阿难宣（阿弥陀佛）	
普化群生被有缘（南无阿弥陀佛，南无阿弥陀佛）	
众生倾心^⑤须顶戴（阿弥陀佛）	⑤ 作"众等须心"
弘斯净教广流传（南无阿弥陀佛，南无阿弥陀佛）	

（五）五会赞（略本四）

此赞广本中缺。共七言二十句，主旨是赞扬五会念佛。每句交叉唱诵"弥陀佛"与"弥陀佛弥陀佛"。

从

第一会时平声入（弥陀佛），

第二极妙演清音（弥陀佛弥陀佛），

第三盘旋如奏乐（弥陀佛），

第四要期用力吟（弥陀佛弥陀佛），

第五高声唯速念（弥陀佛），

闻此五会悟无生（弥陀佛弥陀佛），

一到西方受快乐（弥陀佛），

永不轮回入苦坑（弥陀佛弥陀佛）

始，至

> 发心念佛度群生（弥陀佛），
>
> 愿此五会广流行（弥陀佛弥陀佛），
>
> 六道三途皆摄取（弥陀佛），
>
> 莲花会里著真名（弥陀佛弥陀佛）
>
> （T47，477 页上—中）

而终，是研究五会念佛性质的重要文献。从中可以感受到法照以推广五会念佛为使命的意愿与情怀。

（六）净土五会赞（广本二十二，略本三十一）

广本中注明此赞"通一切处诵"。据此可知，此赞是法照常用之赞。

略本题为《叹西方净土五会妙音赞》，未出撰者之名。共七言三十六句，极力称扬五会念佛。

广本	略本
第一会时除乱意　第二高声遍有缘	
第三响扬能哀①雅　第四和鸣②真可怜③	① 作"裹"。 ② 作"鸟"。 ③ 作"怜"。
第五震动天魔散　能令念者入深禅	
五会声中十种利　为令学者用心坚	
妙音五会摩尼宝　能雨无边圣法财	
智者必须依此学　临终一念坐莲台	
寄语现前诸大众　五会念佛利无穷	

续表

广本	略本
今日道场同行者　相将定取坐莲④宫	④ 作"华"。
五会圣教是真宗　定舍娑婆出苦笼	
……	
弥陀五会是舟船　永劫常于苦海传	
但使闻声皆解脱　定超生死离人天	

与前赞一起，可以充分感受到法照对五会念佛的信仰是如何之深，以及他广泛流布五会念佛教的使命感是如何之强烈。

（七）净土五会赞（广本四十三）

与前赞同名。是以五言十四句，赞叹极乐世界的水鸟树林等皆能发出五会的音声，令闻者进趣于佛道，体悟无生，并劝进修行五会念佛，从而往生极乐。略本未收。

（八）高声念佛赞（广本三十）

共七言偈颂十首。自"第一能排除睡眠"以下，赞叹高声念佛的十种功德。法照所欲弘扬的五会念佛教，是一种高声念佛。前面已经述及，善导一派的净土教徒提倡大声念佛并履践之。而且，善导的高足怀感在《释净土群疑论》卷7中也说"大念者，大声称佛也。小念者，小声称佛也。……励声念佛，三昧易成，小声称佛，遂多驰散"，鼓吹高声念佛的殊胜。与法照同时代，同在长安弘法的内供奉僧飞锡，也在《念佛三昧宝王论》中称赞高声念佛。在法照的时代，高声念佛具有殊胜功德，已经成为一般净土教徒的普遍共识和信仰。另有据传是窥基所作的《阿弥陀经通赞疏》，卷中也列举有三种念佛：心念、轻声念、高声念，特别提到高声念佛有如下十种功德：

（一）能排睡眠，（二）天魔惊怖，（三）声遍十方，（四）三途息苦，（五）外声不入，（六）心不散乱，（七）勇猛精进，（八）诸佛欢喜，（九）三昧现前，（十）往生净土。（T37，341 页下）

法照的《高声念佛赞》，完全是在赞叹这十种功德。不过，法照的赞与《通赞疏》之间的因果关系不明。《通赞疏》被视为是后人假托之作，而非窥基之作。[7]其创作年代，或在法照的时代至宋初之间。不管怎么说，唐中期净土教界的实践行中，第一应该举出的就是出声称佛的高声念佛。法照是在这样一个时代背景下，赞叹高声念佛，高唱一种特殊的高声念佛法——五会念佛。

（九）极乐庄严赞（广本二十六，略本三十四）

略本未出作者之名。由十一偈组成，第一个偈颂出自略本《小般舟三昧乐赞》中的结尾偈颂，最后一个偈颂出自略本《西方乐赞》中后面部分。广略两本之间的文字出入不少。从"弥陀愿行广无边，悲济群生普尽怜。总欲化令归本国，众生罪业共无缘"开始，赞叹极乐世界的依正二报——弥陀三尊以及极乐国土的功德之相，劝令厌离娑婆苦宅，念佛往生。

广本	略本
极乐宝界甚希奇① 宝为名②生来不知	① 作"有"。 ② 作"实为多"。
今日喜遇弥陀号③ 顿舍娑婆去者稀④	③ 作"尊"。 ④ 作"五浊时"。
弥陀宝界不思议 唯叹娑婆去者稀⑤	⑤ 作"希"。
阿鼻地狱人名⑥往 一堕何年更出时	⑥ 作"多"。
归去来归去来 阎浮五浊足⑦尘埃	⑦ 作"是"。
不如西方快乐处 到彼华台随意开	

全赞以上面的偈颂而作结句。此外，中间的一段偈颂，

广本	略本
自庆往昔宿缘深 得遇弥陀净教音	
执持名号无休息 报尽临终身紫金	
我常自叹苦精勤 希闻无上法清真	
须共无明时斗乱① 誓当破灭取金身②	① 作"贼斗战"。 ② 作"真"。

很传神地描述了法照据感应启示而创作五会念佛之后的专心精进念佛之业的姿态。

（十）叹弥陀观音势至赞 释法照（广本三十三）

共七言句十八句。赞中有"总是弥陀愿力功，一念相应

皆往彼"及"但念弥陀千万遍，不久还生极乐中"等句，高唱与弥陀愿力相应的念佛，劝令念佛相续。这与善导净土教的宗旨一致。

(十一) 归西方赞　沙门法照述（广本三十六）

以七言句为基本，中间"归去来"反复运用，劝令为求脱离生死轮回之苦而念佛往生。

(十二) 西方极乐赞　释法照述（广本四十二）

全文是七言赞诗。中有与前赞（归西方赞）相同之句，基本旨趣亦大体相同，都充满着以通俗普及为主旨的庶民风。

下为《归西方赞》的结尾部分：

> 归去来，娑婆秽境不堪停。
>
> 急手须归安乐国，见佛闻法五（悟？）无生。
>
> 归去来，三涂地狱实堪怜。
>
> 千生万死无休息，多劫常为猛焰燃。
>
> 声声为念弥陀号，一时闻者坐金台。
>
> 归去来，刀山剑树实难当。
>
> 饮酒食肉贪财色，长劫将身入镬汤。
>
> 不如西方快乐处，永超生死离无常。
>
> （T85，1261 页下）

读来令人恍然有听闻到我国平安朝末期的声音之感。仿佛让人听到无缘于贵族酒肉财色的豪奢生活，对现实中立身处世、荣华享乐而无望的庶民的叹息之声。又仿佛让人听闻到羁绊于酒肉财色的享乐生活，对自我以及社会倍感百无聊赖的颓废之音。赞偈描述出即将到来的贵族文化的颓废期，暮气沉沉的社会生活的千姿百态。法照的净土教，正是引导这样的社会与人心的宗教。

（十三）西方极乐赞　释法照（广本四十四）

是以五言而作的赞美诗。此赞后的《净土法身赞》，恰似此赞的续篇。两者连接在一起，将念佛生与无生的教义结合起来，表达了圣道门性质的特别是禅或者天台教的教旨。如下文所示：

> 极乐法门开，众生不肯来。
>
> 只为无明缚，永劫受其灾。
>
> 不悟真如理，长时没爱河。
>
> 贪财常爱色，轮回恶趣多。
>
> 我常自叹喜，深悟真如理。
>
> 烦恼本来无，众生妄见起。
>
> ……
>
> 欲识无生理，唯须念佛名。
>
> 尘劳云散尽，惠日朗然明。
>
> 欲见真如理，唯须观白毫。
>
> 无明云散尽，惠镜朗然高。
>
> 真如见无见，无见是真如。
>
> 若了此中意，得名明月珠。

（T85，1264 页下）

（十四）净土法身赞　释法照（广本四十五）

略本中无。但是，据此赞中的小注"通一切处诵"，以及敦煌写本中所发现的此赞的别行本的存在，可以确知此赞至少在敦煌地方曾经相当地流行。斯坦因本（S. 382）、伯希和本（P. 2483）中题为《大乘净土赞》的赞诗，与此赞内容相同。此外，斯坦因本（S. 3096）系此赞缺少末尾的断简。[8]广本所收与其他诸本比较，可发现字句小有差异，由音韵而造成的误写很多，这显示此赞在大众中曾经吟咏流布。

《五会法事赞》中所收的大多数赞，尤其是法照所作诸赞的大部分，都是将阿弥陀佛作为救世主、慈父，以往生彼极乐世界为鹄的，是立足于指方立相的净土教的赞歌。此赞虽题为《净土法身赞》《大乘净土赞》，但旨趣与其他诸赞有所不同。如下赞中所说（此据大正藏所收之广本。下注中甲为S. 382，乙为S. 3096）：

广本	备注
观像而无像① 高声不染声	① 观想如无想甲。
了知②无所有 惠镜朗然明	② 料知乙。

又如：

	备注
人今③专念佛 念者④入深禅	③ 有人甲乙。 ④ 念佛甲。
初夜端心坐 西方在目前	
念即知无念 无念是真如⑤	⑤ 珍如乙。
若了⑥此中意 名为⑦法性珠	⑥ 料甲。 ⑦ 是名甲乙。

续表

净土在心头　愚人向外求	
心中⑧有宝镜　不识一生休	⑧ 深中甲。
诸佛在心头　汝自⑨不能求	⑨ 如此甲。
慎勿令虚过⑩　急手早勤求⑪	⑩ 甚物灵希有甲乙。 ⑪ 修甲乙。
宝镜人皆有　愚人不解磨	
不曾反自照⑫　尘垢更增⑬多	⑫ 不能返乎照甲。 ⑬ 曾甲乙。
宝镜人家有　智人即解磨	
勤勤返自照　尘垢不⑭来过	⑭莫甲乙。

净土在心头，诸佛在心头，心中有宝镜，不识一生休。观像而无像，高声不染声，了知无所有，惠镜朗然明。——这组赞偈所展现的风格，与指方立相、表达愿求极乐的五会念佛教旨趣有所不同。当然，这样的说辞，在大乘佛教特别是龙树系佛教教学大为普及的唐代，是极为普遍的说法。这反映了法照天台教学以及禅学的素养，换句话说，体现了他对天台学与禅学的吸收与调和。

此赞结尾说：

佛相空无相①　真如寂不言	① 佛想空无想甲。
口谈文字教　此界忘②相禅	② 妄甲乙。
涅槃末铁③法　秘密不教④传	③ 藏甲。 ④ 交甲。
⑤心通常自用　威当度有缘	⑤ 以下矢吹本缺。
三乘元不识　外道未曾闻	

续表

小相未曾闻⑥　誓愿不⑦流传	⑥ 小恨多毁谤甲。 ⑦ 莫甲。
道逢良⑧贤　把手相传⑨	⑧ 梁甲。 ⑨ 犯手想传甲。
道逢不良⑩贤　子父不相传⑪	⑩ 凉甲。 ⑪ 子母莫交传甲。

可以看得出，了达念即无念的念佛教，是法照教义的极致。或者说，法照在禅、天台、华严等教义盛行的社会，尤其是禅学大为兴盛，对观像、念佛、净土愿求等强烈非难、视之为迷妄，主张"无相无念是佛教"的禅侣取得强势的时代，在宣说仪式性的、具体性的（指方立相的）、表达愿求净土的念佛教的时候，面对知识阶层或者僧侣的佛教一派，有必要作这样的调和与沟通。慈愍三藏慧日也是一方面反驳执着无相无念的禅侣，一方面又试图调和禅与念佛。法照的净土教基本上祖述继承了善导的净土教，但是也存在有这样的一面。这说明法照也不能避免这个时代的潮流，同时也能够看出法照净土教的时代性意义。

以上仅是广略两本中明确标记为法照之名的赞偈。其他未标撰者之名的大部分赞偈，恐怕或者是法照自作，或者是法照所搜集的当时流行于世的赞偈。尤其是如下的几种，基本可以肯定为法照之作。

（十五）极乐五会赞（广本二十五，略本三十二）

广本与略本除最初的第一句、第二句顺序颠倒之外，仅有文字的小异。"五会阎浮流布广"，"西方五会遍娑婆"，"五会声声须急念"，是歌赞五会念佛广泛流布于世。结尾部分的

赞偈，

广本	略本
无边化佛紫金身　守护流传五会人	
念念弥陀心不退　翩翩宝坐自相亲①	① 宝莲坐自相。

是述说五会念佛教徒为佛所守护。

（十六）叹五会妙音赞（广本二十四，略本三十三）

赞偈的主旨，即赞叹五会念佛是为了救济五浊社会的众生，由弥陀亲传而来。广略两本文字稍有差异，须相互参照校勘。赞中

广本	略本
西方微妙五音声　将来五浊救众生	
五取①闻名皆解脱　五会引到宝莲城	① 趣。
泠泠②五会出衡山　隐隐如今遍五天	② 零零。
五众咸言将③利乐　末法仍留五百年	③ 皆。

之偈，表达法照的五会念佛教是在南岳得自阿弥陀佛的亲传。

第七节　未标作者之名的若干赞

上述赞偈之外，还有很多未标作者之名，文繁不叙。此处举出据非净土经典而作的赞偈若干，一窥法照净土念佛教的背景中所存在的一般佛教教义的实情。并留意其中的俗语歌词，以显示法照净土教特征的另一面。

（一）维摩赞（广本四，略本二）

是据罗什译《维摩经》及僧肇的《注维摩经》而作。将《维摩经》的初七品（佛国品、方便品、弟子品、菩萨品、问疾品、不思议品、观众生品）的大意，归纳为七言二十句的赞诗。每句交互唱念"难思议"，"难思议维摩诘"。句后唱"难思议"，也见于善导的《法事赞》。广略两本，仅有两字之异。

此处的问题是，法照的念佛法事中，为何要用根据非净土经典的《维摩诘》而作的赞呢？余以为，有以下三个原因。

其一，据教理。《维摩经》的主旨是宣说不二法门，与龙树系佛教同一基调，与龙树佛教一起由罗什译出，自此以来就一直广被读诵与研究。中国天台宗是罗什佛教的发展。天台智颧虽以《法华》为宗，但是也将《维摩经》视为重要的经典，并为其作过注疏。与法照同时期的前辈荆溪湛然，也曾注释过《维摩经》。精通天台之学的道掖，于永泰年间，在长安一带以僧肇注为中心大力宣扬《维摩经》。构成法照佛教教学基础的，是天台教学或者是与此相近的教义。加上当时是禅宗盛行，无相、空的教义大为流行的时代，对净土与念佛进行这样的说明与解读很有必要。与前面述及的法照《法身赞》的意趣相同，"佛国净土从心现，种种庄严心里生"（T85，1246 页上），正是对《维摩经》的取意运用。此外，《维摩经》中假借维摩示疾而展开一经教义。这段显示人生病与死的经说，正好与接下来的《涅槃赞》一起，被法照用来强调厌离秽土。而这恰巧是净土教的根底所在。

其二，《维摩经》的流行普及。在法照的时代，此经是广被讲说的大乘经典之一，影响甚大。在法照时代的前后，亲自入唐求法的我国最澄、常晓、圆仁、圆珍、惠运等人，都带来不少与《维摩经》相关的注疏。尤其是常晓（838 年入唐），在他携来的目录中，列举出七部《维摩经》的注疏，他并附记说：

> 今见大唐真典近代兴盛，讲文学义之类，总此疏（道掖《集解关中疏》）等以为指南。是故每寺讲《净名典》化度白衣，以掖公疏提撕缁徒。皆云，虽有论师注疏，惠底未足，乍学此文，法镜转明，惠灯益照者。（T55，1069 页下）

显示以道掖的《关中疏》为文本而讲解《维摩经》之风非常盛行。

日本常晓的这段记录，被远在西方的敦煌资料所证实。即是，从敦煌发现了此前未传的数量诸多的《维摩经》注疏，其中，有不少是长安资圣寺沙门道掖的注疏。

道掖的《净名经集解关中疏》的自序，提供了更多其本人注释《维摩经》的信息。道掖说：

> 道液不揆庸浅，辄加裨广。《净名》以肇（僧肇）注作本，《法华》以生（道生）疏为凭。然后傍求诸解，共通妙旨。……于时上元元年，岁次困敦（760）。永泰初祀（765），又于长安菩提道场，夏再治定。庶法镜转明，惠灯益照者矣。（T85，440 页上）

　　道掖的《关中疏》，是在永泰元年（765）于长安制成。时间上，在法照的《五会法事赞》之前约十年。道掖是《维摩》《法华》两经的研究者，其注释《维摩经》，是以僧肇的注为主要参考资料，并旁参诸家而成。[9]同出于敦煌的名为道掖的《净名经关中释抄》两卷，是以天台的《维摩经玄疏》为中心的研究。此道掖，就是大历八年（773）由不空推荐，担任讲解新译《大虚空藏经》之职的道掖（《不空表制集》卷3），也即是在永泰至贞元年间参加不空、般若两位三藏译场的资圣寺道掖（《贞元释教录》卷15）。若是如此，则道掖正是在法照活动于北方之际，被公推为佛教代表性的学者。由其人讲解《维摩经》，必定会对该经的流布打开很大的局面。

　　道掖对《维摩经》的讲解，在面向僧人以及知识阶层宣扬《维摩经》方面厥功甚伟。另一方面，以维摩示疾、文殊问疾的经说为中心，《维摩经》被制作成为雕刻、绘画，或者以"变文"的形式流传，广为普及到一般平民社会。[10]

　　法照将当时佛教徒中最为普及的《维摩经》，特别是其中以文殊问疾为中心的佛教徒耳熟能详的部分，制作成赞歌，用来劝进厌离娑婆、欣求净土。而且，基于《维摩经》不二法门的净土教，并未违背大乘无生、中道的教理。可以说，这在唐中期五会法事的宣传上，是最巧妙也是最富有成效的方法之一。

　　其三，文殊菩萨信仰的关联。文殊问疾的经说，使文殊的形象在佛弟子中更加广为传播，深入人心。法照的时代，是文殊信仰全盛的时代，法照的宗教也与文殊菩萨有着密切的关联。这个以文殊为出场人物的《维摩赞》被用在五会法事中，不是没有理由的。

总而言之，即便是据以上三点理由来看，《维摩经》的存在与法照的宗教也绝没有矛盾。

（二）般若赞文（略本十九）

据《般若心经》而作，此经也是唐代广为流传的一部经典。赞中有"是大神咒起人（"大"字之误？）慈""揭帝揭帝断狐疑"之句。法照的时代，是密教的全盛期。法照对真言功德的赞叹，并不令人意外。

（三）小道场乐赞文（略本二十）

更确切地说，应该叫作《法华赞》。这是简短的《法华经》的赞歌。结尾之赞

> 毫光遍照咸生怪，定说经名妙法莲。
>
> 大众齐修净土业，手执香华往西方。
>
> （T47，484 页上）

将《法华经》归结为往生西方之教。法华、净土双修之风，于南北朝以来业已存在。法华宗开创以后，彼宗的列祖高僧延续此风不断。如前所述，法照的净土教与天台教不无关联。则此赞的存在，并不突然。

（四）大乐赞文（略本二十一）

"弟子发愿时，愿住五台山""弟子发愿时，愿作华严经""弟子发愿时，愿作涅槃经""弟子发愿时，愿作药师经""弟子发愿时，愿作观音经"（T47，484 页上—中）等，列出的这些净土以外的经典应当注意。这些都是当时在世俗人之间广

泛传播的经典。

（五）藏钩乐赞文（略本三十六）

据《涅槃经》而作。这也是当时讲说特盛的经典。

（六）涅槃赞（广本五）

法照所用的诸赞，皆以通俗普及为能事，近似于庶民文学。此《涅槃赞》，也可以看作俗文学。敦煌的古写本断简显示，唐代是俗文学特别是佛教俗文学勃兴发达的时代。此赞歌颂唐代广为人知的佛教典故，可以看作通俗文学的一种。

赞诗讴歌佛涅槃的传说。大意是说，佛陀的生母摩耶，在天上忽闻佛陀欲入涅槃。遽闻讣报，不禁悲痛欲绝，天女将水洒面，良久乃苏。于是率领天女，乘云而至娑罗树林。此时葬佛的金棺银椁收敛已讫，佛所遗留的僧衣、锡杖悬挂于树间，十大弟子嚎啕哭泣。摩耶于棺侧哀哭之际，金棺忽开，佛坐千叶莲华而现，为母宣说一切恩爱皆有别离，切勿忧伤悲痛云云。虽说赞偈的主旨是依据《涅槃经》佛涅槃的传说，不过此赞更像是出自《摩诃摩耶经》卷下（《大正藏》第12册）。

　　　　娑罗林，双林里，佛入涅槃时（泪落如云雨），

　　　　佛母当时闻此语（双林里），

　　　　浑堆自扑落金床（泪落如云雨）。

　　　　七宝冠衣自扑碎（双林里），

　　　　七孔流血变成池（泪落如云雨），

　　　　天女将水来洒面（双林里），

　　　　佛母良久乃心苏（泪落如云雨）。

　　　　将众天女乘云下（双林里），

直至娑罗双树间（泪落如云雨），

金棺银椁殓已讫（双林里），

僧衣锡杖树间悬（泪落如云雨）。

十大弟子号咷哭（双林里），

状似婴（姟）〔孩〕忆母时（泪落如云雨），

佛母绕棺哀哀哭（双林里），

百鸟来者助心悲（泪落如云雨）。

他道生离胜死别（双林里），

我道死别胜生离（泪落如云雨），

金棺银椁忽然开（双林里），

却坐千叶莲花台（泪落如云雨）。

如来花中为母说（双林里），

一切恩爱有别离（泪落如云雨），

暂别慈亲一小劫（双林里），

愿母努力莫悲哀（泪落如云雨）。

(T85，1246 页上)

像这样制作年代比较明了的纯粹的俗语歌词，在研究敦煌所出的佛教通俗文学，以及研究唐代的一般文学中，都是非常宝贵的资料。前面的《维摩赞》以及此后的《出家乐赞》，都是此类的文学。对赞偈从文学方面进行研究，不是我的专题，也不是我的关注所在。但是，在法事中采用这样的俗语歌词，足以推察出《五会法事赞》的普及力度，以及当时社会的实情。

赞题下云，"亦大会时，亡者处诵"。在唐代，小康以上的家庭中，有人去世的话，都会营建七七日法会，设斋供僧。这样的场合下，自然会营造出一种哀愁的氛围。此时诵念此赞偈，无疑是很相宜的。同时，透过"死亡"这个媒介，五会念佛法事不断普及渗透到社会各阶层，与人们的日常生活密切关联。此赞放置于《维摩赞》之后，是否是出于彼赞是显示病，此赞是显示死，揭示人生无常的原因呢？

（七）出家乐赞（广本十一，略本十七）

略本所收之赞，全文没有分节，时有断句之误，难以猝读。《演底》的作者说：

> 今赞恐是有阙字，而章句难分，故今牒文而示安乐义也。如左。

亦苦于很难分文断句。与此相反，广本乃分节而书，故此可改正此前略本的日本刊本的句读。

据赞题下小注所云，此赞系依据《出家功德经》而作。此经失译，附于东晋经录（《大正藏》第16册）。但实际上，赞的全文并非全依此经，后半部分的主旨是依据净土经典而赞叹净土，劝进往生。与前赞同样，此赞也有俗语歌调之风。此处据广本，而将全文录出如下：

广本	略本
出家乐　出家乐	
无始起　乐①诸著	① 作"离"。
今生值善割亲缘　顿舍尘情断众恶（断众恶）	

续表

广本	略本
发身心　依圣学	
除于结使下金刀　落发披衣殄②宝药（喰②宝药）	②作"食"。
怀法喜　加踊跃	
谁其长夜睡重昏　此日清身忻大觉（忻大觉）	
出家乐③　出家乐③	③作"安"。
一切事　不相忏	
年登二十逢和上　敬受尸罗遇净坛（遇净坛）	
修定慧　证非难	
悟若琉璃明内外　妙喻莲花恣总看（恣物④看）	④作"总"。
称释子　法门宽	
出入往来无碍道　解脱逍遥证涅槃（证涅槃）	
归去来　宝门开	
正见弥陀升宝座　菩萨散花称善哉（称善哉）	
宝林看　百花香	
水鸟树林念五会　哀婉慈声赞法王（赞法王）	
共命鸟　对鸳鸯	
鹦鹉频伽说妙法　恒叹众生住苦方（住苦方）	
归去来　离娑婆	
常在如来听妙法　指授西方是释迦（是释迦）	
归去来　见弥陀	
今在西方现说法　拔脱⑤众生出爱河（出爱河）	⑤作"运度"。
归去来　上金台	
势至观音来引路　百法明门应自开（应自开）	

唐中期的净土教

注释

[1] 5、6 两赞文，含有善导《法事赞》与《般舟赞》语句甚多，故列于此。

[2] 了誉圣冏的《传通记糅钞》卷 1 中有云："慈愍和尚菩萨子赞文，有宛转华台里之言"。（《净土宗全书》3，60 页）据此，现今略本刊本中，是否将撰者慈愍的名字脱落了呢。此外，东日在《五会法事赞演底》卷 2 中认为，《鹿儿赞》（略十一）与《请观音赞文》（略十二）"恐亦是当慈愍三藏所述者乎?"（《续净土宗全书》本，75 页）

[3] 此外，还有一些未署作者之名的赞，也可以推定为出自法照之手。如《极乐五会赞》（广二十三）、《叹五会妙音赞》（广二十四，略三十三）等。

[4] 《東洋学報》17—2，《聖武天皇宸翰雑集に見えたる隋大業主浄土詩について》，另收于《日支佛教史論考》）。

此外，善导所引的彦琮的《净土礼赞》，日本净土各宗都有不少注释。最近的成果，参照了圣武天皇宸翰本等进行研究的，有上杉文秀氏的《善導大師及往生礼讚の研究》（特别是 429—470 页）及松荫了谛氏的《晨朝礼讚に於ける礼数について》。对略本中所引的部分作注的，有东日的《五会法事赞演底》。

[5] 日本净土各宗对善导著作的重视程度自不待言。各宗对《往生礼赞》的研究著述甚多。最近的研究，当推上杉文秀氏的《善導大師及往生礼讚の研究》。

[6] 如斯坦因氏所带出的敦煌本中的矢吹博士《鳴沙余韻》标记为 101-Ⅰ号的卷子，标题虽标示为《沙门善导愿往生礼赞偈》，就是与现行本不一致的异本的一例。

［7］参考望月博士的《慈恩大師の浄土に関する著書及び其の所説》（收于《浄土教之研究》）。博士怀疑这是日本撰述。余一时难以遽断。

［8］《鳴沙余韻》80—Ⅲ中，载有 S. 382。参考解说第一部，215 页。S. 3096，可以藉由矢吹博士所携来的翻拍照片得以调查。

［9］敦煌所出的《维摩经》注释书，特别是道掖的疏，参考矢吹博士《鳴沙余韻》7—Ⅰ、Ⅱ、Ⅲ、Ⅳ、8—Ⅰ、Ⅱ，以及解说，28—49 页。道掖的《净名经》注疏，收录于《大正藏》第 85 册古逸部。

［10］雕刻，早就出现在大同石窟或者洛阳龙门石窟中。绘画，出现在唐代的《维摩变》中，在长安寺院的壁画中也存在。这些通过《历代名画记》等资料可以得知。变文以及其他文学方面，参考郑振铎《中国文学史》第 1 册第 33 章《变文的出现》。

第十章

飞锡及少康的念佛教

　　吾人在论述法照净土教义之时，有必要对活动于其周边的同时代的净土教家也作相应的考察。在此首先对与法照同时代受朝廷归依尊崇、居于长安佛教界指导地位的飞锡，以及法照入长安稍后、于贞元年间出现于长安地方，转而在南方弘扬念佛教，后世与法照并称为"后善导"的少康，此两人的净土教稍作论述。法照、飞锡、少康三人，是大历、贞元时代净土教的代表人物。除此三人之外，尚无其他人可称得上能够代表这个时代的净土教。借由俯瞰飞锡、少康的净土教，不但可以明确大历、贞元时代以帝都为中心的净土教大势，而且法照净土教的性质及其历史性意义，也可以越发得以明了。

　　飞锡的事迹，见于《宋高僧传》卷3、《佛祖统纪》卷22、《不空表制集》、《唐多宝塔感应碑》等。其出生与修学经历虽不明确，据《宋高僧传》，他大致是先习学律仪，后又研修天台法门。玄宗天宝年间，在长安千福寺法华道场与楚金共修法华之行，又曾住终南山草堂寺。

　　楚金（698—758）是热心的法华行者，在长安千福寺建立多宝塔，天宝三载（744）以来，每年春秋两季，与同行大德四十九人于千福寺法华道场行法华三昧，得到朝廷的尊崇归依，于长安大力宣扬南岳慧思、天台智颛的教旨。肃宗乾元二年，以六十二岁而寂。[1]飞锡是其同行道友。

多宝塔碑记载楚金、飞锡之事说：

> 自（天宝）三载，每春秋二时，集同行大德四十九人，行法华三昧，寻奉恩旨，许为恒式。……同行禅师抱玉、飞锡，袭衡台之秘躅，传止观之精义，或名高帝选，或行密众师，共弘开示之宗，尽契圆常之理。（《金石萃编》卷89）

飞锡自著的《念佛三昧宝王论》的序中，也述及自身经历说：

> 客有高信，至吾禅居，前礼致问，辞甚清逸。问吾曰："修心之人，成道捷径，法华三昧，不轻之行，念佛三昧，般舟之宗，金为无上深妙禅门者，愿闻其致。"对曰："吾拱默九峰，与世异营。天书曲临，自紫阁山草堂寺，令典千福法华胜场，向三十年矣。"（T47，134页上）

飞锡也是通达天台教义之人，遵朝廷敕，自终南山草堂寺幽居而出，入千福寺法华道场，成为天宝三载以来、每年春秋两季举行的千福寺法华三昧的同行大德四十九人中的有力活动者，天宝年间，业已在长安佛教界具有相当的知名度。

代宗时代，飞锡由不空三藏推荐，成为大兴善寺国家灌顶道场四十九大德中的一人，且参加不空的译场，充当《仁王经》等的翻译证义。大历九年，不空圆寂。飞锡撰碑文述怀说（《不空表制集》卷4）：

> 飞锡谬接罗什之筵，叨乘秦帝之会，想高柴之泣哭，尽同奢花之血见，式扬无说之说，以颂龙中之龙。其词曰：
>
> 文字解说即真言兮，天生我师贝叶翻兮。
>
> ……
>
> 金刚之杵梦西土兮，以表吾师安养国兮。
>
> （T52，849页中）

文中，飞锡自称"敕检校千福安国两塔院法华道场沙门飞锡撰"。但贞元二十一年的《楚金禅师碑》中，却作"紫阁山草堂寺沙门飞锡撰"。联系前面所引的《念佛三昧宝王论》中所说的"天书曲临，自紫阁山草堂寺，令典千福法华胜场，向三十年矣"，且此书作"紫阁山草堂寺沙门飞锡撰"，推测他于天宝年初，在终南山草堂寺，不久成为千福寺法华道场的大德，且在楚金的同行当中为杰出者，楚金示寂后，检校千福寺法华道场，成为长安法华行者的指导统领的同时，出入于不空门下广泛活动，晚年再入草堂寺。

据《不空表制集》卷5所收录的大历十二年九月的贺晴表，是年八月，京城诸寺的沙门奉敕转读《大般若》《孔雀王》等经祈求止雨之时，飞锡作为京城沙门的代表上表，代宗在答复中说道：

> 师缁门领袖，久在道场，勤结梵缘，福资黔庶。
> （T52，854 页中）

前面的法照传章节中曾述及，大历十三、十四两年，在长安兴唐、温国两寺的净土院，奉敕进行转经礼忏六时行道法会之时，飞锡为检校统监。

《日本高僧传要文抄》卷3也记载有飞锡之事：

> （芸亭居士石上朝臣宅嗣）兼有三藏赞颂，附往大唐，唐内道场大德飞锡等禅侣，咸共叹讶……飞锡述念佛五更赞一卷，附来使，饰词雅丽，人皆戴钦，再披再览，令人发心。（《大日本佛教全书》第101册，80页）

据此可知，飞锡是出入于大历朝廷，在朝廷主办的法会仪式上担任统率指导之人。其博学与文采之优秀，除《日本高僧传要文抄》之外，《宋高僧传》卷3中也记述说：

> 系曰：锡外研儒墨，其笔仍长，时多请其论撰，如《忠国师》《楚金》等碑。（T50，721 页下）

飞锡除前述的《楚金碑》《不空碑》外，还为大证禅师慧忠撰写碑文，歌颂其德。慧忠是受肃宗、代宗两代帝王厚遇归依，在长安千福寺、光宅寺等道场宣扬禅教之人。他虽然出自南方禅系，却痛斥南方禅侣轻视经论、鼓吹"妄心即佛"的弊风，认为应须博究经律论，主张禅教一致之说（《宋高僧传》卷9）。同时代且同住千福寺的两位高僧——飞锡与慧忠，其中一人为另一人撰写碑文，如此，则两人之间在教义上没有交涉是很难想象的。而恰巧，飞锡也明确地主张禅教一致。大历年间，长安佛教界的两位巨擘所提倡的禅教一致的教风，也为法照所继承。

飞锡的著述中，记载其名的有如下几种：

一、念佛三昧宝王论三卷（存）

二、无上深妙禅门传集法宝一卷（佚）

《念佛三昧宝王论》卷中道："如飞锡先撰《无上深妙禅门传集法宝》一卷广明也"（T47，141 页上）。

三、念佛五更赞一卷（佚）（《日本高僧传要文抄》）

四、誓往生净土文一卷（据圆珍所携来目录）

圆珍的《福州温州求得经律论疏记外书等目录》中，注云是南岳飞锡作。如果此注无误的话，则飞锡在入长安之前，曾在南岳修学过。若是如此，则他的教义中存在有天台思想与净土思想，以及与法照净土教相类似也就不难理解了。

据上所列的四种著作，可以推定飞锡是净土教信仰者、念佛教徒。不过，由于其他三部已经佚失，如今只能通过《念佛三昧宝王论》来了解其教义。此书序中有"向三十年矣"之语，且是在《无上深妙禅门传集法宝》一卷之后而述作，故此是飞锡在晚年之际于终南山草堂寺再修之作，体现了飞锡圆熟的思想信仰。

飞锡说：

念佛三昧善之最上，万行元首，故曰三昧王焉。（卷上，第五门，T47，136 页下）

本书的主旨虽是劝修念佛三昧，不过其所谓的念佛，却未必是念阿弥陀佛、弥勒佛等一佛，而是普念三世一切佛。贯穿本书三卷的思想是：

（一）法华、念佛双行的融合

（二）三阶教与净土教的融合

（三）念佛与禅的融合

（四）以戒律、真言为首的一切佛教融合调和的倾向

简言之，即是"万善同归念佛三昧"之说。

本书的组织，由以下三部二十门构成：

Ⅰ 念未来佛七门（卷上）
- 一、念未来佛速成三昧门第一
- 二、婴女群盗皆不可轻门第二
- 三、持戒破戒但生佛想门第三
- 四、现处汤狱不妨受记门第四
- 五、观空无我择善而从门第五
- 六、无善可择无恶可弃门第六
- 七、一切众生肉不可食门第七

Ⅱ 念现在佛六门（卷中）
- 一、念现在佛专注一境门第八
- 二、此生他生一念十念门第九
- 三、是心是佛是心作佛门第十
- 四、高声念佛面向西方门第十一
- 五、梦觉一心以明三昧门第十二
- 六、念三身佛破三种障门第十三

Ⅲ 通念三世无不是佛七门（卷下）
- 一、念过去佛因果相同门第十四
- 二、无心念佛理事双修门第十五
- 三、了心境界妄想不生门第十六
- 四、诸佛解脱心行中求门第十七
- 五、三业供养真实表敬门第十八
- 六、无相献华信毁交报门第十九
- 七、万善同归皆成三昧门第二十

卷上念未来佛七门所说，几乎类同于三阶教之说。三阶教主张普佛普敬，认为人人皆有如来藏，皆有佛性，故当视一切众生如作佛想，视之为未来佛。《法华经》的常不轻菩萨礼拜来往的一切人等，即是实践普佛普敬的典范。飞锡的念未来佛七门，几乎全盘继承了三阶教的普佛普敬之说。相关的议题，矢吹博士在其大著《三阶教之研究》中已经指出，故此不再赘述。[2] 只是博士将《念佛三昧宝王论》的创作年代，定为开元年间三阶教被取缔（725）到大历（766—779）年间三阶教复兴的这一段时间内。[3] 我前面已经论述过，飞锡的活动年代，至大历、贞元时代而终，此论是他晚年之作。只有这样，才能理解主张综合融合的时代佛教的飞锡，对三阶教思想的接受与摄取。即是，大历、贞元时代，是长安、终南山两地三阶教的复兴期。[4] 据《长安志》，终南山百塔寺的信行禅师塔院，建立于大历六年（771）。《陕西通志》说：

> 百塔寺　本唐僧信行塔院。大历二年间，慕信行者，皆窆于信行塔之左右，故名百塔。

又，《金石录》卷8载有"于益撰、张楚昭行书"的、记载信行塔重新修葺的《唐再修信行禅师塔碑》（碑目仅存）。再进一步，贞元十一年（795）四月述作的附有奉启文的圆照的《大唐贞元续开元释教录》中，记载圆照著有《大唐再修隋故传法高僧信行禅师塔碑表集五卷》。贞元十六年（800）的圆照的《贞元新定释教目录》记载说，三阶教典籍共三十五部四十四卷，全部编入大藏经中，奉敕流通云云。

圆照虽非三阶教教徒，但却是三阶教的同情者、理解者。至少，大历、贞元时代，是三阶教的复兴时代，长安地方有不少三阶教徒是很明了的。不仅如此，有迹象表明，飞锡与圆照两人之间颇有不少交集。两人都是为朝廷所重用的内供奉僧。尤其是在法照传部分所提示的那样，大历末年，为了调和统一《四分律》新旧两疏的对抗论争，奉朝廷敕命进行楷定律疏事业的中心人物是圆照，而为了此事业的顺利进展，担当在兴唐、温国两寺的净土院举行转经礼忏六时行道大法会的检校之任的是飞锡。又，楷定律疏的大安国寺，有飞锡检校的法华道场。圆照与飞锡在同时代、同一地方，相互有交集。圆照与三阶教有密切的关联。在三阶教的复兴时代，由住在三阶教祖塔院百塔寺附近的终南山草堂寺的飞锡，述作了这部《念佛三昧宝王论》。所以，此书中出现与三阶教教义相同的内容，并不是偶然的。飞锡应当是接触过三阶教的教籍或三阶教教徒的主张。

本书卷上的念未来佛七门中，飞锡主要是据三阶教教义而说当"念未来一切佛"，推崇《法华》的常不轻行，主张法华、般舟两三昧的双修，宣说两三昧都是无上深妙禅：

> 有叶《法华》不轻之心，则念佛三昧，不速而成矣。……法（法华）非佛（念佛）不悟，念佛三昧生焉。佛（念佛）非法（法华）不明，法华三昧起矣。……念佛、法华，同名佛慧。佛慧既同，则不轻般舟无上深妙禅门，于兹悟矣。未始异也，复何乱哉……（第一门，T47，134 页中—下）

可以看出，他主张法华、念佛、禅的一致。此外，他一方面据三阶教普佛普敬的教义而主张对破戒之人也应当作佛想，另一方面又特设不可食用肉食五辛一门，从中看出参加过圆照等戒疏楷定事业的他，对持戒主义的坚持。又，在第五"观空无我择善而从门"中，可以看出他主张儒佛道三教一致。

在第七门的最后，飞锡总结前七门的内容说：

> 已上七门，尽是念未来诸佛，以通三世之意也。若欲念于弥勒佛者，必得上生兜率天宫，见慈氏之尊。则弥天释道安，为其首唱耳。（T47，137 页下）

他主张的念佛，是念三世一切佛。他认可前辈道安等念未来弥勒佛求生兜率净土之举，并不排斥专念弥勒佛。他立足于三阶教普佛普敬普的教义的同时，对三阶教所说的所谓别法并不排斥，其教义中对各教各宗调和综合的倾向很浓厚。这一点，单在卷上中就表现得很清晰。

卷中为"念现在佛"。这里的念现在佛，主要是念阿弥陀佛。所以卷中六门，实际上是宣说念阿弥陀佛往生极乐的教旨。本卷末的结语部分说：

> 已上六门，尽是念现在阿弥陀佛，以通三世之意也。广如《安乐集》、《天台十疑论》、感法师《释群疑论》、《往生传》、稠禅师《法宝义论》所解。亦如飞锡先撰《无上深妙禅门传集法宝》一卷广明也。（T47，141 页上）

据此可知，卷中的教义主要是依据道绰、怀感的净土教，同时立足于天台、禅的思想。

第八门开篇，飞锡首先承认虽然卷上讲了念未来佛，即是视一切众生皆作佛想而念未来佛，然此事极广，此理极为幽玄，实际操作中，由于众生心散，恐难契入，故此主张当念西方一佛而求生极乐净土。他说：

> 《十住婆沙论》并龙树菩萨造《释华严经论·易行行品》云："菩萨道有难行行，如陆地乘舟也；有易行行，如水路乘舟也。"阿弥陀佛本愿之力，若人闻名称念，自归彼国。如舟得水，又遇便风，一举千里，不亦易哉！则释迦如来父王眷属，六万释种，皆生极乐土，盖佛与此界众生缘深也。专注一境，圆通三世，不亦良哉！（T47，138页上）

他又驳斥那些执着无为、无相、无心之说而以称念往生的有为、有相、有心为非之说。（以上第八门）

他自述平生念佛的心得说：

> 世上之人，多以宝玉、水精、金刚、菩提木槵为数珠矣。吾则以出入息为念珠焉。称佛名号，随之于息，有大恃怙，安惧于息不还，属后世者哉！余行住坐卧，常用此珠。纵令昏寐，含佛而寝，觉即续之，必于梦中得见彼佛。如钻燧烟飞，火之前相，梦之不已，三昧成焉。面睹玉毫，亲蒙授记，则万无一失也。子宜勉之。（T47，138页下）

主张行住坐卧不离念佛。对于一念往生还是十念往生，他主张当以一念往生为正，《观经》的十声称佛，是为遭疾身羸、力微心劣之人作为助行以助其念。（以上第九门）

他反对那些误解《观经》是心作佛、是心是佛之旨，而将念佛往生教视作远想极乐、心外求佛之说。他引该经的真身观而作证明说：

> 恒河沙之光明相好，由佛愿力而想成，屈臂即得往生，宁计彼方之远近也？（T47，139 页上）

又论及十六观，强调"想"的重要性，主张想即无想，认为不可执着无想而排斥想（以上第十门）。他列举高声念佛的五种利益，而主张高声念佛。又举智者大师往生事迹以为实例：

> 智者大师，爱自抚尘之岁，终于耳顺，卧便合掌，坐必面西。大渐之际，令读四十八愿，九品往生，光明满山，天乐递奏，生于净土。面西之义，不亦弘哉！（T47，140 页上）

主张向西念佛。进而概述慧远等的事迹，显示净土源流（以上第十一门）。又强调净土往生非如梦幻般空无（第十二门），当念佛法报化三身以除念佛的三种障碍（第十三门）。

卷下"通念三世无不是佛"七门，宣说如念未来佛、现在佛，亦当念释迦佛等过去佛。念任何一佛，即是通念三世一切佛故。所谓念佛，即是无念。不可执着有，亦不可执着无，不可偏于事，亦不可偏于理。应须空有双修，理事双行，常不离"中道相即"的本义。文中称扬《法华三昧师资传》卷5中所云的南岳慧思大禅师弟子大善禅师的慈悲三昧之德，又称赞据"达摩大师称法之行"的慧可禅师、向居士两大士的"念中道第一义谛法身佛"之行，显示他明确认可并摄取天台与禅的教义。他又劝诫禅等教徒不可徒逞空理、执着"指心指空之言"：

> 指心指空之言，其过若此，不可不慎也。真言门中，瑜伽观行，亦约事门表相，不一向推心。常严荐香华，六时无废也。（第十八门，T47，143页下）

飞锡曾在不空的译场与不空门下一起活动，故其思想中能够容忍密教的事相仪轨作法。

飞锡承认三业所造的一切供养三宝的诸善根功德，认为"万善同归，皆成三昧"。他说：

> 教理行果八万四千波罗蜜门，皆是念佛三昧之异名也。（T47，144页中）

论的最后结尾处说：

> 愿不易此身，获醍醐之妙记，悟当来诸佛即众生是焉。遂稽首多宝塔，对之莲华僧，与吾普观十方尊，圆

念三世佛。长跪叉手，而说颂曰：

> 一心忆念过去佛，亦忆未来诸世尊，
>
> 现在一切人中雄，亦学于其所说法。
>
> 无有一佛在过去，亦无现世及当来，
>
> 唯此清净微妙禅，彼不可言证能说。

（T47，144 页中）

取要言之，飞锡在《念佛三昧宝王论》中主张念佛三昧与法华三昧的一致双修。他虽然承认念佛三昧是诸善万行的最上首，此念佛是立足于与三阶教的普敬普佛相同的教义，是"普观十方尊，同念三世佛"的宽泛意义上的普遍念佛。不过，与三阶教不同的是，三阶教徒主张现在的宗教唯有三阶普法最为当机，强调普佛普敬的实践，排斥专念弥陀、弥勒等一佛的别法。而飞锡不但承认专念弥勒、往生兜率，更在卷中用整卷的篇幅专说专念弥陀的西方净土教，劝进念阿弥陀佛行。他虽然在教理上主张普佛普敬，但在实践上承认专念一佛的别法。征之于传历以及本书卷中所说，飞锡自身相信西方净土教，他虽然主张通念三世一切佛，但作为个人的实践，也承认称念弥陀的净土教。飞锡吸收了怀感时代曾经激烈论战的三阶教与净土教的教义与实践，使之并存。据传记所云，飞锡是天台教的信奉者。本书的根底虽然是立足于天台教的事理相即、中道的教义，但也致力于调和融合禅门无相无念的禅定的主张。不仅如此，还表现出承认持戒的必要，协调真言密教的倾向。天台教、禅、三阶教、净土教、戒律宗、密教，在大历、贞元时代的长安都极为兴盛。可以说，飞锡是将他那个时代长安所盛行的佛教各宗，尤其是以朝廷为背景的佛教全部包罗过来，加以综合协调，在此基础上，宣说往生西方的弥陀净土教。飞锡虽然共鸣于三阶教的教义而主张普佛普敬，但在他的身上看不到三阶教徒那种殉教式的狂热。他虽然实践称念弥陀，信奉往生净土，但他的思想中没有表露出像道绰、善导那样专精于弥陀业一门，我等宗教非如是不可的那种热烈的宗派信念。总而言之，处于大历、贞元时代长安佛教指导地位的飞锡的念佛教，是对各宗派综合融合的念佛教。

其次是少康。少康的传记，见于《宋高僧传》卷25。此外，《乐邦文类》卷3中，将其作为莲社继祖五大法师的第三祖，《佛祖统纪》卷26《净土立教志》中，将其作为莲社七祖中的第五祖而立传（其他，如《新修往生传》《净土文》《莲宗宝鉴》等所出之传，皆是祖述《宋高僧传》之说）。

少康是浙江缙云人，幼小亲近佛教而出家，至越州受具足戒，并于此学律五年。后至上元龙兴寺（江苏）游学，研习《华严经》《瑜伽论》。其修学的时代是大历年间，正是法照、飞锡在长安成名之际。贞元初，北至洛阳白马寺，见善导的《西方化导文》，大为感动，又至长安礼拜善导的影堂，归心净土，成为念佛行者。少康在长安逗留的年代不明，在此地曾接触过何等人也未有记载。不过，当时的长安地方，法照的净土念佛教大为盛行是无可怀疑的。法照尊敬并祖述善导之教，弘扬歌赞、称名念佛的净土教。少康在洛阳接触到善导的《西方化导文》，进而于长安寻访善导遗迹。此后所弘布的，也是歌赞、称名念佛的净土教。少康入长安，接触到当时拥有众多信徒的法照的净土教，或者对此有所耳闻，是十分有可能的。

在洛阳、长安归依善导的净土教，成为热心的念佛行者的少康，南下江陵（今湖北荆州。其地的玉泉寺，是法照之师承远的剃发之地），辗转而至睦州（浙江），在其地于广大庶民阶层之间广弘念佛教，使称名念佛的实践盛极一时。《宋高僧传》记载其弘化之事迹说：

> 洎到睦郡，入城乞食，得钱诱掖小儿，能念阿弥陀佛一声，即付一钱。后经月余，孩孺蚁慕，念佛多者即给钱。如是一年，凡男女见康，则云阿弥陀佛。遂于乌龙山建净土道场，筑坛三级，聚人午夜行道，唱赞二十四契，称扬净邦。每遇斋日云集，所化三千许人。登座，令男女弟子望康面门，即高声唱阿弥陀佛。佛从口出，连诵十声，十佛若连珠状，告曰："汝见佛身，即得往生。"以贞元二十一年十月，示众嘱累，止劝急修净土。言毕跏趺，身放光明而逝。（T50，867 页下）

少康不简男女老少，广在庶民间推广念佛，汇集男女信徒，于净土道场实修的歌唱"行道唱赞二十四契，称扬净邦"即赞歌、唱念佛号的作法，可以远溯至善导，近与法照所宣扬的五会念佛法事同出一辙。

《宋高僧传》系词中，进而评述少康之教说：

> 系曰：康所述偈赞，皆附会郑卫之声，变体而作，

非哀非乐，不怨不怒，得处中曲韵。譬犹善医，以饧蜜涂逆口之药，诱婴儿之入口耳。苟非大权入假，何能运此方便度无极者乎！（T50，867 页下）

少康制作称扬净土的赞偈，并为此附上曲调，亲自歌唱，弘布于广大庶民之间。其赞偈曲调皆极为浅近通俗，以使庶民能够容易接受。即是，他的赞偈比善导的礼赞等进一步通俗化，带有通俗歌谣的性质。这一点上，与法照《五会法事赞》赞偈中所见的浅近通俗的俗语诗，有相通之处。

《宋高僧传》还记载，在睦州民间中，盛传少康墓地之土具有医病的功效，多有病者至其墓地烧香取土而服，墓地周围布满车辙。又，五代的后汉乾祐三年（950），与少康同乡的天台山德韶，重建少康塔，至今尚在，时人号之为"后善导"云云。据此可知，少康在睦州地方的民众中教化很深，迄至五代、宋初，仍得地方民众的归依赞仰。少康是民众的师友，其念佛礼赞的净土教是民众的宗教。

少康的著述存世的，只有他与文谂所共编的《瑞应删传》。不过，这是搜集往生者的传记，于中无法了解其教义的特色。由于少康的著述很少，故此其净土教义不得具体而知。但他私淑善导，弘扬礼赞称名的念佛教，这一点与法照的《五会念佛法事赞》有共通之处。而且，他以颇为通俗浅近的歌曲在庶民间弘扬念佛是很清楚的。其行为，与我国净土教史上平安时代的市圣空也，以及法然门下、在京都市民间广弘念佛而被流放的空阿弥陀佛很类似。

以上，考察了法照时代念佛教的代表飞锡、少康两者的净土教旨。前者诸教综合双修的特色很明显，后者的特色是通俗浅近的歌赞称名式的净土教。前者是上流知识阶层的净土教，后者是一般庶民阶层的净土教。而法照的净土教，这两方面的特色都具有。

注释

[1] 楚金的生平，据西安碑林所存的岑勋撰、颜真卿书的天宝十一载（752）建的《大唐多宝塔感应碑》（《金石萃编》卷89），以及碑阴的贞元二十一年（805）飞锡作的《唐国师千福寺多宝塔院故法华楚金禅师碑》（《金石萃编》卷104）可知。

[2]《三階教之研究》，578—581页。

[3]《三階教之研究》，105页。

[4] 参照《三階教之研究》，92—94页。

第十一章

法照净土教的批判

　　法照的净土教旨，据前面十章所述，基本说明已讫。在此，我想对其净土教义的纲要略加概括，论述其在净土教史上的地位与时代意义，作为结语。不过，法照的著述虽然仍有存世，都是以与仪式作法相关的为主，教义方面论述最多的广本卷上不得而见的情况下，详细精确地论述他的净土教义是不可能的。尽管如此，据以上的论述，可知法照的净土教，是顺应大历、贞元时代与社会的宗教。据现存的资料，而推断出法照教义的要旨如下。

　　（1）法照的净土信仰，受到了承远、慧日、善导、道绰、慧远等人的影响。其中，受善导的影响最为显著。

　　承远的著述现今无存，法照著述中对承远的话也未见有只言片语的引用。承远的净土教本身就不明了，法照多大程度上继承了承远的净土教也难以确定。然而，法照师事承远，仰赞师德，受承远指导是不可否认的。法照对承远的思想继承，稍后会论述。

　　法照对慧远的著述也没有直接引用。与其说法照受慧远教义的指导，倒不如说是法照将慧远作为中国佛教史上的前辈而尊崇，私淑他汇集僧俗百二十三人结社念佛的事迹，潜移默化地接受了他的遗风。换言之，慧远的事迹与无形的人格，对法照专心念佛的实践产生了引导作用。

著述被法照所引用，用作对净土教义的说明的，是前述诸师中的慧日与善导。法照的师尊承远由慧日引导而归入净土教信仰，故此法照尊崇慧日，引用其著述是很自然的。虽然慧日的著述没有完整地保留下来，不能详细地了知他的净土教义，但至少就法照所引用的慧日的著述来看，其思想与善导净土教差异不大。

法照对善导的著述引用最多，他私淑善导、继承善导的教义是很明确的。法照虽提到道绰有《安乐集》流通于世，但对《安乐集》没有明文引用。即使现今不存的广本卷上中曾引用过，道绰与善导的教义也没有多大差异。从法照的著述来看，其净土教明显地继承了善导的净土教义。

（2）法照净土教所依的主要经典，是《阿弥陀经》（罗什译。虽然也用玄奘译本，但主要用的是罗什译本）、《无量寿经》、《观无量寿经》、《般舟三昧经》等。

在这一点上，法照与善导净土教是一致的。善导将《阿弥陀经》《无量寿经》《观无量寿经》三经视为根本的所依经典，这一点无需赘述。《般舟三昧经》原本很难说是净土经典，善导承认这是说念佛行的经典。慧日也是如是。法照频频引用两者述作的《般舟三昧赞》。

（3）法照净土教的本位是念佛主义，特别是口称阿弥陀佛名号的所谓称名念佛。

慧日、承远的净土教，其行法是称名念佛。唐初道绰、善导在并州、长安地方大力弘扬的，也是以称名念佛为中心的教法。

由此三点来看，法照的净土教，可以说是继承了唐初道绰、善导的净土教。至少，他对道绰、善导净土教义持基本赞同的态度。可以看出，在庐山、南岳成为净土念佛教徒的法照，至少在他移居北方、著述《五会法事赞》之时，广泛吸收了长安以及山西地方大为流行的道绰、善导的净土教，并以两者净土教的继承祖述者而自居。

道绰、善导净土教的要旨是：

其一，现今是释尊入灭、去圣时遥的末法时代，社会是五浊恶世，人是罪恶凡夫。罪恶凡夫的未来，只有轮转生死，沉沦苦海一途。

其二，我等佛教徒，应当寻求适合这个"时""社会""人"的有缘的教门，而适合我等的有缘教门即是念阿弥陀佛、往生净土之教。阿弥陀佛为我等现在以及未来一切的众生，发起广大誓愿，成就了清净的佛国，捞漉苦海的众生，是我等的救世主。

其三，念佛是阿弥陀佛的本愿之行。罪恶凡夫的念佛行由于随顺了彼佛的本愿，故得往生净土，见佛闻法，以至于成佛。念佛是罪恶生死凡夫无论何人皆可以轻松实践、往生成佛的易行之法。

法照原封不动地承认并信受了这种基调的道绰与善导的净土教。以下，将法照著述中所见的显示其教旨的文句，抄出二三为例。

若易修易证，真唯净土教门。……故使称其名者，则十方诸佛常护其人，愿生其国者，则异华五云争捧其座。是知，弥陀悲愿不可思议。实谓启三界之横门，截四生之直路。（略本《庄严文》，T47，475 页下）

如来本愿特超殊，慈悲方便引凡愚，不问众生皆度脱，称名即得罪消除。（广本卷中《净土乐赞》，T85，1247 页下）

今时像末已后，浊恶世中，五苦众生罪根深者，唯念佛力，即能除得罪根，必离忧恼，生死永断。若不念佛，何以得见阿弥陀佛极乐世界？……况诸具缚凡夫，烦恼一毫未能断得。若不乐乘佛愿力，自力尽未来际，沉沦恶趣，岂有出期，何得见佛？（广本卷中《第十回向发愿门》，T85，1255 页中）

上三段法照之语，与善导净土教的理念如出一辙。不过，法照在此之外，另行创立了一种音曲性的称名念佛法——五会念佛法，声称这种称名之法最能利益众生。进一步又制定了称念音曲性佛号的同时，穿插有诵经、赞歌的作法仪轨——五会念佛法事，并与大众一起实践修行。这是法照净土教的特异之处。然而，善导也作有《般舟三昧行道往生赞》《转经行道愿往生净土法事赞》《六时往生礼赞》等，也提倡并实践诵经、念佛、赞叹为一体的作法。《五会法事赞》的宗教，与善导的实践也有相似之处。《五会法事赞》中，频频引用善导与仪式相关的三部著作，故此法照的《五会念佛法事赞》受到了善导制定的作法的很大影响，这一点无可质疑。

善导与法照两者之间，存在有如上的共通类似之处。不过，善导的净土教不可能游离善导的时代而存在，比如，他有致力于与当时流行于北方的摄论派的念佛往生别时意说进行辩论。法照净土教也不可能与法照的时代完全脱离关系。两者之间，由于时代形势不同，而产生出若干差异。善导的净土教，是对他那个时代佛教界所出现的诸问题的因应，并且他也必须在他那个时代佛教界所能容许的框架下展开说明与回应。法照的净土教也面临着同样的问题。法照为了主张其念佛教，必须选择或者对其周围所存在的佛教教派进行抨击说服，或者承认其他教派的主张，以换取其他佛教诸派对其净土教的承认。法照选择了后者。他没有对其他佛教诸派展开抨击，而是在承认佛教诸教门的基础上，主张自己的净土念佛教。盖其时，这种佛教诸教门融合的倾向，业已成为法照时代佛教界普遍存在的动向。

那么，法照是据何教义，而向当时的佛教界说明推介其念佛、往生与净土的主张的呢？这个问题，其实是法照净土教与当时一般佛教界的交涉关系的问题。如前所述，法照现今所存的著述，都是与实践仪式有关的，对净土教义的论述并不多见。但即便就此仅存的散见于广略二本中的部分论述，也可以大致窥知其对当时佛教界的立场。

首先，能够确知他接触过天台与华严的教义。天台与华严的教学中，也旁涉到念佛、往生、佛、净土等问题。虽然没有明文证明法照有受学过这样的教义，但如前所屡屡指出的那样，无论是就其师承而言，还是就其修学之地而言，或是就其所处的时代而言，他接触这样的教义的机会都甚多。

天台教方面，首先可以推断，他住在南方的一段时间，受到了其师南岳承远[1]以及以苏（州）常（州）为中心、兴隆天台教的同时代的荆溪湛然及其一门教义的感化和影响。湛然的名著《止观辅行》中，有被后世净土教徒所津津乐道的名句"诸教所赞，多在弥陀"。湛然的第一俗家弟子梁肃，作有《祇园寺净土院志》（《文苑英华》卷378）。此外，湛然一门的天台教徒，大多都承认弥陀念佛教并躬行实践。湛然着力研究的《维摩》《涅槃》等经，法照也特为重视并运用。法照时代的南岳高僧法证，曾受学于湛然（参照柳宗元《南岳云峰和尚碑》及《南岳云峰和尚塔铭》等）。这些都应该注意。

在长安，与法照同时代的飞锡，是天台教义的继承信奉者，主张法华与般舟（念佛）双修。他与法照不可能没有交集。

在五台山，很早就有天台教义流传（李邑《五台山碑》）。据传神英建有法华院（《广清凉传》卷中"神英和尚入化法华院"项）。又，五台山大历法华寺的存在（《入唐求法巡礼行记》卷3）、圆仁时代五台山"天台教迹文书备足"以及学者讲学实践的盛况（《入唐求法巡礼行记》）——这些都足以令人想象，法照受到了天台教、《法华经》的充分影响与感化。

法照著作中的此下两段之语，直接证实了法照净土教的基础中存在有天台教义：

夫如来设教，广略随根，终归乎实相，得真无生者，孰能与于此哉？然念佛三昧，是真无上深妙禅门矣。

　　念佛三昧理事双修，相无相念，即与中道实相正观相应。（略本，T47，474 页下、475 页中）

　　其次，华严宗方面。华严宗在唐朝帝都之地而大成并兴隆。恰巧在法照同时代，澄观在长安、五台山中兴华严宗。澄观颇为博学，出入于三论、天台与禅之间，其教学有以华严教学为中心综合统一大乘诸宗的倾向。大历十一年入天台山的澄观，驻锡法照曾止住过的华严寺，从事华严教义的研究讲说，著述了有名的《华严疏》。法照教化的并州、长安之地，也是澄观亲为弘教、受到归依尊崇之地。此外，澄观在《华严大疏钞》卷 62 中，将念佛分为称名往生念佛门等五门并论述之。又，他认可华严行者不生华藏而生西方净土，其理由是：有缘故；欲使众生归凭情一故；不离华藏故；即本师故（《华严经行愿品疏》卷 10，X5，198 页上）。故此，澄观并不排斥念佛往生之教。而且其著述中，也曾提到过法照所建立的竹林寺。

　　如此看来，活动于同时代、同一地方，又同在朝廷受到归依尊崇的澄观与法照，若说两人的教义完全没有交涉是不可能的。

　　澄观在《华严疏》中，极力主张止观双行、定慧双运、双照理事、寂照双流等。此外，其著作中处处可见"双融""双绝""双非""双离""双修"等语。不偏于对立、并存观念的一边，固然是佛教的重要教义，但澄观屡屡运用双字并特别加以强调，进而主张天台、禅等诸教的融摄，是其思想的重要特色。

法照略本与广本中，都引用《华严经》作为建立念佛教的重要证明。法照的竹林寺六院中，据云有华严院与法华院。又，法照也主张"理事双修，相无相念""福慧双修"等，承认净土教与禅等的融合一致。法照的教义立足于天台教义的同时，也与澄观的华严教学有相通之处。

澄观与法照之间，有直接交涉。虽不能遽然断定其中一方从另一方接受了教义，或者相互之间有见解交换，但至少在法照的著述中，可见有与澄观的华严教义相通的观念。

对于当时盛行的禅宗，法照一方面明辨念佛教，一方面又主张念佛与禅的融合统一。略本的卷首，首先表示念佛三昧即是无上深妙禅门：

> 夫如来设教，广略随根，终归乎实相，得真无生者，孰能与于此哉？然念佛三昧，是真无上深妙禅门矣。以弥陀法王四十八愿名号为佛事，愿力度众生，所以五会声流于常宫，净教普沾于沙界。故《华严经》云，三贤乃至一切诸佛无上菩提，皆不离念佛念法念僧而生。故《法华》《维摩》等经，有以音声语言而作佛事，又声名句文为诸教体。岂同今之学者，紫金之容都拨为有相，髻珠之教悬指为文字，语无色则舍于真色，论无声乃厌于梵声。坐号无为，行称失道，即颠坠邪山，良可悲矣。
> （T47，474 页下—475 页上）

读此文，可以看出法照有斥责禅宗、对抗禅宗的意向。但是，法照所排斥的不是禅，而是禅侣中的一部分人，执着不立文字、无念无生，将佛的相好、净土的庄严视作有相的迷见，将经典文字、供养、事相的作法等看作非佛道，他抨击的是这些。盖当时的禅门分为南北诸派，相互各立门户，标榜正统，长安也有南北各派的高僧在活动，且受到隆重礼遇。而随着禅的兴隆普及，浅见的禅侣之间出现了不少极端论者，他们将经论视为无用，将供养三宝看作著相，排斥持戒念佛，以无文字、无经像、无作法为得意。这样的偏空论者，在南方禅侣中尤多。法照所排斥的，是这种无经像、无作法的偏见。他在略本中说：

> 今坐禅，但当念佛，岂同离念求乎无念，离生求于无生，离相好求乎法身，离文字求乎解脱。夫如是者，则住于断灭见，谤佛毁经，成柜法业，坠无间矣。凡在修道，可不慎毁，可不敬欺！（T47，476页中）

他告诫说，离念而求无念，离生而求无生，离开相好而求法身，离开文字而求解脱，如是等皆为断灭邪见，犯谤佛、毁经、堕极重地狱之罪。而坐禅中运用念佛，则不但不会堕此断灭之见，且可以据此体达无上深妙禅门。法照的这种主张，与肃宗、代宗时代慧能南宗禅的慧忠有相通之处。慧忠痛斥南宗禅侣无视三藏圣典，其自身博通经律论，重视圣典的研究，主张禅教一致。此外，这还与为慧忠撰写碑文的飞锡撰的《念佛三昧宝王论》的所说有共通之处。

在禅宗盛行的时代出现的法照，驳斥禅侣对念佛的非难，为念佛教辩护的同时，认为佛道的根本精神在于体达无上深妙禅门，进一步主张"念佛三昧是真无上深妙禅门"，频频提倡禅与念佛的一致双修。

观见眼根常清净，色界元来本是空，色性本来无障碍，无来无去是真宗。（广本《六根赞》，T85，1248页中）

人今专念佛，念者入深禅，初夜端心坐，西方在目前。念即知无念，无念是真如，若了此中意，名为法性珠。（广本《净土法身赞》，T85，1264页下—1265页上）

普劝众生勤念佛，亦教持戒及修禅。……持戒坐禅名正法，念佛成佛是真宗。不取佛言名外道，拨无因果见为空。禅律如何是正法，念佛三昧是真宗。见性了心便是佛，如何道理不相应。念佛声声下佛种，坐禅持戒用真功。（略本《正法乐赞》，T47，479页中—下）

坐禅诵经常念佛，会当证果得菩提。（广本《离六根赞》，T85，1248页下）

这些语句都体现了一个宗旨，即禅、念佛的一致双修。法照不仅提倡禅净双修，而且将诵经、持戒等皆视为佛行，而主张双修双行。

法照时代的长安，从前代以来，既已盛行持咒、仪式的宗教、密教。尤其是不空一派，占据了君临长安佛教界的地位。五会法事，从其根底来说，是仪式性的宗教，其中也采用了密咒。不空是虔诚的五台山文殊信仰者。法照亦是虔诚的五台山文殊信仰者，他坚信自己的念佛教是经过文殊所证明的。法照的五会念佛教，与不空的密教有相通之处。略本的《庄严文》，是举行五会念佛法事时的宣疏。文中为以禅和尚、律和尚等为首的三纲、徒众、诸阇梨等祈福祝愿，并祈愿同生安乐，这显示了法照在长安地方禅、教、律繁荣之际，致力于融合协调的佛学态度。即他不是努力折服其余诸教而独尊念佛宗，而是将其余诸教融合于念佛教，使之与念佛教并行、流通。

简言之，法照继承祖述唐初以来执长安净土教牛耳的道绰、善导的教法，将念佛往生极乐净土教视为末法罪恶生死凡夫最为契机的宗教的同时，运用天台、华严的圆融教义，将其念佛教与当时盛行的诸派佛教相融合协调。这种念佛教与各教融合的学风，也见于同时代的飞锡。实际上，融合综合双修的倾向，也是大历、贞元长安佛教界的整体趋势。法照的净土教，顺应了长安佛教界的时代潮流。不过，征之于法照修学经历，可以发现，这也是法照成长的自然结果。

法照之师承远，先是在引声念佛盛行的四川地方的禅门中受教，其后进入天台教惠真门下，又经慈愍慧日的劝化而归入净土念佛教。慧日、承远既已主张禅、戒、净一致兼修，法照天台教色彩浓厚的禅、戒、净一致兼修的学风，乃是基于其师承远的主张。[2]

中国净土教，在唐初经道绰、善导之手已基本大成，此后在净土教义上少有推陈出新。不独净土教，中国佛教诸宗的大成，也大半是在开元之前，其后则是在继承的基础上注释化、固定化、形式化。尤其是在大历、贞元时代的佛教全盛时期，唐前期分立的诸宗派的综合调和是其大势。综合调和，未必会发展成开创新风气的热诚纯真的信仰运动。诸宗融合调和虽能光大教义组织，使教界的外观形式更为盛大，却失去了作为宗教的纯一性、热诚性，进而使社会指导力减弱，宗教团体的实行力、团结统一力变得稀薄。唐中期以后的佛教教团虽然从数量上、财力上不断壮大，但是六朝、唐初所见到的那种充满殉教式热情的信仰运动，强力推进宗义主张的宗团式运动，很多都已消失不见了。佛教界全体，在表面的综合调和双修的美名下，妥协迎合之风盛行。法照净土教中所见的立足于天台等教义而综合融会诸宗诸行，在禅、教、律双修双行中普及净土念佛教的主张，虽然不能说不是顺应时势的净土教的新发展，却很难将之作为净土宗独自的发展。净土教中诸宗诸教综合双修之风渐盛的同时，由净土念佛宗纯一热情的信仰而支撑起来的宗教的教化指导力，也难免逐渐稀薄。综合调和，容易转为妥协。纯一热情的信仰，不能从妥协中产生。原本，法照的宗教是立足于他的感应体验，他得到灵验之后的言行，应当作为感应体验者的经验来思考与理解。其散见于不是显示其组织教学的仪式用的各种赞歌中的佛教诸宗综合双行之说，单纯视之为妥协说或者方便说，也许并不恰当。然而，感应体验者的宗教，也要经由其人或者其继承者对其教义进行组织说明，才有望作为一宗而成立发展。法照没有将其教义进行体系化、组织化的继承人，其著作本身也久已失传。故此，以现存的法照遗著中所见到的诸宗综合双修的观点，不足以就此说明他没有矛盾地综合调和了分立发展的唐代佛教诸宗，折服解消了对念佛教的各种质疑，使之归伏于其说。不论如何，中国净土教史的事实是，唐初道绰、善导所倡导的专修一行主义的净土宗的纯一性、独立性，在唐中期以来逐渐显著的综合双修主义中渐渐消失了踪迹，宋元明清时代，净土宗反而成为了他宗的寓宗。

要之，见于法照的教义中的，一方面是对唐初净土教的祖述，一方面是作为当时佛教界整体趋势的综合双修主义。这是对慈愍、承远教的继承，看不出法照自己的特色。法照净土教的特色，是见于五会念佛法中的具有音乐曲调的念佛法及其神秘感应的宗教。

具有音乐曲调的念佛法，也即是引声念佛，未必始于法照。如前所述，承远的乡梓之地四川地方的禅宗中也流行，若法照的乡里也是四川地方的话，法照的引声念佛即或许来自当地的引声念佛。法照的时代，恐怕有不少地方流行引声念佛，法照实修引声念佛未必希奇。若然如此，法照引声念佛的特异点，是他引声的音曲本身是经由阿弥陀佛所亲授，被赋予了无上的神圣性。法照不仅将其视为弥陀亲授的无价梵音，而且又强调在五台山经由文殊、普贤的亲为证明，五会念佛的音声曲调本身具有神圣性、无上的功德利益，对念佛的音声赋予了恰似密咒的性质。换言之，法照净土教的特异点，是据于神秘感应而提倡具有音乐曲调的称名念佛。这可以说是产生于中唐时代以来信仰广为普及的五台山文殊圣地的感应中，具有很强的庶民性、音乐性的念佛与咏唱赞歌的净土教，也可以说是结成男女僧俗信仰的团体并给予指导的团体性、仪式性的净土教，也可以说是诞生于唐文化的极度颓废的社会，包含有娱乐性要素的僧俗共同信仰的佛教。

在古代社会，神秘的灵瑞动摇人心的力量之大，现代人很难想象。尤其是中国社会中，这种倾向特别显著。中国的内乱，很多都有宗教的背景。宗教性的灵验信仰被强化、扩大化的诸多史实，充分说明了中国社会中神秘灵验的势力之大。这起因于中国的庶民社会长期以来民智未经开蒙，久经贫困。法照同时代的汴宋节度使刘玄佐（735—792），就曾经利用人性的这种弱点，积累巨万之财充为军用：

> 汴州相国寺言佛有流汗。节帅刘玄佐遽命驾，自持金帛以施之。日中，其妻子亦至。明日，复起输斋梵。由是将吏商贾，奔走道路，唯恐输货不及。乃令官为簿书，籍其所入。十日乃闭寺门，曰："佛汗止矣。"所入盖巨万，悉以赡军。（《唐国史补》卷上）

这样的事例，绝不在少数。可以想象，在人们为佛像流汗的传言而奔走相告，很容易就被武将的权谋所利用的时代，像法照这样既有热烈的信仰又能身体力行实践的人所高唱的"阿弥陀佛亲授、文殊普贤证明"的净土念佛教，是怎样轻易地能够打动人心。更何况当时，是五台山文殊菩萨信仰及其灵异现象的信仰风靡一世之时，是五台山的灵异成为当时中国佛教徒最渴仰的信仰，凡是与五台山有关的灵异信仰都被无条件地归依信服的时代。如果从法照净土教中剔除其神秘的感应事迹，或许他在高僧传中不被留名也未可知。要之，根植于神秘感应的称名念佛的神秘化，是法照净土教的生命。

法照净土教的另一大特色，是为实修神圣化的音曲性称名念佛，而采用了数量众多的赞歌。他亲自撰写了许多赞歌，并将之组织纳入五会念佛法事中，制定了以音曲为重心的作法仪式，并大力宣传。净土的赞歌在唐初亦颇为盛行，善导的净土赞诗是其中显著的代表。法照也效仿善导，并转用了善导的部分赞诗。但是，他所收集、制作的赞歌，远比善导的更为通俗化、平易化，很多可以说是俗语诗、口语诗，以朗朗上口、容易背诵传唱为其鹄的。这相当于我国伴随着念佛的发展而被传唱的和赞。原本对于以道俗男女、罪恶凡夫为对象的净土教来说，比起高雅的净土诗，通俗平易的赞歌更受欢迎。代表大历、贞元时代的法照、少康的净土教，正显示了这种自然的过程。法照、少康的净土赞歌的通俗大众化，也与唐代诗风文学的变迁相互呼应。有志于研究宗教类俗语文学——所谓俗文、变文的学者，应予关注。

原本中国佛教的赞歌（即是梵音），从六朝以来就大为发达，颇受重视。如今法照的时代，穿插有赞歌的音曲性法事，很投合从鼎盛而衰、接近颓废时期的长安文化圈之所好，自然也广受一边过着奢华生活而又艳羡佛教的风尚、为法会斋僧而不惜一掷千金的权贵阶层的欢迎。法照在章敬寺所撰写的《五会念佛略法事仪赞》，其法在当时曾实践过，其《庄严文》中，上为皇帝、太子、诸王、公主，下为卿相、百官而祈福祝愿。显然，法会得到了长安显贵阶层的归依与资助。此外，在当时的长安，为死去的亡人而延请僧人营造七七日的超荐法会非常流行，这在第二章所引证的姚崇的遗诫中已得到证明。不用说，宣说死后往生佛土的净土教法事，是最适合这种超荐活动的。法照的广本中也有"亡者处诵"的小注。可以推知，他的五会法事也用于超荐法会。再者，无需说，建立在神秘感应基础上的五会念佛以及通俗平易的赞歌法事，比起其他诸宗偏重于教理性的说教更容易受到欢迎。

法照净土教的独特之处——据于神秘感应体验的具有音乐曲调的称名念佛与赞歌法事——让法照在中国净土教史上留下值得大书特书的一笔，从而使法照名声显赫，这是无可否认的。

不过，通俗化虽能广大普及教化，其负面影响也不可小觑。它容易招致教义的堕落，失去独立性，与知识阶层渐行渐远，最终丧失精神界指导者的地位。在中国，即便获得了占人口大多数的庶民社会的欢迎，也极容易见弃于拥有高度古典素养的占据统治阶层的少数官僚与知识分子，甚至被视为统治的障碍。

另外，弥陀亲授的特殊念佛教，据由感应者的传承而得以保持其神圣性。如果没有师资相承，也就失去了弥陀亲授的神圣性，与一般称名念佛无异，五会梵音的特殊传承威力也会消失。局限于师资相承的特殊念佛教，容易成为传承曲调仪式的一部分团体的宗教，不能如"行住坐卧，不问时节久近，念念不舍者，是名正定之业"所显示的普罗大众、普及于一般人的生活中的善导净土教那样，拥有普遍性与悠久性。标榜救济一切凡夫的普遍的宗教，但又需要学习掌握音曲的法照净土教，最终只是限于特殊教团的人或者乐于听闻之人的宗教。

我国中古时代有名的唱导师圣觉法印，在吟诵摄津胜尾寺源空施入的一切经供养法事的表白文中，评述慈觉大师圆仁流的引声念佛道：

> 然慈觉大师之念佛传灯，虽开经文，和宝池之波，不能适劣机之行。(《法然上人行状画图》卷 36)

圆仁的引声念佛，据传是传承了法照的念佛。这段对圆仁的批判，同样适用于对法照五会念佛教的批判。

唐王朝此后不久，以长安为中心，由武宗发动了废佛事件。唐亡后，文化中心从长安移至开封，进一步南下而至江南。法照活动的区域，最终落入异族之手，法照五会念佛教的师承亦不明了。北宋杭州天竺寺的遵式甚至将五会念佛教的开创之功归之于善导：

> 善导和尚，立五会教，劝人念佛。(《乐邦文类》卷 2
> 《往生西方略传序》，T47，168 页中)

南宋志磐将五会念佛误会为五日一会(《佛祖统纪》卷 28 《净土立教志·李知遥传》)。中国中原地区，从唐末开始，法照的五会法事的传承及其著述的流传，都无从知晓了。不过，其广本被封存在远至西方的敦煌中，如今更被送到了西欧，略本越海而至日本，被刊刻流传。其引声念佛法，也传来日本，成为引导净土宗门独立的有力诱因。朝鲜箕城大师的《念佛还乡曲净土法门章》中，也提及到法照及其净土教：

> 大本经标阿弥陀佛，三辈之行阿弥陀佛。
>
> 天亲论说阿弥陀佛，专修之法阿弥陀佛。
>
> 文殊普贤阿弥陀佛，竹林道场阿弥陀佛。
>
> 摩顶法照阿弥陀佛，印赞念佛阿弥陀佛。
>
> 慧日天竺阿弥陀佛，求问要文阿弥陀佛。
>
> 观音告言阿弥陀佛，念佛最上阿弥陀佛。

这很容易让人联想到法照净土教在朝鲜传播的路径。[3] 如果辽、金以及朝鲜的佛教研究能够进一步深入的话，或许北方地区法照教的流传踪迹能够更加明了。对我来说，这是未来的研究课题。现在据圆仁的纪行以及镜霜的法照碑等，暂且只能考察出至唐末时代，长安、五台地方有法照的传承。此外，斯坦因敦煌本中《同会往极乐赞》之类在法照广略两本中所不见的赞，或许是法照师徒间实修的赞诗。由此可以推导出，在唐五代之际，包括敦煌地方在内的北方地区，有法照教的流传。

要之，法照作为净土教的高僧，在长安地方受到尊崇归依，其宣扬念佛教是在代宗、德宗的大历、贞元时代。大历、贞元时代，是唐王朝于安史之乱后恢复至开元、天宝之盛观的时代。虽然长安的建筑、美术、文学、宗教越发繁盛，但是唐王室君臣渐失紧肃认真之风，表面上盛大豪奢的帝都生活，掩盖不住大唐国家无论是从行政方面还是从财政方面都由盛转衰、开始走下坡路的颓势。虽然从形式上复原继承了天宝全盛时期的文化，却是逐渐从成熟转向颓废的时代。

唐代的佛教亦然。初期那种向开宗立派、社会教化、生活指导阔步迈进的热情渐渐稀薄，陷入妥协安逸之中。佛教界的综合双修协调之说，与初唐的开宗立派时代相比，学虽广，信仰薄，说虽高，践行少之风渐显。下流佛教通俗化、民俗化的同时，渐渐失去了佛教本来的面目，从国民指导的地位而走向社会下层。至此，中国佛教的成长期已然终结，已经露出从维持前代的存续而转向颓废期的征兆。大历、贞元时代代表性的净土教徒飞锡、法照、少康三人，就充分说明了净土教史上这个时代的意义。三者当中年代最早的飞锡，明显地主张综合双修，年代最晚的少康，明显地有通俗化的倾向。而法照的净土教，兼有两者的特点。法照净土教，是中国中原地区善导教的最后传承者，又提示了中国净土教未来的发展态势，继往开来，充分显示了大历、贞元时代的文化史上的、佛教史上的意义。

注释

[1] 承远与天台教的关系，见拙稿《南岳承遠伝とその净土教》。

[2] 参考小野玄妙博士的《慈愍三蔵の净土教》(《现代佛教》17—23号）及拙稿《南岳承遠伝とその净土教》。

[3] 参照小野玄妙《慈愍三蔵の净土教》。

第十二章

余 论

法照净土教与日本净土教的关系

 我虽有意在最后论述法照净土教与日本净土教的交涉关系，然由于前面的篇幅已经很大，不能再广泛地展开。我以前曾经提到过：第一，平安朝时代以京都为中心念佛教普及流行的重要原因且作为中心的，是比叡山常行堂所践行的圆仁传来的五台山念佛。第二，比叡山常行堂的念佛，又被称为"不断念佛""常行堂念佛""山念佛"，以京都为中心而几乎流行全国。第三，圆仁传来的念佛法，是出自五台山、长安地方所实践的法照念佛教。[1]时至今日，我虽想对前说再加若干补正，但大要已经说尽，就不再详细论述，只就法照净土教对法然上人开宗立派以来的镰仓时代的念佛教徒的影响而略述一二。

 众所周知，法然开创念佛宗，是依据善导的著述。不过，如果没有以常行堂念佛为中心的念佛教的普及流行，恐怕法然的开宗立派也无从实现。即便是能够开创念佛宗，也不能振臂一呼，马上就有那么多的响应者出现。正是由于念佛教普及到了一般社会，他的念佛宗独立的宣言，才能够以如决江河之势集中起诸多的支持者。如此说来，法照的念佛教是日本开创净土宗的重要前提。法然虽然没有将法照列入其所立的净土五祖中，但他读过法照的《五会法事赞》，了知法照的事迹，并归依其人、其教旨。法然在其根本著述《选择本愿念佛集》中，就引用了《五会法事赞》之文，作为自己念佛教的证明。其文如次：

> 故法照禅师《五会法事赞》云："彼佛因中立弘誓，闻名念我总迎来，不简贫穷将富贵，不简下智与高才。不简多闻持净戒，不简破戒罪根深，但使回心多念佛，能令瓦砾变成金。"（第三章）

> 法照禅师《五会法事赞》云："万行之中为急要，迅速无过净土门，不但本师金口说，十方诸佛共传证。"（第十四章）

由于日本念佛宗的开宗之祖引述了法照的《五会法事赞》，故此其门徒之间也广泛传诵。这里从《明义进行集》[2]中抄出二三例为证。

禅林寺僧都静遍（贞应三年，1224 年寂）：

> 又诵法照禅师《五会法事赞》中"彼佛因中立誓愿，闻名念我总来迎"之七言八句之文。常言，此真乃净土宗之肝心，念佛者之目足也。

毗沙门堂法印明禅（仁治三年，1242 年寂）：

是以法照禅师《五会法事赞》中有云，"彼佛因中立弘誓，闻名念我总来迎，不简贫穷将富贵，不简下智与高才。不简破戒罪根深，但使回心多念佛，能令瓦砾变成金"。若深识此旨，则有何惑。空上人等明信本愿诸贤，皆将此文视为眼目。

空阿弥陀佛（安贞二年，1228 年寂）：

常诵"如来尊号甚分明，十方世界普流行，但有称名皆往生，观音势至自来迎"之文，叹说"於戏南无极乐世界"。又反复咏唱"观音势至自来迎，於戏南无极乐世界"之语，悲喜交流。念佛仪式结束之际，加诵"此界一人念佛名，西方便有一莲生，俱使一生常不退，此花还到此间迎"等赞文，从此上人始。

"如来尊号甚分明""此界一人念佛名"等句，都是《五会法事赞》中的句子。

圣觉法印的《唯信钞》中，也引用"彼佛因中立弘誓"等句而作为念佛宗的依据。亲鸾不仅在《教行信证》的行卷中引用《五会法事赞》的略本，高田专修寺还发现了亲鸾手抄的《五会法事赞略抄本》。[3] 法然及其门徒采用《法事赞》的样式而举行法事，已经南条神兴师指出。[4] 由圆仁传来的《略法事赞》对法然系念佛宗的影响绝不小。

此外，《法然上人和语传灯语录》的卷 2、卷 3 中，引用了《大圣竹林寺记》，被视为镇西流三祖、镇西流宗学的大成者良忠，也是经由阅读《大圣竹林寺记》而归入净土之门的。金泽文库中，有数量众多的与镰仓时代的净土宗圣典一起传世的，用和文书写的写有《广清凉传》法照和尚入化竹林寺大意的条项。[5]由此可知，法照的事迹也对日本净土宗影响不小。

通观整个日本净土教史，日唐之间的直接交涉，是在唐初道绰、善导教的隆盛期之后，奈良朝出现了《圣武天皇宸翰净土诗》及其道绰、善导、怀感著述的传来书写。但是，这些奈良朝书写的善导等的著述，并没有马上对日本净土教的发展产生指导作用。善导等的著述虽然被书写、供养、收藏，却没有成为奈良、平安初期净土教义的中心，引导当时的净土教信仰。倒是经由圆仁所传的五台山念佛法（即法照流的念佛教），马上被付诸实践，成为藤原时代念佛教流行的中心势力，引出了日本净土信仰史上的一大转换期。圆仁的念佛教普及之后，原本早就传来的善导著述才登场，并走上前台，作为教义组织的指导书，重新被法然等研究，开创了净土宗的宗义组织。日本念佛教正好与唐代净土教发展的历史顺序相反，先是由法照的念佛教作为开拓，然后由善导的净土教而组织大成。

注释

[1] 参考拙稿《常行堂の研究》及《唐慈恩寺善导禅师塔碑考：附章敬寺法照和尚塔銘考》。

[2] 此书是法然门下的第一长老信空以及师从隆宽的信瑞所著。河内

金刚寺有弘安六年的写本，收录于黑板博士等发现的佛教古典丛书中。该刊本的卷尾收有黑板博士的解说及望月博士的论文，可资参考。

[3]《高田学报》第 2 辑收录有三井淳辩氏的《宗祖抄出の五会法事讚に就いて》，对此写本有介绍研究。

[4]《五会法事讚講義》卷 1(《真宗全书》7，396 页)。

[5] 参考拙稿《浄土宗学上の未伝稀覯の鎌倉古鈔本》(收于《今岡達音氏還暦祝賀論文集》)。

附录一

南岳承远传及其净土教

序　言

　　唐承远的师从之人及其门流，如下图所示。之前的净土教研究家对法照多有论及，然而对其师承远却很少尝试进行研究。这大概一方面是由于他的著述没有流传下来，另一方面他的传记资料也没有被充分发掘的缘故。

　　承远的弟子法照，是与太宗、高宗时代的善导相媲美，代表着代宗、德宗时代的净土教的、唐净土教史上值得大书特书的人物。然而，即便是法照，也很难说他的生平及教义已经研究透彻了。这或许与日本的法然标榜善导教而立净土宗有关。善导及善导以前的中国净土教

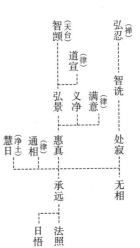

家，一直以来受到普遍重视，而善导以后的净土教家的研究，却长时期被搁置忽视了。再加上中国佛教史学的研究从整体上尚不完备，故此，承远、法照的研究至今仍处于尚不完备的状态。

尽管如此，法照不仅在中国净土教史上具有着与善导相比肩的重要地位，而且在日本净土教的发展方面，也有着不亚于善导的重大影响与关联。这一点，据种种新出的资料或一些长期被忽视的资料，可以得到充分的证明。

我尝试查找新出的敦煌遗书，试图从伯希和氏所搜集的文书 2001—4521 卷子中（2066、2130、2250、2963、3216等）搜寻与法照相关的资料。尤其是从北平图书馆（译者按：今中国国家图书馆）收藏品中，找出能够证明被认为是已散失又重新找回的三卷本《五会念佛诵经观行仪》的存在的法照著述的断简。[1] 从敦煌遗物的数量上来看，在唐末宋初时期，法照在敦煌净土教的地位尚在善导之上。另外，法照的主要传法地，是长安、太原及五台山地区。法照净土教在唐代这一带的影响，通过我国圆仁的《巡礼行记》可以得知。圆仁在五台山瞻礼了法照的念佛三昧道场，并参拜了被敕谥为大悟和尚的法照的遗像，又来到长安，亲身听闻了法照的门下弟子、章敬寺镜爽法师巡回诸寺指导念佛的事迹，[2] 携带法照的《净土五会念佛略法事仪赞》回国，在比叡山建立常行堂，精修常行三昧。其常行堂的念佛，吸收了法照的五会念佛。常行堂的建立及常行三昧的修习，盛行于比叡山、以京都为中心的平安朝佛教界，大大促进了念佛往生信仰的发展。[3] 法然正是出现在由常行三昧的普及而念佛往生信仰兴盛的时代，受善导净土教义的引导而创立了净土宗。即是，法照在中国出现于善导之后，被称为善导后身而广垂教化。而日本的法然，出现于由法照系念佛的普及而带来的往生信仰兴盛之际，据善导教义的指导而开创了日本净土宗。法照在中国及日本净土教史上的地位，应该比以往更受到重视。

法照的念佛教，发祥于湖南衡山（南岳）。本稿想考察门下出了法照这样一位净土教大师的南岳承远的传记及其净土教的性质。承远传以往不是很被关注，所以他的履历不明之处不少。因此，首先要搞清楚承远的传历。这是我的第一个目的。其次，承远的著作完全没有流传下来，他的主张和净土教是如何也不得而知。我想通过查明他的传记履历，搞清楚他曾经师从何人及师从之人的教义主张，以及他门下弟子的事迹与教义，以此推定出承远自身的净土教义。这是我的第二个目的。同时我还想据此考察唐宋以至今天，在中国净土教的法流中，承远的净土教具有何种意义。

日本的净土教和中国的净土教，旨趣上有所不同。法然以后的日本净土教，强调本愿念佛、他力救济。其结果是，不把戒律生活作为获得弥陀救济的必要条件，从而导致不重视定慧的熏修，甚至从信仰的角度产生了漠视戒定慧的倾向。与此相比，在中国，严肃的戒律生活被认为是不可缺废的，禅观思维，即定慧方面的实践也没有被舍弃。禅戒与念佛的双修，或者禅与天台、华严等教门的统合，进一步禅教与念佛教的融合成为潮流。尤其是唐中期以来，这样的主张逐渐成为中国净土教的主流，直到近代。中国净土教的这种倾向，是如何产生发达起来的呢？我想通过探明承远的传记履历，以及查明他师从之人、门下之人的教学系统，在融合教律禅的念佛教潮流的上流，发掘、还原出承远的净土教。

第一节　传记资料

南岳承远的传记，在宋王古的《新修往生传》卷下、宋志磐撰《佛祖统纪》卷 26、清彭际清撰《净土圣贤录》卷 3 等都有记载。但是我们首先有必要追溯这些传记所依据的原始材料。长期以来，佛教研究者们的传记研究之所以没有见到长足的进展，是由于他们大都只依赖正续大藏经所收录的传文，不去进一步追溯它的原始材料，或者不广泛搜集藏外的资料，以及忽视对资料的价值批判，从而导致失去了很多应成为第一手资料的资料。现在我将依次对承远传的主要资料加以列举，并作简单的述评。

（一）唐吕温撰《南岳大师远公塔铭记》

收录于《吕和叔文集》卷 6。另外，《文苑英华》卷 866 以《南岳弥陀寺承远和尚碑》为题而收录。

吕温（772—811），字和叔。其父名渭，贞元十三年九月，由礼部侍郎出任湖南观察使，十六年七月卒于任（《旧唐书》卷 13）。吕温以贞元年末中进士，贞元二十年冬，工部侍郎张荐出使吐蕃，以副使相随。元和元年归朝，任户部员外郎，然而在任不过数年即被贬。元和三年十月出任均州刺史，继而为道州刺史。又于元和五年转为衡州刺史，六年八月，以四十岁卒。衡州是承远广垂教化、终老之所南岳（衡山）所在之地。并且吕温将出使吐蕃之时，其妻亲自绣药师如来像为夫祈福，吕温为之作《药师如来像赞（并序)》(文集卷9)。因而可推知其家庭佛教信仰浓厚，其本人也具有相当的佛教素养。承远的塔铭充分体现了他对佛教的造诣和对承远的尊敬。

此外，远公塔铭有"云迹一灭，天星六周"云云之词，显示铭文作于承远寂后六年。

承远以贞元十八年（802），世寿九十一岁圆寂于南岳弥陀寺。寂后六年，为元和三年。此年恰巧是吕温被贬谪之年。吕温并没有直接面见过承远。但是这篇塔铭作于承远圆寂后仅六年，是由对佛教具有相当理解能力之人，根据承远弟子们所提供的资料而作的，因而具有相当高的可信度。不仅如此，此碑文在记述承远传的详细程度方面，也在所有资料中居首位。

吕温的文集，收于《粤雅堂丛书》及新近的《四部丛刊》。《四部丛刊》本系古里瞿氏所藏，是述古堂景宋抄本的影印本。

（二）唐柳宗元撰《南岳弥陀和尚碑》

收于《柳河东集》卷6。

柳宗元比吕温仅年轻一岁。而且，他比吕温早数年，于永贞元年（805）三十三岁，就在湖南开始了流谪的生活。吕温调任衡州刺史继而去世这段时间，柳宗元正在附近的永州当司马。柳宗元曾经为吕温作《故衡州刺史东平吕君诔》(文集卷9）及《祭吕衡州温文》(文集卷40）两文。在流谪永州期间，柳宗元与湖南地方的诸高僧交游，应僧侣之请作了许多碑记。此中承远的碑文之外，现存与南岳僧侣有关的，有如下数种：

南岳云峰和尚碑

南岳云峰和尚塔铭

南岳般舟和尚第二碑

南岳大明和尚碑并碑阴

衡山中院大律师塔铭

这些碑记，都应该作为承远研究的参考资料。另外，记录承远事迹的《南岳弥陀和尚碑》，在赵明诚的《金石录》卷9作"弥陀和尚碑　柳宗元撰正书　元和五年"，欧阳修的《集古录跋尾》卷8也有"唐南岳弥陀和尚碑元和五年"的题记。但是念常的《佛祖历代通载》卷20将碑文的制作年限记为元和七年。总之，柳碑的年限与吕碑大约同时或稍后。柳文与吕文相比虽然简略，但应共同视为承远研究的第一手资料。惜乎现在两碑都已经不存世了。

（三）宋王古撰《新修往生传》卷下

神宗元丰年间（1078—1085），清源王古编著，收于《续净土宗全书》。

（四）宋志磐撰《佛祖统纪》卷26《净土立教志》

志磐将承远作为莲社七祖中的第三祖，而为之作传。

（五）清彭际清撰《净土圣贤录》卷3

上三种承远传，皆系根据柳碑而作，总之内容上没有超出（一）（二）两种资料之外，所以作为承远传的研究资料，只能视为（一）（二）两种的参考资料。

要之，以上五种承远传中，应将（一）（二）作为根本资料。以下为方便论述起见，将（一）略称为《吕记》，（二）略称为《柳碑》。且二文主要采用《四部丛刊》本。

另外，近年研究承远的相关论文中，以下两种很有参考价值：

望月信亨博士《法照禅師の事蹟及び教義並に中唐時代に於ける禅対念仏論》(《摩訶衍》1—1 所载。另收录于氏所著《净土教之研究》再版本)

佐佐木功成氏《承遠・法照の事蹟に就いて》(《龍谷大学論叢》265 号)

特别是后者，利用了吕温和柳宗元的两种碑文。

第二节　出家及师从唐禅师

> 师讳承远，汉州绵竹县谢氏之子。……甫志学，始游乡校。惊《礼》《乐》之陷阱，觉《诗》《书》之桎梏，忽忽不乐，未知所逃。俄有信士，以尊胜真言质疑于学，怡然耸听，宛若前闻，识契心冥，神动意往。遂涕决（《英华》作"诀"）慈顾，行徇幽缘。（吕记）

承远（712—802），出身于汉州绵竹县（位于四川省成都市北方，系古来涪地出成都的要地）谢氏之家。根据贞元十八年（802）以九十一岁高龄圆寂推断，其生年为睿宗太极元年（712）。

承远到了志学之年，就学于乡校。但是他对在这里所接受的礼学、诗书之学深感不满。唐时的儒学，因太宗《五经正义》的撰定和颁布，钳制了思想的自由发挥，变得固定化、程式化。而伴随着社会生活的进步与发展，自由奔放的诗文界呈蓬勃发达之势。读书人普遍尊崇诗文，重视进士科，对形式化的经书注释之学失去兴趣，有志于明经之人逐渐减少，就连《五经正义》也处于被疏远的状态。[4]"《礼》《乐》之陷阱，《诗》《书》之桎梏"，毋宁说也包含着塔铭著者自己的观感与心境。总之，年少的承远不乐乡校的经学，寻求逃避之道。同时，当时的佛教历经太宗、高宗时代的持续兴盛，又经由则天武后的兴佛而越发进入极盛时期，中国佛教界处于最为辉煌灿烂之时。不满于经学、心情烦闷的青年学生，偶然的机缘，经由一位佛教信士为他开示尊胜真言，于是对佛教产生共鸣、感激，毅然决定舍家而精进于佛道修行。想来承远的归入佛道，应该是思考了当时的时代潮流。与幼年由于父母崇佛、自己懵懂无知而被动投入佛门的人不同，承远是由青年时期精神的烦闷不满发端，进而自己决意献身于佛道。此点应特别加以注意。他终其一生作为求道者或者教化者极其热烈严肃的操行，从他发心出家那一刻就开始了。

关于承远出家之后最初的师从之人，吕温、柳宗元所记如下：

> 初事蜀郡康（《英华》作"唐"）禅师。禅师学于资州诜公，诜公得于东山弘忍，坚林不尽，秘键相传。师乃委质僮役，服勤星岁，旁窥奥旨，密悟真乘。（吕记）

公始学成都唐公，次资川诜公。诜公学于东山忍公，皆有道。至荆州，进学玉泉真公。（柳碑）

吕温文集所说的"康禅师"，《文苑英华》中作"唐禅师"，柳宗元称为"唐公"。并且诜公的弟子中实有唐公其人，所以作唐禅师为正解。柳文的"资川诜公"，即资州诜公。

另外，吕温明确地记载"弘忍—诜公—唐禅师—承远"次第法脉相承。而柳文却说承远先学于唐公，后求学于诜公。下面尝试将据柳碑而作的两部承远传——《新修往生传》和《佛祖统纪》对比参照来看，以确认其师承之先后。

始学于成都唐，次资川说（说，一本作"诜"）。诜，即黄梅忍公法嗣也。（《新修往生传》，《续净土宗全书》本）

始学于成都唐公，至荆州，进学于玉泉真公。（《佛祖统纪》，T49，263页中）

上两传中，《续净土宗全书》本的"说"字，应该是"诜"字之误，"次资川说"，不用说，语法上是读不通的。要之，《续净土宗全书》本《新修往生传》所记与柳碑相同。《佛祖统纪》在这点上交代不清，作为著名人物的诜公（智诜）竟然被省略掉了。承远先学于唐公，然后又求学于唐公之师诜公，这也不是不可能。但是吕温的记录更为详细明了，今从吕温之说。

那么，诜公和他的法嗣唐公，又是何等人呢？望月博士说：

> 成都唐公，我想是否指智诜的弟子，俗称为唐承的
> 处寂。[5]

其理由虽然未作充分的考证，但是所说大体得当。这从敦煌所出的《历代法宝记》所记载的智诜、处寂、无相的传记中可以得知。[6]

资州诜公所学的东山弘忍，作为禅宗五祖，不用说，是有名之人。关于弘忍的门下，唐朝的宗密（779—840）在其《圆觉经大疏钞》卷3下，除慧能外，又列有荆州神秀、潞州法如、襄州通、资州智诜、越州义方、华州会藏、蕲州显、扬州觉、嵩山老安等十家，说他们"并是一方领袖，或阖国名僧"（X9，532页中）。此十家中所列的第四家资州智诜，即是吕温等所说的资州诜公。智诜的教学经由处寂而传无相，皆是在蜀地布教。宗密在同书中又说：

> 疏（《圆觉经大疏》）有三句，用心为戒定慧者，第二家也。根元是五祖下分出，名为智诜，即十人中之一也。本是资州人，后却归本州德纯寺开化。弟子处寂，俗姓唐承。后唐生四子，成都府净众寺金和尚，法名无相，是其一也。（X9，533页下）

可以推定，此处俗姓唐承的智诜弟子处寂，即是吕温、柳宗元所说的唐禅师或者唐公。智诜—处寂—无相三人师资相承，在四川宣扬禅法之事，在《历代法宝记》等中皆有详载。然而，此处尚有一个问题，需予以理清。

宗密将处寂俗姓作唐承。但是在《宋高僧传》卷 20 的《唐资州山北兰若处寂传》中，所记载其俗姓及师承与宗密皆不同：

> 释处寂，俗姓周氏，蜀人也。师事宝修禅师，服勤寡欲，与物无竞，雅通玄奥。居山北，行杜多行。天后闻焉，诏入内，赐摩纳僧伽梨。辞乞归山，涉四十年，足不到聚落，坐一胡床，宴默不寐。常有虎蹲伏座下，如家畜类。资民所重，学其道者臻萃。……寂以开元二十二年正月示灭，享年八十七，资中至今崇仰焉。(T50，836 页中)

《宋高僧传·处寂传》的开头部分，有关处寂俗姓与师承的记载有误。参照同为《宋高僧传》卷 10 的《唐京兆兴善寺惟宽传》附载的宝修传，即可明了：

> 唐罗浮山释宝修，俗姓周，资州人也。从师于纯德寺，志求玄理，于蕲州忍大师法裔决了重疑。后爱罗浮山，石室安止，檀越为造梵宇，蔚成大寺。一日告门人曰："因缘相逼，怅然不乐。"众咸莫测。顺宗皇帝深重佛宗，知修之名，诏入京，与三藏击问，并答翻译之意，朗畅如流。乃留居辇下三年，终于京寺云。(T50，768 页中)

以开元二十二年（734）八十七岁入寂的处寂，不可能师事被顺宗（805）迎于帝都留于辇下三年而寂的宝修禅师。两者的师弟关系应该反过来才对。而且这还要宝修拥有九十上下高龄才有可能。资州人宝修最初师从德纯寺。德纯寺，应该就是宗密所说的处寂的师父智诜弘教的资州德纯寺。若是如此，资州宝修最初出家之时的师父，应该是继智诜之后的处寂，或者他的门流。本来，《宋高僧传》的宝修传不应该附于惟宽传之后，其性质不同，倒是应该附在处寂传或者无相传之后。恐怕《宋高僧传》讲处寂俗姓为周氏云云，也是从宝修传中误传而来。《宋高僧传》中竟然有这样的错误。距离处寂的时代不是很远的宗密（779—840）（并且宗密是靠近处寂出生地的果州人）的记录，应该比《宋高僧传》更有可信度。我认为《宋高僧传》中的"处寂，俗姓周氏"应为误记，宗密所说的"俗姓唐承"才是正解。

其次，作为有僧名的处寂，为什么特别以他的俗姓唐公称呼他呢？这种情况，在当时似乎是很普遍的。实际上在宗密前面所引用的文中就有：

> 弟子处寂，俗姓唐承。后唐生四子，成都府净众寺金和尚，法名无相，是其一也。

不称处寂为寂和尚，而称其为唐，不称无相为相和尚，而称呼其为金和尚。金，是无相的俗姓。

此外，还有到承远后半生的活动之地南岳参访，师事怀让并受其心印的道一，一般也被称呼为江西马祖。马，是道一的俗姓。称唐、称金、称马，不称呼其法名，而以俗名相称的例子，在那个时代并不少见。如此，智诜门下的唐公解释为处寂，不但没有矛盾，而且与史实非常吻合。要之，可以断定唐公即是处寂，诜公即是智诜。

顺便提一下，马祖道一是承远的出生地附近的汉州人，是比承远仅小四岁的后辈（道一贞元四年八十岁圆寂，承远贞元十八年九十一岁圆寂）。出生于同一个地方、生活在同一个时代的立志出家的两个人，最初的师父也为同一人。《宋高僧传》卷10道一传记载道：

> 释道一，姓马氏，汉州人也。……年方稚孺，厌视尘躅，脱落爱取，游步恬旷，削发于资州唐和尚。（T50，766页上）

即是，江西马祖和南岳承远同为蜀地出生，且是约前后不远相继师事处寂的同门。这一点应需注意。

第三节　智诜、处寂的教学与当时蜀地的禅风

处寂于开元二十二年正月圆寂，承远于开元二十三年二十四岁之时立志游方，离开蜀地而至荆州。承远在多大年龄投入到处寂门下不明。由于思想的烦闷而决意出家的他，在最富有感受性、研究心强的青年时期的数年间，在弘忍—智诜—处寂—无相次第相承的禅门中接受教导。吕温对这一段时间之事这样记载：

> 师乃委质僮役，服勤星岁，旁窥奥旨，密悟真乘。

他还没有剃度成为受具足戒的比丘，而是作为未剃度的修行者（即所谓的行者），一边服劳役，一边致力于禅教的修学。然而，智诜—处寂—无相的禅教是怎样的呢？

三人的著述现在都没有留下来，幸好同一地方出身的禅教大家宗密，记录下他们禅风的一部分。宗密《圆觉大疏钞》卷3下云：

> 有三句，用心为戒定慧者，第二家也。……言三句者，无忆、无念、莫忘也。意令勿追忆已过之境，勿预念虑未来荣枯等事。常与此智相应，不昏不错，名莫忘也。或不忆外境，不念内心，修然无寄（莫忘如上）。戒定慧者，次配三句也。虽开宗演说，方便多端，而宗旨所归，在此三句。（X9，533页下）

这正是无相所力倡之说（参照《历代法宝记》无相传）。以无忆、无念、莫忘三句，分别配于戒定慧三学，将庞杂的佛陀教说归结为三点。大致是不追忆执着于过去，不被外界客观的事物干扰心境，以无忆而保全持戒。其次，不想念未来的荣枯，不让内心烦扰，以无念而保全禅定。然后，自心内外不动，不执着于过去未来，常与真实智慧相应，得到清净明快而没有错倒的觉证生活。

既然一心立志于不因外界客观事物而动心，不为兴衰成败而动摇心境，必然会选择严肃的生活，在山林寂静的地方，超然于世俗的褒贬之外。这即是处寂的传中所显示的那样，他虽然一度由于则天武后的召请，到宫中领受摩纳大衣，后来却毅然辞归，四十年足不至聚落，长坐一胡床，宴然不寐，常有老虎在座下蹲伏。虽刺史召请，亦置生死于度外而不应。如此这般的事迹，与这三句的主张非常一致。承远也是秉持这种生活态度之人。特别应该注意的，是无相的引声念佛实践。《历代法宝记》成都府济众寺无相禅师传中，这样记载：

> 金和上（无相）每年十二月、正月，与四众百千万人受缘，严设道场，处高座说法。先教引声念佛，尽一气念。绝声停念讫云："无忆无念莫妄。无忆是戒，无念是定，莫妄是慧。此三句语，即是总持门。"又云："念不起，犹如镜面，能照万像；念起，犹如镜背，即不能照见。"（T51，185 页上）

其次应注意的是，这一派的传授仪式。宗密在前揭文下接着说：

> 其传授仪式略如此。此国今时官坛，受具足戒方便，谓一两月前，先克日牒示，召集僧尼士女，置方等道场礼忏，或三七、五七，然后授法了。皆是夜间，意在绝外，屏喧乱也。（X9，533 页下）

即是，正当授法之时，先预定好日期，召集僧俗男女于道场，二十一日或者三十五日礼佛忏悔，然后给予授法。

另外，又有在处寂、无相一派宣扬禅风的资州成都附近弘教、同为五祖弘忍门下分出的禅宗一派，所谓的南山念佛门禅宗。宗密说：

> 疏有藉传香而存佛者，第六家也，即南山念佛门禅宗也。其先亦五祖下分出，法名宣什。果州未和上、阆州蕴玉、相如县尼一乘，皆弘之。余不的知禀承师资照穆。言传香者，其初集众礼忏等仪式，如金和上门下。欲授法时，以传香为资师之信。……言存佛者，正授法时，先说法门道理、修行意趣，然后令一字念佛。初引声由念，后渐渐没声，微声乃至无声。送佛至意，意念犹粗。又送至心，念念存想，有佛恒在心中，乃至无想，盖得道。（X9，534 页下—535 页上）

如果是从五祖弘忍门下分出的话，那和智诜、处寂一派就是兄弟门派了。宣什等人的传记并不明确。果州、阆州、相如县，都是在现在的四川省，且靠近成都的地方。这一派以传香作为师资之信。其授法的仪式和集众礼忏，都与无相门下相同。另外，授法之际，从引声念佛开始，声音渐次微弱，以至于无声无想，以此作为得道的手段。

礼忏仪式中，当时采用的是何种礼忏仪呢？智昇于开元十八年，将两卷《集诸经礼忏仪》编入了大藏经。[7]这个礼忏仪应该是当时最常用的，其中也编入了善导的《往生礼赞偈》。智昇编纂忏法，必定会选取当时最流行的礼忏仪，善导一派的六时礼忏仪轨，也必定是被看作开元以来盛行的礼忏仪而被收录其中的。

念佛原本并不限于念阿弥陀佛，不过，当时所云念佛，一般就是指称阿弥陀佛。南山念佛门的南山二字，是指什么呢？如果是表示长安终南山的话，这个地方不用说是善导及其门流念佛兴隆的一个中心地点。如果这样考虑的话，无相一门的礼忏仪、南山念佛门的礼忏仪及念佛中，是否掺入了阿弥陀佛的礼赞、阿弥陀佛的唱念呢？

原本禅宗五祖弘忍，正是与净土教的鼓吹者善导为同时代之人。从太宗、高宗以至于玄宗时代，弥陀净土教的兴隆普及，据各种资料都可以得到证明。这个时代的佛教徒引进念佛教，乃是自然之势。朝鲜以及日本流传的刻本中，有题为《最上乘论　第五祖弘忍禅师述》一卷本的卷子，收于《大正藏》第48册。其中有云：

> 若有初心学坐禅者，依《观无量寿佛经》，端坐正念，闭目合口，心前平视，随意近远，作一日想，守真心，念念莫住。(T48，378页上—中)

作为引导初学者的手段，采用了《观无量寿佛经》。不过，忽滑谷快天博士认为，此论并不是弘忍的著述，他还列举出了五条否定的理由。[8]尽管如此，也很难说这就完全具备了否定的理由。即使此论并不是弘忍的著作，起码他不是排斥《观无量寿佛经》和念佛教之人。金陵法持是入弘忍之门的人，且为牛头山第四祖。弘忍自述："后之传吾法者十人，金陵法持即其一也"(《净土往生传》卷中《法持传》，T51，119页下)，认定法持为自己的法脉传人。而法持作为热心西方净业之人，被列名于宋戒珠的《净土往生传》卷中之中。其传云：

> 持于净土以系于念，凡九年，俯仰进止，必资观想。长安二年九月五日，终于延福寺。未终前一日，谓弟子智威曰："吾生之日，不能以净土开诱群物，吾死之后，可宜露骸松下，令诸禽兽食血肉者起净土因。汝其念之。"（T51，119页下—120页上）

要之，高宗以来，颇为隆盛的净土念佛教也为禅门所吸收，乃是自然之势。蜀地由弘忍门下分出的智诜门流，或者南山念佛门禅宗，也都具有这样的倾向。承远出生于如此倾向的禅门教化盛行之地，耳濡目染，他在以后的岁月中归投到佛教、到广州拜访慈愍三藏而受其教法、被引导进入弥陀念佛教的根底，已经在蜀地禅风的孕育中养成了。

承远的弟子法照，弘扬五会念佛教。其法规定在固定的时间，于弥陀道场礼忏，引声念佛，与蜀地处寂等的礼忏仪式或者南山念佛门的授法仪式具有类似之处。

第四节　游方与剃度

> 既壮游方，沿峡东下。开元二十三年，至荆州玉泉寺，谒兰若真和尚。荆蛮所奉，龙象斯存，历劫方契其幽求，一言悬会于灵受。爰从剃毁，始备缁锡，昂然古

貌，森映高松。真公南指衡山，俾分法派。（吕记）

至荆州，进学玉泉真公。真公授公以衡山，俾为教魁。（柳碑）

在处寂门下已经对佛教打下相当基础的承远，像僧侣修学的一般惯例那样，逮及壮年，就踏上寻访名师的游方旅程，首先经由扬子江东下，到达荆州玉泉寺。当时是开元二十三年，他二十四岁。据《宋高僧传》，处寂是在开元二十二年卒。因此，承远是在处寂逝后不久即踏上游方旅程的。

荆州玉泉寺在当阳玉泉山东南麓，是隋朝晋王广（后来的炀帝）为天台宗的集大成者智𫖮所建。智𫖮在此寺中讲述了显示天台宗教相组织和实践方法的两大著述——《法华玄义》（开皇十三年）与《摩诃止观》（开皇十四年）。此寺可称为天台宗的完成之地。作为天台宗的遗迹和荆州地方的名刹，天台宗的宗徒自不必说，不少有名望的高僧也曾经在这里驻锡。例如则天武后一朝最受崇信的弘景、神秀等，都在这个寺院驻锡过。弘景是天台宗的传人，神秀是禅宗五祖弘忍门下的杰出弟子，北宗渐门的祖师。

承远首先参访的兰若真和尚（673—751），是弘景的天台教传人，讳惠真。据唐李华的记载，"昔智者大师受法于衡岳祖师，至和尚六叶"。[9]惠真当时已经六十三岁，处于学识与行持都已臻圆熟的时代，吕温也以"荆蛮所奉，龙象斯存"来形容他，作为荆州地方最杰出的高僧而被人熟知，又被称为兰若和尚。[10]其门下著名的人物很多，特别像作为中国真言宗之祖而广为人知、同时又是历数大家、以《大衍历》和其他著述而著称的一行，也是从惠真门下而出，后来被迎请到长安。惠真之名，恐怕在荆州之外也具有相当大的知名度。承远离开蜀地首先到荆州，从地理上是很自然的选择，从玉泉寺作为名刹，又由惠真这样的大德住持来看，也是顺理成章的。

承远拜谒惠真老和尚，为其学识德望所折服，在这里剃度初现僧相。原本就志愿成为僧侣入处寂之门的他，现在由这样一位高僧而得剃度，一定是心呈欢喜，意气高昂。

承远留居玉泉寺师事惠真的年月，不过仅两三年的时间。然而，由"历劫方契其幽求，一言悬会于灵受"的感怀而剃发成为弟子的他，从惠真这里所接受的教化绝对不会少。那么惠真的教学是怎样呢？

惠真的著述今已不传，他的传记甚至在《宋高僧传》及以后的僧传中都没有收录。天台宗学者志磐也只是在《佛祖统纪》卷 22 的天台宗未详法嗣传中，列有玉泉真公法师之名，其下虽注云"下三人见净土志"，然而真公的别传并没有出现。这些情况都说明，惠真几乎从来不被中国佛教的史学家们所关注。

然而幸运的是，有唐李华所撰的《荆州南泉大云寺故兰若和尚碑》，这是为惠真所立的。此碑现在虽已佚失不传，但是碑文在《文苑英华》卷 860 有载。另外，《湖北金石志》也据《英华》本而有收录。两者虽然存在若干的脱讹，但据此基本可以推察出惠真的传历及教学大要。参照此碑及散见于《宋高僧传》之外的零星资料，可以清楚地知道，惠真在唐朝佛教界是具有极为重要地位之人。想来是由于武宗的排佛，又经唐末、五代的战乱，在此期间，他的著述和传记都佚失了。最终到《宋高僧传》编纂之时，没有将他的传记收录进去。下面我将以李华所撰的碑文为根本材料，尝试考察惠真的生涯及其教学的大要。这是考察著述已经失传的承远的教学的一个重要环节。

第五节　玉泉寺兰若和尚惠真的教学

行文之初，首先将惠真及与他有师徒关系的人物作一图表，以显示从来不受关注的他所处的重要地位。

据李华的碑文，惠真俗家本是南阳冠族张氏，生于唐高宗咸亨四年。父亲大礼，为银青光禄大夫坊州刺史。母亲陈氏是虔诚的《法华经》持诵者，惠真从幼年开始，就在听闻母亲读诵《法华经》的声音中成长，七岁之时就已经能够背诵《法华经》的《安乐行品》。最终，他弃儒而皈投佛门，于十三岁剃度，隶属长安开业寺，承侍高僧满意。满意是在唐初盛弘《四分律》的法砺律师门下受业的律学大家，[11]当时已届高龄，门下僧侣才俊众多。惠真于十六岁时受沙弥十戒，护持戒律完整不犯，很早就名闻京师。他立志去印度求取完整的梵文经典，恰巧途中遇到义净三藏从印度归来，从其得授赍来的律典，一起回到京师，精勤钻研，写成律学著作《毗尼孤济蕴》一书。可惜的是，这本书现在没有留传下来。据说，当时到长安的梵僧尚多，一见惠真大喜，秘传心要。于是，惠真之名越发显扬于京师。

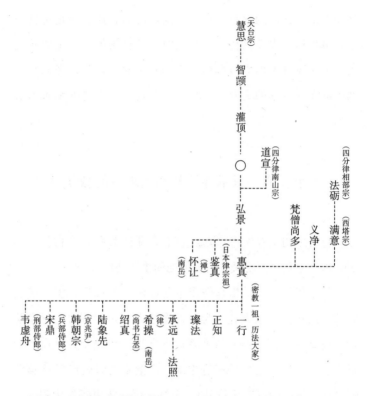

图表注释：韩朝宗是韩思复之子，以左拾遗迁荆州刺史，在当时的士人中声望很高。李白曾经致书说"生不愿封万户侯，但愿一识韩荆州"，以表敬慕。开元年间，任襄州刺史，留有韩公井的典故。天宝年初，出任京兆尹。兵部侍郎宋鼎，是迎请荷泽神会到洛阳之人。刑部侍郎韦虚舟，也在《唐书》中有传。

当时，当阳弘景禅师正在帝都，作为精通天台教门和《四分律》之人，得到皇室特别的尊奉。弘景禅师认为惠真是传法之器，欲付法与他，就上表奏请京辅大德十四名，同住荆州南泉寺，以惠真为首。于是，惠真就作为弘景教学的继承人在荆州南泉寺广垂教化。

弘（弘，或作"恒"）景（634—712），原出身当阳文氏。

贞观二十二年得度，后投入四分律宗之祖道宣门下，研究律
学。又进入传承天台教学的荆州玉泉寺，宣扬天台教法。于
先天元年（712）去世，与华严宗祖师法藏去世为同一年。《宋
高僧传》卷5以荆州玉泉寺恒景而为其立传。《佛祖统纪》卷
10将他以"弘景禅师"之名列入章安（灌顶）旁出世家。不
过，《宋高僧传》将恒景列入道宣的弟子文纲门下，《佛祖统
纪》记载弘景从天台智顗的弟子灌顶受法，都是不对的。我国
凝然将弘景列在道宣门下第三位，确切地显示了弘景在教学
史上的地位。

> 弘景律师，大兴台宗，秉持兼济，是南山重受戒弟
> 子，鉴真和尚受具和上也。作律钞记，讲律百遍。（凝然
> 《律宗纲要》卷下）①

另外，李华《故左溪大师（玄朗）碑铭》记载道：

> 又弘景禅师，得天台法，居荆州当阳，传真禅师，
> 俗谓兰若和尚是也。（《唐文萃》卷61、《文苑英华》卷
> 861）

---

① 译者补注：据《律宗纲要》（佛教大学图书馆藏本，万治三年刊行）
卷下，将凝然所述道宣门下弟子部分完整录出如下：
南山大师门人甚多。新罗智仁，初作钞记。大慈律师，亦作钞记。
弘景律师，大兴台宗，秉持兼济，是南山重受戒弟子，鉴真和尚受具和
上也。作律钞记，讲律百遍。怀素律师，初学事钞，及学相部，亦是南
山重受戒弟子也。道岸律师、融济律师等，皆南山门人也。

同为李华所作的《荆州南泉大云寺故兰若和尚碑》说：

> 当阳弘景禅师，国都教宗，帝室尊奉，欲以上法灵
> 镜归之和尚。表请京辅大德一十四人，同住南泉，以和
> 尚为首。昔智者大师受法于衡岳祖师，至和尚六叶，福
> 种（一作"钟"）荆土，龙象相承。步至南泉，历诠幽
> 胜，因起兰若居焉。

如上资料所示，弘景或以南山律祖道宣门下精通《四分律》之人的身份在帝都活动，或以天台法灯继承人的身份在开山祖师智颛兴教的圣地布教。他不仅是日本律宗之祖鉴真受具足戒的和尚，还是禅门著名的南岳怀让的剃度之师。另外，他在则天、中宗两朝皆受尊信，曾经三度入宫作授戒师。据此可知弘景教学的大要，以及他在则天朝佛教界所占据的地位。应特别注意的是，弘景不但是天台宗的宣扬者，同时还注释过道宣的《四分律行事钞》，讲律上百遍。他还有五台山信仰，他参拜五台山的事迹在《古清凉传》中有载。

玉泉寺惠真，就是由弘景这样一位大德所特别指定的付嘱法灯之人。惠真教学的大体倾向，从其师弘景的行迹中不难推察，再加上李华的碑文，大致能够勾勒出来。如李华碑文所记，惠真出家以来即对研究、护持戒律非常热心。他的传法之师弘景，据传注释过道宣的《四分律行事钞》，讲律达百遍，为僧俗大众推举为授戒师。毫无疑问，惠真是一位严肃的戒律护持者，他平生严谨的生活态度，据李华的碑文可见一斑。他在玉泉幽胜之地起兰若，作为修行的道场，勤俭

躬行，身为表率。粗茶淡饭，视为甘味。舍寝息，齐寒暑。虽别人不堪忍受，而其独禅悦自得。不求世俗之荣耀，只顾精勤于佛道的修行。中宗听闻他的德行，欲以礼相召，对惠真熟知的弘景奏请说："此人遥敬则可，愿陛下不之强也。"

惠真的著述有《菩提心记》一书，对升堂入室之人亲为传授。惜乎此书也没有流传下来。师子国的目加三藏来谒惠真，称叹他的名声在印度也有耳闻，且为叙述他所著的《心记》在印度受奉持的情况。

李华记述其学说云：

> 立教之宗，以律断身嫌，戒降心过，应舍而常在，无行而不息。离心色则净，皆净则离，离则无生。内外中间，无非实际。要因四摄，成就五身。始以上（止？）观悟入，终于莲花正受。平等法门，究竟于此。

这应该是他《菩提心记》的主张。从中可以得窥，《心记》乃立足于天台三谛圆融的教义和止观法门。

又据李华的碑文，针对他人的疑问，惠真以譬喻这样回答：

> 或问："南北教门，岂无差别？"答曰："家家门外，有长安道。"[12]
>
> 又问曰："修行功用，远近当殊。"答曰："滴水下岩，则知朝海。"
>
> 又问："人无信根，如何劝发？"曰："儿喉既闭，乳

母号恸，大悲无缘，亦为歔欷。"

这三番问答，与李华碑文所述一起，是了解惠真佛教思想很好的资料。

第一、第二两番问答，充分显示了佛教无论何种法门，都会归于法华圆教的天台五时八教的教旨。

第一问中的"南北教门，岂无差别"之辞，结合当时教界的形势，让我们联想到禅门中南北顿渐两门的对立。禅门五祖弘忍门下神秀、慧能两人中，神秀恰巧与惠真之师弘景是同时代人，又同以荆州玉泉寺为中心活动，而后进入帝都，受到则天武后的尊信。神秀门下的义福、普寂，同在荆州玉泉寺师事神秀，继之到长安、嵩洛之地弘扬禅教，得到朝野尊信，将北宗禅法发扬光大，与惠真又正是同一时代。在同一时代、同一地方而闻名于世的弘景、惠真，对这些北宗禅门诸师的主张不可能不关心。本来，天台智颛的特色，是以《法华经》为中心、立足于五时八教的佛教观整理组织佛教教义的同时，也指示大乘的修禅方法。由道宣的《续高僧传》将南岳慧思、天台智颛师徒二人收入《习禅篇》，可以了解到天台教学中禅法的重要性。至少可以推察出，唐初的天台宗徒被视为是修禅之人。而且，在其宣说修禅方法这一点上，也与北宗有相通的性质。

另一方面，在南宗慧能门下，也出了不少像南岳怀让、青原行思、永嘉玄觉、荷泽神会这样的僧中才俊。南岳怀让如前所述，是随弘景出家之人，居于天台宗发祥地南岳。永嘉玄觉是通达天台教义之人。另外，南北顿渐两家的对立抗争，逐渐公开化，特别是荷泽神会，站在抨击正当全盛的北宗的第一线，于天宝四载（745）入东都洛阳，向义福、普寂一门的禅教发起了声势浩大的论难抨击。这是惠真尚在世时之事。

而且，迎取神会到东都的人，是兵部侍郎宋鼎。[13]据李华《兰若和尚碑》所记，宋鼎是蒙惠真指导教化之人。这样看来，对于南宗顿教禅门诸师的活动，惠真不会全然不关心，对于渐次激化的南北正邪的论争，想来惠真也应该会有耳闻。

又，惠真所处的时代，以善导门流的诸师为首，信仰弘布弥陀佛教的人为数不少。同时，由禅、摄论、弥勒教、三阶教等发起的对弥陀净土教的论难也时有发生。而天台宗从智颉以来，就与弥陀净土教有着密切的渊源。在惠真圆寂后二三十年后，智颉的《观无量寿佛经疏》和《十疑论》等与净土教相关的论书，受到时人的重视，逐渐流行起来。可知在唐代，天台宗和弥陀教越发接近。在李华碑文的第三番问答中，惠真以慈母对幼儿病痛的悲痛来比况佛的无缘大悲。佛大悲的顶点，就会转而成为净土教信仰的基础，在思考惠真的净土教观之时，应当与"始以上（止？）观悟入，终于莲花正受"一起而加以关注。

此外，当时华严宗的法藏，以则天武后的信奉为背景极为活跃，其以《华严经》为中心组织教学，意图凌驾于各宗，也是在这个时代。

总之，惠真处在各宗派对立、互相论争、正邪论难的时代，而秉承了天台圆融的教门。天台宗如荆溪湛然"非暗证禅师、诵文法师所能知"所说的那样，强烈主张教相、止观，也即是定慧两者的双修。特别是出于普罗大众的立场，主张对应众生性情的千差万别，需要进行恰当的引导，给予适当的实践方法。在开演千差万别的法门的同时，又将这些数量众多的教门以《法华》为中心而加以融合，归而为一。惠真正是立足于这样的天台教义，对他那个时代佛教界相互分立排斥的倾向，持融汇综合的态度，认为就像家家门外之路皆可通到长安，又像滴水同汇于大海，各种教说和实践方法都应作为一法而同归于一成佛之道，他并不偏于一宗之义而去排斥他宗。可见其采取的是戒、教、禅融合双修的立场。

作为惠真门下，李华所列举之人，僧人有一行、正知、法璨（或璨法），俗家弟子有尚书右丞绍真、元老太保陆象先、京兆尹韩朝宗、兵部侍郎宋鼎、刑部侍郎韦虚舟等人。宋鼎如前所述，是迎取神会到东都之人。韩朝宗和韦虚舟，在唐史中也有传。僧众当中，一行最为著名。[14] 一行在日本是作为真言宗的祖师而被熟知的，在中国他是作为《大衍历》的作者、历数大家而著名的。然而，不是很被注意的是，他是服膺并师事惠真之人。

《旧唐书》卷 191 的《一行传》记载道：

> 寻出家为僧，隐于嵩山，师事沙门普寂。睿宗即位，敕东都留守韦安石以礼征。一行固辞以疾，不应命。后步往荆州当阳山，依沙门悟真以习梵律。开元五年，玄宗令其族叔、礼部郎中洽，赍敕书就荆州强起之。一行至京，置于光太殿。

此中"沙门悟真",即是惠真。

另据《宋高僧传》卷 5 的《一行传》说:

> 因往当阳,值僧真纂成《律藏序》,深达毗尼。
> (T50,732 页下)

其中"当阳僧真",正是玉泉惠真。

李华的《兰若和尚碑》说:

> 一行禅师,服勤规训,聪明辨达,首出当时。既奉诏征,泣辞和尚,而自咎曰:"弟子于和尚法中,痛无少分。"后与无畏译《毗卢经》,义有不安,日以求正,决于一言,闻者洗心。

从以上资料可知,于普寂门下修学禅法而来的一行,曾在惠真座下学习过律藏,且对惠真的学德颇为心服。一行在开元十三年善无畏三藏翻译的《大毗卢遮那经》之时,担任笔受并删缀词理之任,遇有疑问,则求决于惠真。显示一行对惠真学德的心服程度非常之深。

一行在开元十五年四十五岁时,先于恩师而卒,帝赐大慧禅师的谥号,且为其制碑文,起塔于铜人原。惠真于天宝十载二月,以寿七十九、夏腊六十而圆寂,也被追谥为大慧禅师。李华叙述一行师徒二人的谥号一致时说道:"二方如来,皆同一号,此其证也。"

李华又记述惠真的弟子正知与法璨事迹说,正知持和尚心印，法璨转和尚之义轮。惠真的门下，既有一行这样的融合天台、真言的大家，又有正知、法璨这样秉持心印和义轮的弟子，可以推察惠真的教学是综合性的，其所采取的是对应弟子各自的根机、施以相应的教化的态度。

要之，惠真在天台宗祖宣扬教义的道场玉泉寺，作为南岳慧思以来的天台教第六代继承人，又对戒律造诣甚深，持律严谨，成为荆州地方佛教徒所尊信的核心人物。而且天台的教义本来就倡导圆融的思想，在当时佛教界宗派分立纷争的形势中，他提倡诸派诸行的融合并行。

第六节　南岳受戒与修学

　　真公南指衡山，俾分法派。越洞庭，浮湘沅，息于天柱（南岳中高峰之名）之阳。从通相先师受声闻具戒，三乘之经教，四分之纪律，八正之伦要，六度之根源，莫不更赞神机，递归心术。（吕记）

　　真公授公以衡山，俾为教魁，人从而化者以万计。（柳碑）

惠真并不想让已剃度的承远长久留在玉泉，而是遣其前往南岳。南岳是天台智颉从慧思禅师受教之地，天台宗的成立与此地大有渊源。李华的碑文，也将慧思作为天台第一祖算起，至惠真而为六世。慧思在陈朝光大二年（568），率领徒众

四十余人入南岳，讲授经论，修行法华三昧。太建九年
（577），于其地而卒。[15]对于以慧思以来六世法孙自居的惠真
来说，南岳是最重要的祖师圣地。让年轻弟子承远前往南岳，
不难理解。

南岳（衡山）在湖南省衡州县西北十余里，为衡山山脉
之冠，由祝融、天柱、紫盖、石廪、芙蓉五个高峰及其他山
峰，共七十二峰组成。[16]作为五岳之一，在中国的山岳崇拜史
上，自古以来就占有重要的地位。尤其是与道教及山岳崇拜，
有着特别密切的关系。自古以来，有很多道士在此修炼，在
唐代也是道观、道士集聚的道教圣地。恰巧承远入山时代的
玄宗，是唐朝历代帝王当中最崇拜黄老之术的人。在五岳祭
祀、封禅频频举行的同时，进入唐玄宗时代，祭祀南岳的事
例骤然多了起来。在佛教中，从慧思禅师入山以来，进入到
唐代，也有不少人到此山中寻访高僧行迹。[17]如下所述，唐中
期，衡山作为佛教的一大道场，同时也是禅观修行的清净之
地，是与五台山、嵩山并称于世的名山。南岳对于宗教修行
者来说，是最有魅力的圣地。特别是对于玉泉寺惠真和承远
来说，更多了一层法脉渊源的关系。

已经剃度的承远，必须受戒。在当时，南岳是律教的一
个中心之地。刘禹锡的《故衡岳律大师湘潭唐兴寺俨公碑》[18]
中叙述当时佛教的情况说："言禅寂者宗嵩山"，"言神通者宗
清凉山（五台山）"，"言律藏者宗衡山"，历数中国佛教界的
三大名山，以衡山为"律藏之宗"，并说这些名山当中"必有
达者，与山比崇"。且谈及当时衡山律教的传承情况说：

> 南岳律门，以律公为上首。律之后，云峰证公承之。
> 证公之后，湘潭俨公承之。

南岳律门从律公而起，云峰证公继承他的衣钵。云峰证公，应该就是柳宗元《南岳云峰寺和尚碑》及《南岳云峰和尚塔铭》中所提到的法证。据柳宗元说，法证于贞元十七年（801）以八十七岁而卒，在世时有徒众三千，所度之人达五万，是当时律教的大德。他正好与承远是同时代的后辈。因此，法证的师父律公，是可能成为承远师父之人。律公的具体履历，现在已不可考。

柳宗元的《南岳般舟和尚第二碑》中，也提及南岳的律教：

> 佛法至于衡山，及津大师，始修其律教。由其坛场
> 而出者，为得正法。其大弟子曰日悟和尚，尽得师之道，
> 次补其处，为浮图者宗。

碑题中的南岳般舟和尚，就是日悟。日悟是律教大家，他于三十七年中，每岁度人达千人，受承远之教，修习念佛三昧。于贞元二十年，以六十九岁而寂。刘禹锡所说的律公和柳宗元所说的津大师，系同时代人，且同为最初兴隆衡山律教之人。我认为，律和津当中，应该有一个系笔写之误，两者实为同一人。至于律或者津究竟是何人，没有可考的资料。《南岳总胜集》卷中"衡岳禅寺"条记载，寺院中有唐朝元和年间进士皇甫湜所撰的《瑗律禅师碑》。这个瑗律师，或

许就是律公，但由于此碑现已不存，也不能确定。唯一能够确定的是，在承远入山之时，一位叫律或者津的律教大家，正在南岳兴隆律教。

收录于柳宗元文集的《南岳大明寺律和尚碑》及同碑碑阴《衡山中院大律师塔铭》两篇碑文，也描述了承远时代南岳律教的盛状。

前者，是为生于开元二十一年（733）、卒于贞元十三年（797）的惠开所撰。惠开是精研戒律、通达经教之人。广德二年（764），大明寺建成，他是诏选寺僧二十一人当中的上首。又曾奉诏在衡山立毗尼藏，及选为讲律僧七人当中的一人。

后者，系为希操所撰。希操其人，据碑文讲：

> 凡去儒为释者三十一祀，掌律度众者二十六会。南尼戒法，坏而复正，由公而大兴。衡岳佛寺，毁而再成，由公而丕变。

说他是对南岳佛教大有功劳之人。又，碑文有"没年五十七，既没二十七年"云云。另据《宋高僧传》卷17《唯俨传》记载，他于大历八年在衡岳寺从希操受戒。据此来看，希操也是代宗、德宗时代也即与承远同时代在衡山兴隆律教之人。而且，碑文列举他受教的师承说：

> 凡所受教，若华严照公，兰若真公，荆州至公、律公，皆大士。

其中的兰若真公，即是惠真。这样说来，他与承远为同门。

根据以上资料可知，从承远入山之时，乃至他整个居山的时代，衡山的律教非常兴隆，起码算得上是南方的律学中心。承远虽然由兰若和尚惠真而得遂出家之愿，然而现在还没有受戒，为了成为比丘，必须登坛受具。即便从受戒的需要这一点来看，承远到南方律学中心的南岳，也是必然的选择。

进入南岳的承远，为之授具足戒的师父是通相先师。关于通相先师，我一无所知。仅能从年代上看出，他是与南岳律教的兴起者律公（津公）为同一时代之人。两人为同一人也未可知。除此之外，没有确认他们两人的任何资料。受具足戒之后，一般每过一年就增长一个戒腊。由承远贞元十九年去世、俗寿九十一岁、僧腊六十有五而逆推，他受戒的时间是在开元二十六年，当其二十七岁之时。

受具足戒后的承远，从此进入比丘之列，他居留山中，越发精进于佛道修行。但是，关于他追随何人、接受何种教学，没有任何记载。因而，除了参照当时在南岳的名僧高德以想象他受教的师承外，别无他法。前述衡山律教的大家之外，作为衡山佛教应该注意的一点，是有为数不少的禅门高僧。

作为南岳禅门的魁首，最著名的是怀让。怀让是金州安康人，弱冠之年从荆州玉泉寺弘景而出家。

　　这样说来，怀让与承远在法系上有关联。怀让后来往参嵩山慧安，又依慧能体悟禅法。慧能圆寂后，于开元元年入南岳，住般若寺观音道场，天宝三载（744）去世，春秋六十八岁。世称怀让为南岳，其门下被称为南岳下。[19]

　　参访怀让的人中，有马祖道一。[20]道一如前所述，是和承远出生地接近，且同为处寂之门人，后来入南岳，师事怀让。他在山中的传法院修禅为开元年间，恰巧是承远入山的时代。

　　其他和承远同时代在南岳的禅门名僧，还有坚固、明瓒、希迁、惟宽、怀晖等人。这些诸师用图表显示其法系如下（有圈点者为居衡山者）：

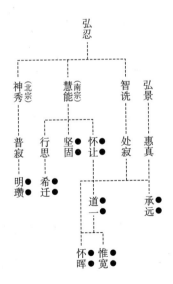

从中可以得知，承远住在南岳的时代，禅门也非常兴盛。承远最初受业于四川的禅门，且南岳有与玉泉寺大有因缘的怀让，怀让门下有与承远同时代的同学道一。在南岳修学的承远，对此等禅风不可能毫无关心。推知已成为比丘的承远，其在南岳的修学，禅法也是重要的一门。

第七节　慈愍三藏慧日的教导

在南岳修行佛道数年之后，承远接受慈愍三藏的劝诫，其思想信仰为之一变，迈入到净土法门，开启了其安心立命的新生活。吕温述其事说：

> 闻京师有慈敏（《英华》作"愍"）三藏，出在广州，乃不远重阻，星言睹谒。学如不足，求所未尽，一通心照，两舍言筌。敏公曰："如来付受吾徒，用弘拯救，超然独善，岂曰能仁？"俾依《无量（受）〔寿〕经》，而修念佛三昧，树功慈（《英华》作"德"）劫，以济群生。由是顿息诸缘，专归一念。天宝初岁，还于旧山。山之西南，别立精舍，号弥陀台焉。

京师的慈敏三藏，即是慈愍三藏慧日（680—748）。[21]慧日受义净印度求法的事迹所感召，亲自经海路赴印度，前后历经十八年，巡游七十余国，于开元七年，经陆路还长安。玄宗旌表，赐其慈愍三藏之号。旅行中，慈愍确立了"欲自自利利他，莫若弥陀净土教，净土法门，胜过诸行"的信仰。回国后，致力于劝修净土之业，著有《往生净土集》。[22]天宝七载，以六十九岁圆寂于洛阳罔极寺。与善导、少康异时同化（《宋高僧传》卷29）。

慧日归朝后在广州游化的事迹，在《宋高僧传》等中没有记载。不过，他是以"传法利他，弘济众生"而作为佛陀付嘱大任的人，他教化的业绩，与善导、少康并称，其在各地游化弘法，不难想象。而且，作为南海交通要地的广州，对于曾经航海去印度的他来说，是有特殊意义的有缘之地。吕碑所记载的慧日在广州游化的事迹，可以补慧日传之不足。

承远听说慧日在广州游化，不畏路途遥远，立刻前往请益。慧日查知他虽有求道的热情，且在南岳修行若干年，然而信仰尚未确立，心中尚有疑惑存在。于是为他开示道，佛陀付嘱吾等佛弟子，要广济众生。独善其身，忘记社会教化的使命，非佛弟子之所为。宜依《无量寿经》，修行念佛三昧，弘扬弥陀念佛教，广度群生。

唐初以来，戒律的研究兴盛。特别是四分律宗，出现了南山、相部、东塔三派。三派之间各立异义，互相论争，盛况空前。随之而来的，是持戒颇受教内重视。另外，玄宗时代，禅宗成为教界的一大势力，且其内部正陷于南北两宗正邪论争的时刻。居于山林幽静之地隐居独善的倾向，通于整个佛教诸宗而存在，特别是重视戒律之人和专修禅法之人，深入山林，与世俗社会绝缘，独自享受严持戒律和禅观的成就，忘掉教化众生的倾向尤为严重。更何况像南岳之地，此种风气更容易滋生。想来这是抱有强烈的弘济众生之责的慧日，为承远而作的特别的教诫。

慧日的净土教，对于考察现已著作不存的承远的净土教来说，是最重要的参考资料。北宋初主张佛教诸宗融合、提倡禅净双修的延寿（开宝八年七十五岁寂），在其所著的《万善同归集》卷上引用慧日之语说：

> 慈愍三藏云："圣教所说正禅定者，制心一处，念念相续，离于昏掉，平等持心。若睡眠覆障，即须策动，念佛诵经，礼拜行道，讲经说法，教化众生，万行无废。所修行业，回向往生西方净土。若能如是修习禅定者，是佛禅定与圣教合，是众生眼目，诸佛印可。一切佛法，等无差别，皆乘一如，成最正觉。"（T48，963 页下）

结合上述文字与吕碑中慧日教诫承远之语，可以了知慧日主张的大要。关于慧日的净土教，小野玄妙氏已有详细的考论，此处不再细述。[23]简而言之，慧日不排斥持戒，也不排斥禅定，主张它们并行双修。他反对偏于修禅之人动不动就将禅法以外的诸行——像念佛、诵经、礼拜、行道、讲教、说法等，视为无用而必欲废之。他主张应万行无废，将所有这些功德回向往生西方净土。他从弘济众生出发，提倡以大众易行的弥陀念佛教为中心而诸善同修。承远首先在禅门中迈入佛道，之后接受了倡导诸行万善都是一成佛之道的天台圆融之教，进而在佛教盛行、禅侣众多的南岳定居修学，最后是在接触到慧日的人格和净土教后确立了其信仰。这一点应需注意。

承远由慧日的教诫而疑念冰消，在净土门中得到安心立命，于天宝年初回到南岳，别立精舍，号弥陀台，在此顿息诸缘，专修并弘扬弥陀念佛之行。天宝元年，承远正当三十一岁，恰巧处于求道者精神生活容易出现转向的时期。

第八节　承远的教学与南岳弥陀寺

心思为之一变的承远，在弥陀台艰苦朴素的生活和修道的热诚，吕温在碑记中这样记载：

> 薙草编茅，仅蔽经像，居靡童侍，室无斗储。一食不遇，则茹草而过，敝衲莫充（充，《英华》作"完"），而岁中（中，《英华》作"寒"）自若。奉持赞叹，苦剧精至，恒于真际，静见大身。花座踊于意田，宝月悬于眼界。

承远卜居茅舍，粗衣弊食，专心精进于弥陀念佛之行。在此过程中，他的教学渐臻成熟，德化遍及各地，来弥陀台请益之人日渐增多。

这其中，就有法照。吕温记载，高僧法照于永泰年间（765—766）由庐山慕承远而来南岳，成为其弟子。又说：

> 大师德因感著，道以证光，远近聆风，归依载路。于是大建法宇，以从人欲。

承远以其德化启建道场的始末，柳宗元碑中叙述甚详：

> 公始居山西南岩石之下，人遗之食则食，不遗则食土泥、茹草木。其取衣类是。南极海裔，北自幽都，来求厥道。或值之崖谷，羸形垢面，躬负薪樵，以为仆役而媟之，乃公也。凡化人，立中道而教之权，俾得以疾至，故示专念。书涂巷，刻溪谷，盂勤诱掖，以援于下。不求而道备，不言而物成。人皆负布帛，斩木石，委之岩户，不拒不营。祠宇既具……

这样，"薙草编茅，仅蔽经像"的弥陀台，逐渐门徒日盛，渐具规模。

对于新建成的寺院，吕温这样描绘：

> 轮奂云起，丹刻化成。走檀记（一本作"施"，《英华》作"信"）于十方，尽庄严于五会。香花交散，钟梵相宣。火宅之烟焰皆虚，欲海之波澜自定。加以宝装秘偈，建幢于台前，玉篆真文，揭碑于路左。施随求之印，以广销业累，造轮转之藏，以大备教典。

可见，新建的寺院是一个规模相当大、设施齐全的寺院。

大历末年，门人法照朝礼五台山，后被诏入宫廷，奉为国师，在长安地区弘扬念佛教。法照上奏师父承远之德，乞降皇恩，蒙赐承远道场以"般舟"之号。随后贞元（785—804）年中，朝廷敬重承远高德，赐予新建寺院以匾额，度僧二十七人，修千僧斋，宫廷使节及地方官吏也前来参拜。承远为此大修佛事，以报君国之恩（吕记）。

南宋陈田夫《南岳总胜集》卷中的"衡岳禅寺"条记载，衡岳寺前立有唐李巽撰、罗中立八分书的五寺碑一块。五寺，是般若、南台、万寿、华严、弥陀等五个寺院。《宝刻类编》卷4

衡山王寺碑　罗君立八分书　李巽撰　元澄篆额

贞元十七年七月建　泽

所云的衡山王寺碑，想必就是指的此碑。李巽在贞元八年十二月，以给事中身份出任潭州刺史、湖南观察使，十三年九月，转为江州刺史、江西观察使。五寺碑现今已无存，应该是作于其为湖南观察使时期。从中我们可以得知，承远新建的弥陀寺，是贞元中期以后南岳五大寺之一。这也与吕温的描述相呼应，足以推察在贞元时代以承远为中心的南岳弥陀寺的盛况。

弥陀寺处于南岳弥陀峰。弥陀峰之名，也因承远的弥陀寺而起。《南岳总胜集》卷上的"弥陀峰"条记述说：

东北有岩，虚险而暗。室前数步不容足，古木怪藤荫蔽，阒无人迹。旧记云：昔人尝闻诵经声。传云，有高僧居岩不食，念弥陀佛号，朝廷征不起，后得道，因号弥陀峰。下有弥陀寺，赐般舟道场。（T51，1061页下）

文中所说的高僧，很显然就是承远。从当时的传说来看，承远已经逐渐被神圣化。

又，同书卷中"弥陀寺"条，记述当时弥陀寺的景况说：

> 在庙西北，登山二十里，在弥陀峰下。仰望楼阁，如在画图中。唐宣宗赐额为般舟道场，本朝太平兴国中赐今额。葆直居士访之，值僧出，并无一物，问，云："僧皆村居治生，久不来此。"故留一绝云："苔侵佛座突无薰，尽日飞尘渐塞门。虽是道人忘臭味，问君鼻口若为存。"（T51，1076 页中）

原本以承远为中心颇为盛大的弥陀寺，在承远入寂的前一年，也即贞元十七年，不幸遭遇了火灾。吕温记录了此事：

> 先是忽告门人曰："国土空旷，各宜勉力。"数月而灾火梵寺，周岁而吾师解形。

焚毁的弥陀寺，应该随即又得到了重建。至于再建后能否恢复昔日的壮观，不得而知。而且四十年后，发生了会昌排佛，处在道教势力不小的南岳佛寺，在此期间恐怕也难逃被废毁的厄运。《南岳总胜集》讲宣宗赐般舟道场的匾额云云，应该是宣宗复兴佛教之际，弥陀寺首先作为般舟道场而复兴。此后，值遇北宋太平兴国时代兴佛的时机，恢复了旧名弥陀寺的匾额。然而，由于地形上的不便，导致法运衰微，最终形成了像文中葆道居士诗中所云的那样的状态。

此外，清李元度《重修南岳志》卷19将南岳庙东南的祝圣寺作为承远弥陀台的旧址，近世常磐博士也作这样的解释。[24]这不妥当。这与承远的弥陀寺在（南岳）庙西北登山二十里处，方向上有出入。《南岳志》记载得很明白，祝圣寺前身是古胜业寺。而且，胜业寺在《南岳总胜集》中有明确记载，是弥陀寺外另一座寺院。同书中，记载此寺有柳宗元的《南岳般舟和尚第二碑》。此碑是为归依承远的日悟而撰。可能是后人将此碑与《弥陀和尚碑》相混同，以至于将承远、日悟两人混同，进一步又将胜业寺和弥陀寺混同了。

驻锡南岳弥陀台或弥陀寺的承远，其教化之恳切，吕温记述说：

> 劝念则编榜于崖谷，励学则兼述于缣缃。其欲人如身，慈惠恳至，皆此类也。

他一边在弥陀寺不停地讲说，一边又将劝进念佛之教的匾牌遍立于山崖幽谷，这是很有趣的传教方式。柳宗元也谈及此事，说他"示专念，书涂巷，刻溪谷"。抱有广济众生的热诚的他，利用人们注目之处，以文字的形式，四处广而告之。可以看出，他是在充分实践慈愍三藏慧日的"去除独善主义，把弘济众生作为佛教徒的任务"的训诫。另外，柳宗元将承远的门人法照远赴五台、长安一带宣扬教法，说为"传教天下，由公之训"。可见，承远将从慧日那里所接受的训诫，也教导给了法照。

随着归依者的增加和弥陀寺的兴盛，承远的供养日渐丰厚，声誉日隆。他将得到的供养全部拿去做佛事，或者布施孤寡老人，自己在南岳六十余年里，始终甘于粗衣弊食的生活，专志于修道，以此垂范于徒众。吕温说：

> 大师峰栖木下六十余年，苦节真修，老而弥笃。凤开户牖，久启津途，法界之尊重在焉。天人之瞻仰如是。常陋处方丈，志行平等，食不重味，寒不兼衣。王公之珍服盈厢，氓庶之金钱布地，莫不回修佛事，赡养孤老。凡言施者，以是报之。期颐将及，志力无替。早钟会食，到必先众。夕磬虔念，居恒达晨。其克己练心，慎终如始，皆此类也。

柳宗元也记载，慕承远而来的人，常将羸形垢面、背负柴薪立于崖谷的承远，误以为是寺中的仆役。

关于承远命终及逝后的情形，吕温说：

> 贞元十八年，孟秋既望，顾命弟子，申明教戒，扫室趺座，恬然化灭。报龄九十有一，僧腊六十有五。……法众崩恸，若坏梁木，邦人号赴，如失舟航。以其年九月七日，还神于寺之南冈，即安灵塔教也。[25]

关于其门人，吕温说：

> 受法弟子百有余人，而全得戒珠、密传心印者，盖亦无几。比邱惠诠、知明、道侦、超然等，皆奥室之秀者。

此处所谓奥室之秀的惠诠等四位门人的事迹，现今已经不可考。[26]承远门下事迹流传下来的高僧，是法照和日悟。

第九节　门下法照和日悟

一、法照

法照是承远门下事迹被《宋高僧传》、北宋戒珠《往生传》及以降的诸往生传、延一的《广清凉传》等所收载，且有著作传世的唯一之人。他的教化之盛，影响之大，在唐代净土教史上也是极为杰出的。这在前面的序言中已有所述。法照的净土教，我将另有专文论述，此处为了了解承远，而将必要的一些要点提示如下。

永泰年间（765—766），法照由庐山而至南岳，造访承远，入其门下。据传，他访问承远，是由定中的感应所引导。他的感应事迹，吕温和柳宗元在承远的碑中都有特别的记载：

> 永泰中，有高僧法照者，越自东吴，求于庐阜，尊远公教迹，结西方道场。入观积旬，至想傍达，见弥陀座下有老比邱焉。启问何人，答曰："南岳承远，愿告吾土，胜缘既结，真影来现。"照公退而惊慕，径涉衡峰，一披云外之尘，宛契定中之见。因缘昭晰，悲喜流涕，遂执抠衣之敬，愿承入室之顾。（吕记）

> 在代宗时，有僧法照为国师，乃言其师南岳大长老有异德，天子南向而礼焉。……初，法照居庐山，由正定趣安乐国，见蒙恶衣侍佛者。佛告曰："此衡山承远也。"出而求之，肖焉，乃从而学。传教天下，由公之训。（柳碑）

法照慕晋慧远白莲结社之芳躅，在庐山依《观无量寿佛经》所说，修行观想西方之行，期间获得灵异感应。其后，他也屡屡受灵异感应的指示而著述和行动。灵异感应，不但对感召到它的人会增加他的光环，也会使对其人已有信仰者信仰加深，使尚未有信仰者聚集到周围来。结合了法照与承远二人的感应事迹，最早由吕温记录下来。我猜想比这更早，先是在承远的门下信徒之间就已经开始被传颂了。这不但能让人们增加对承远、法照的恭敬，也使得承远的声誉更隆。

据敦煌出土的法照《五会法事赞》卷中所记，法照于永泰二年（十一月改元大历）四月十五日，在南岳弥陀台发愿，誓愿每夏九旬入般舟道场。在第二个七日的夜里，感见西方净土，亲见阿弥陀佛。阿弥陀佛付嘱他无价五会念佛法门，并开示他，这是与今时众生根机相应之教。法照据定中所忆得，将之组织成为五会念佛法门仪轨，在长安一带大力弘扬，并著述成册而流传至今。[27]

永泰之年到承远门下的法照，永泰二年四月在承远所在的弥陀台立誓："每夏九旬，常入般舟道场。"想来这不是法照个人创立的行法，或许是在承远门下早就已经实践的一种行法，至少是不违背承远意志的行法。

由此每夏九旬的般舟念佛道场我们能够联想到的，是天台智颉所倡导的四种三昧行法之一的"常行三昧"。智颉的《摩诃止观》卷2讲道：

> 二常行三昧者……此法出《般舟三昧经》。……行此法时，避恶知识，及痴人亲属乡里，常独处止。不得希望他人，有所求索。常乞食，不受别请。严饰道场，备诸供具，香肴甘果。盥沐其身，左右出入，改换衣服。唯专行旋，九十日为一期。……九十日身常行无休息，九十日口常唱阿弥陀佛名无休息，九十日心常念阿弥陀佛无休息。或唱念俱运，或先念后唱，或先唱后念。
>
> 唱念相继，无休息时。……举要言之，步步声声念念，唯在阿弥陀佛。（T46，12页上—下）

《摩诃止观》，是智颉于隋开皇十四年四月在荆州玉泉寺所述。承远跟从天台法门的继承者惠真，在荆州玉泉寺受学剃度。而且惠真派遣承远所去的南岳，是智颉从慧思受法的天台宗发祥地。承远在弥陀台"每夏九旬，常入般舟念佛道场"的行法，是不是就是以《摩诃止观》九十日为一期的"步步声声念念，唯在阿弥陀佛"的常行三昧为基础而创立的呢？不过，智颉的常行三昧，即般舟三昧，是借由唱念阿弥陀佛并由观念而得见佛，目的是为了成就作为天台宗根本教义的即空、即假、即中的圆融观。而承远在弥陀台的般舟念佛，目的是为了见佛，实现往生净土。在由天台教而转入净土教的承远这里，可以看出天台行法向净土教的转向。

法照于永泰二年在南岳弥陀台般舟道场，由定中感应而得到的具有曲调音律的念佛——五会念佛教，与天台宗不是没有关联。在他的著作中明显地能够显示出来。例如，《净土五会念佛略法事仪赞》中说：

最后唱西方礼赞、天台智者回向发愿文。

又如：

念佛三昧理事双修，相无相念，即与中道实相正观相应。（T47，475 页中）

这都显示出法照是接触过天台教义之人。

另外，在敦煌本《五会法事赞》卷中，法照列举了释迦灭后净土的信仰者，其中中国部分，举出了晋慧远的莲社念佛、梁时的昙鸾。进一步，又说：

至陈隋，庐山珍禅师、天台智者大师、长安诸大德、睿法师，乃至今时唐朝一百年前，西京善导和上、并州文水县玄中寺道绰和上、慈愍三藏等，数百高僧，般舟方等岁岁常行，十六妙观分时系习。（T85，1255 页中）

此中暗示出，他不但将天台智者大师作为净土教的信仰者而私淑之，还可以看出，他将据《般舟经》而行的常行三昧导入到净土信仰中，作为净土行法而加以采用。

法照于大历二年（767），在南岳云峰寺感见到五台圣境，又于大历四年夏，在衡州湘东寺入九旬念佛道场，[28] 再次感见灵应，见到五台山。最终在同年八月，与同志十人一起，由南岳发足朝礼五台。大历五年，到达五台山，感召到文殊菩萨的灵应教化。文殊菩萨开示他说：

> 汝今念佛，今正是时。诸修行门，无过念佛。供养三宝，福慧双修，此之二门，最为其要。（《广清凉传》卷中，T51，1114 页中）

这段话的内容，讲的是法照的信仰，却与承远的师父慈愍三藏慧日的信仰非常契合，也与承远的净土教有相通之处。

大历末年，法照入宫廷成为国师，在帝都弘扬念佛教。法照思及师父的慈恩，向天子启奏南岳承远的高德，天子为此赐承远的居处以般舟道场（应该就是修行般舟三昧的道场之意）之号。开成五年（840），巡礼五台山的我国的圆仁，造访法照的遗迹竹林寺，记述其所见闻道：

> 寺有般舟道场，曾有法照和尚，于此修念佛三昧，有敕谥号大悟和尚，迁化来近二年，今造影安置堂里。（《入唐求法巡礼行记》卷 3，B18，68 页上）

法照在五台山修习念佛的道场，在记述中也被称为般舟道场。如此说来，法照是将他的念佛教视为般舟三昧。般舟三昧，即是常行三昧。智颉将之作为修习即空、即假、即中观的行法，法照将之作为往生净土之行。由于法照将智颛作为净土往生的愿求者而加以尊信，他将常行三昧也即般舟三昧当作净土往生之行是合情之举。即是，智颛的常行三昧由法照而转向为往生净土行。

常行三昧向净土教的转向，是我国平安朝时代最显著的一个现象。圆仁在五台山朝礼法照念佛三昧的遗迹后，又前往长安，接触到章敬寺镜霜法师的念佛教，又将法照的《净土五会念佛略法事仪赞》一卷传来我国，在比叡山建立常行堂。平安朝流行的常行堂念佛，鼓吹往生净土信仰，是从天台止观行法变化而来的，这已在序言中讲到。不过，比叡山常行堂的建立，是基于传教大师最澄的建设四种三昧实践道场的志愿而创立的，它不但是四种三昧院之一的常行堂，还是修习智者大师所提倡的常行三昧也即修习天台宗教法的道场。然而，圆仁及此后在四种三昧院之一的常行堂所实践的念佛，并不是为了成就空假中三谛圆融观的天台行法，明显是已经转向了祈求往生西方的念佛教。

考察日中两国天台宗常行三昧的净土教转向，能够发现，其有力的源头，能够追溯到五台山的法照和南岳的承远。

二、日悟

据柳宗元的《南岳般舟和尚第二碑》，可以得知其生平履历。其生平大略如下：

生于开元二十四年（736）。出身于零陵蒋氏。天宝七载（748）出家。至德二载（757）受具足戒。贞元二十年（804）

入寂，享年六十八岁。

柳宗元碑所述，尚有值得议论之处，此处略过。为了了知承远的思想，特提示其中应注意的两点如下。首先，日悟是律教大家。他在南岳戒坛登坛度比丘众，人数达千人次的有三十七次。

其次：

> 以为去凡即圣，必以三昧为之轨道。遂服勤于紫霄远大师，修明要奥。

紫霄远大师，即是承远。这意味着，日悟在南岳作为律教的指导者的同时，又是接受承远教法的念佛三昧实践者。

结　语

以上据吕温、柳宗元的碑文，将承远的传历作了大致梳理，特别留意到了与承远相关之人的教学特质。由于承远的著述没有流传下来，他的净土教的性质并不明朗，据以上所示他的师从之人和弟子的教学信仰，大体可以得窥承远净土教的梗概。如要进一步将慈愍三藏慧日及法照的净土教作更加详细的论述，以此来类推承远的净土教，则超出了本稿的篇幅所限。此处简单地将与承远净土教有关的我的结论，列举如下：

一、承远在四川的禅门中进入佛道。蜀地的禅法，采用了礼忏念佛等仪式而流行，与其说是纯禅，倒不如说已经掺杂了净土教的色彩。他曾在掺杂了净土教的禅门中修行佛道。

二、其剃度恩师惠真，是天台法门第六代传人。而且承远修学的玉泉寺和南岳，都是天台宗发祥成立的圣地。毫无疑问，承远受学了天台法门。

三、南岳是承远得受具足戒之地，而且南岳在当时的佛教界，作为中国代表性的名山，全山充满着尊重持戒之风，律门名德众多。其剃度恩师惠真，也是对律教造诣很深之人。因此，承远也是严谨持律之人，这从他在南岳的行迹中可以看出。

四、进一步，在南岳，以和承远法脉有关联的怀让、道一为首，有为数不少的禅门高僧。承远最初在禅门中接受训导，而且吕记和柳碑中都夸耀他从五祖弘忍以来的传承的正统性。因此，承远即便归依净土教后，也不会排斥禅定。

五、慧日不排斥持戒，他主张念佛教和诸善双修，以此回向往生净土，宣扬禅、戒、净融合的综合性的净土教。承远从慧日那里确立了对净土的信仰。

六、慧日、承远、法照都极力劝戒独善自利的倾向，将"广济众生"作为弘法的眼目。故此，他们将净土法门作为殊胜的法门而信奉，对僧俗的教化非常恳切，极为热情。

据上所见，承远的净土教简要来说，是从佛教普度众生的见地出发，将净土门作为契合时代的宗教，不废舍禅、戒等诸善，将诸行诸善悉皆融合回向于往生之业。这是中国净土教很显著的特色——禅、戒、净一致融合教风的先驱。承远融合的教风，虽说是受到了他所师从的诸师的教学影响，此中特别给予他以强力理论支持的是天台圆融的教义。应当留意柳宗元所说的承远"凡化人，立中道（天台）而教之以权，俾得以疾至（净土）"的教学特色，及其高足法照的著述中所见的天台教义。

天台教义与念佛教义的接近融会，也是唐宋以来中国佛教一个显著的特点。

原本在承远、法照的时代，南岳所在的湖南地方，天台宗已相当流行，而且可以看到其中与净土教信仰融汇的倾向。

例如柳宗元的《岳州圣安寺无姓和尚碑》中说：

> 呜呼！佛道逾远，异端竞起，唯天台大师得其说。和尚绍承本统，以顺中道，凡受教者，不失其宗。生物流动，趣向混乱，惟极乐正师（师，一本作"路"）为得其归。

另外，同为柳氏所著的《龙兴寺修净土院记》，将天台智颛著述《释净土十疑论》、弘宣西方净土教记述为"周密微妙，迷者咸赖焉"，并讲道，在寺院的墙宇上，书有天台的《十疑论》。而且修复净土堂之人，是重巽。重巽被列为与承远大约同时代的南岳律教大家法证的门下。据志磐所作的天台宗传承谱系：

九祖荆溪大禅师—云峰法证法师—龙兴重巽法师—刺史柳宗元（《佛祖统纪》卷24，T49，251页下）

显示，法证、重巽及柳宗元，皆为继承天台教之人。[29]

可以了知，至少在承远的时代，以南岳为中心的湖南地方，天台教相当盛行，且其教徒将天台智顗视为西方净土的信仰者，相信他是著述《十疑论》并广宣净土教之人。随之，归依智顗之人，有不少作为天台教徒的同时，也以西方净土教的信仰者而自居。在当时，已经产生了从天台教转入西方净土信仰，或者说天台教和西方净土教的融合之风。南岳承远，就是这其中有力的先辈，即他是在佛教史上显著的事实——天台教向净土教转向初期的有力人物。

注释

[1] 伯希和氏收集的《五会念佛诵经观行仪》三卷虽不是全本，但却是法照研究的宝贵的新资料。北平图书馆（译者按：今中国国家图书馆）所藏的敦煌写经还没有整理完成，我所见到的卷子当中，也有题记为"归西方赞　沙门法照述"的写本。

[2] 参照《入唐求法巡礼记》卷2、卷3。章敬寺是法照撰写《净土五会念佛略法事仪赞》的地方。另外，《宝刻类编》卷8有"章敬寺法照和尚塔铭　镜霜述并书　大中十二年　京兆"的碑记，从中可以确知，存在着足以考察法照与镜霜关系的镜霜撰的法照塔铭。另参照拙稿《唐慈恩寺善導禅師塔碑考：附　章敬寺法照和尚塔銘考》(《摩訶衍》，1930年)

[3] 拙稿《常行堂の研究》(《芸文》15—3·4)。另收于本著作集第7卷。

[4] 参照本田成之博士《支那経学史論》第六章。

[5] 《法照禅师の事蹟及び教義並に中唐时代に於ける禅対念仏論》，《摩訶衍》1—1。

[6] 无相的传，有《宋高僧传》卷19《成都净众寺无相传》。记录有智诜—处寂—无相师资相承的敦煌本《历代法宝记》中，记载更为详尽，今摘录其中若干（据《大正藏》第51册）。智诜传云：

> 资州德纯寺智诜禅师，俗姓周，汝南人也。随官至蜀。年十岁，常好释教，不食薰莘。……年十三，辞亲入道场。初事玄奘法师学经论，后闻双峰山忍大师，便辞去玄奘法师，舍经论，遂于凭茂山投忍大师。师云："汝兼有文字性。"后归资州德纯寺，化道众生，造《虚融观》三卷、《缘起》一卷、《般若心疏》一卷。后至万岁通天二年（697）七月，则天敕天冠郎中张昌期于德纯寺请，遂赴西京。后因疾进奏表，却归德纯寺。首尾三十余年，化道众生。长安二年（702）六日，命处寂扶侍吾，遂付袈裟云："此衣是达摩祖师所传袈裟，则天赐吾，吾今付汝，善自保爱。"至其年七月六日夜，奄然坐化，时年九十四。（T51，184页中—下）

说智诜姓周氏，本是汝南人，后随官至蜀地。从十岁时起，即好乐佛教。十三岁时出家，师事玄奘学习经论。后弃经论不学，投入弘忍禅师（602—675）之门。随后归资州德纯寺，广垂教化。著有《虚融观》一卷、《缘起》一卷、《般若心经疏》一卷。则天武后万岁通天二年（697），敕令迎请到西京（长安）。后称疾回德纯寺，在德纯寺化导众生前后长达三十余年。长安二年（702），令处寂扶侍，以则天所赐达摩祖师的袈裟付与处寂而寂。时年九十四岁。

《法宝记》在智诜传后，续有从智诜得受袈裟且被智诜认定为第一传法者的处寂唐公之传。传云：

> 处寂禅师，绵州浮城县人也，俗姓唐。家代好儒，常习诗礼，有分义孝行。年十岁，父亡。叹曰："天地既无，我闻佛法不可思议，拔生死苦。"乃投诜和上。诜和上问："汝何来？"答云："故投和上。"和上知非常人。当赴京日，遂担大师至京，一肩不移，身长八尺，神情禀然。于众独见其首，见者钦贵。后还归居资州德纯寺，化道众生二十余年。后至开元二十年四月，密遣家人王锽唤海东无相禅师，付嘱法及信袈裟云："此衣是达摩祖师衣，则天赐诜和上，和上与吾，吾转付汝。"……后至其年五月二十七日，告诸门徒："吾不久住。"至夜半子时，奄然坐化。处寂大师时年六十八。（T51，184 页下）

此下更续有继承处寂禅宗的新罗王子、成都府净众寺无相金和尚的详细传记，今从略（T51，184 页）。

[7]《开元释教录》卷 20 云："《集诸经礼忏仪》二卷　五十七纸　唐智昇撰。"其书收于《大正藏》第 47 册。上下两卷中，下卷为善导的《往生礼赞偈》一卷。

[8]《禅学思想史》卷上，371—373 页。关于本节的内容，另参照柳田圣山《初期禅宗史書の研究》第四章第六节以下。

[9] 李华撰《荆州南泉大云寺故兰若和尚碑》（《文苑英华》卷 860）。

[10] 李华撰《故左溪大师碑》（《文苑英华》卷 861）。

[11] 参照《宋高僧传》卷 14《唐京兆崇禅寺满意传》。

隋唐以来，《四分律》的研究逐渐兴盛，由于各自见解不一，遂导致四分律宗的分派。遵奉道宣之说的称为南山宗，继承法砺之说的称为相部宗。法砺有怀素、满意两位高足，怀素一派称东塔宗，满意一派与之相对称西塔宗。

凝然在《律宗纲要》卷下这样记述满意：

> 西塔满意律师，弘相部律，门叶繁昌，互照宗旨。

[12] 这段话，在唐人段成式的《寺塔记》中，也作兰若和尚说而记载。

[13] 宗密《圆觉大疏钞》卷 3 记述第七祖神会的事迹说：

> 天宝四载，兵部侍郎宋鼎，请入东都。然正道易申，谬理难固。于是曹溪了义，大播于洛阳，荷泽顿门，派流于天下。（X9，532 页下）

[14] 关于一行与天台教，日本圆珍的《乞台州公验状并公验》(《大日本佛教全书·智证大师全集》4) 记载道：

> 圆珍又看图记，初传教师鉴真同学法兄，唐玄宗国师一行禅师，久传天台教，开元四年敕请入内。复遇中天竺那烂陀寺无畏三藏，证法华三昧，对译《大毗卢遮那经》，兼述义释。旁引《法华》之要妙，正辨总持之密门，通会诸经之千途，同归醍醐之一味。伏以大教融会，师承有本。

梁肃撰《唐常州天兴寺二大德比丘尼碑》(收录于《释苑词林》卷 193) 记载说：

> 诏禅师一行就问二德，二德论所得法未竟，一行避席作礼曰：“吾畴昔之年，受此道于当阳大师弘景，本愿不终，遂迫恩召，不图为法之至于斯。”因以上闻，帝用休异，赐钱五万、绢一百匹，诏安国寺置法华院，御书院额，以光大法。一乘之宗，于此为盛，其后天下立法华道场，由我始也。

两文可资参照。

又，一行事迹及其学说，长部和雄所著《一行禅師の研究》论述甚详。

[15]《续高僧传》卷 17《陈南岳衡山释慧思传》。

[16] 唐李冲昭撰《南岳小录》。另参照宋陈田夫撰《南岳总胜集》及《南岳志》等。

[17] 参照《册府元龟·帝王部》的"祭祀""封禅""尚黄老"等条。

[18]《文苑英华》卷 867。

[19]《宋高僧传》卷 9《唐南岳观音台怀让传》。

[20]《宋高僧传》卷 10《唐洪州开元寺道一传》。

[21] 慧日之传，见《宋高僧传》卷 29、戒珠《净土往生传》卷中、《佛祖统纪》卷 27 等。

[22] 此书现今已经佚失不传。然而在朝鲜海印寺所藏经板中，发现有题为《略诸经论念佛法门往生净土集》卷上（一名《慈愍集》）的残本，作"大唐慈愍三藏慧日集"。原本此书有上中下三卷，现今只传有上卷。但即便上卷，也存在诸多脱漏。海印寺所藏版是否即是慧日所撰的《往生净土集》，是饶有兴味的研究课题。

[23] 小野玄妙《慈愍三藏の净土教》，《现代佛教》1925—1926 年连载。内中详述慧日及其一系的净土教。

[24]《支那仏教事蹟》评解四，48 页"祝聖寺"条。

[25] 承远世寿，柳碑作"公为僧凡五十六年，其寿九十一"。五十六年，是说受比丘戒后，也即是所谓的戒腊。

[26] 惠诠，是否就是柳宗元《南岳云峰和尚碑》中出自云峰寺法证

之门的"诠"? 知明,是否就是唐沙门惠日撰《南岳十八高僧传》中十八高僧之一的"智明"? (参照《南岳总胜集》卷中"会善寺"条)

[27] 敦煌本《五会法事赞》记云:

> 照以永泰二年四月十五日,于南岳弥陀台,广发弘愿,唯为菩提,为诸众生,更无所求,尽此一形,每夏九旬,常入般舟念佛道场。其夏以为初首,既发愿竟,即入道场,勇猛虔诚,至第二七日夜……阿弥陀佛欢喜微笑,告法照言:"我知汝心,实欲至为利乐有情,无一自利。善哉善哉……"(T85,1253 页中—下)

阿弥陀佛为欲普利无量众生,而将五会念佛传授给法照。应当注意此中强烈地强调为诸众生,而不是为求自利。

[28] 此据《广清凉传》。《宋高僧传》卷 21 作"湖东寺"。

[29] 另参柳宗元撰《南岳云峰寺和尚碑》及《南岳云峰寺和尚塔铭》(文集卷 7)。

法照崇拜及其礼赞仪的凋零

齐藤隆信

序

法照作为推进中唐净土教行仪的大师而广被人知。其所编著的《净土五会念佛诵经观行仪》(以下称《广本》)及《净土五会念佛略法事仪赞》(以下称《略本》),[1]收录了自隋朝至中唐的礼赞偈以及他自作的礼赞偈,是应实际的法事活动而创作的净土教行仪书。其礼赞的"偈",首次将李白、杜甫等所规定的近体诗格律导入净土教礼仪中,具有作为文学作品鉴赏高度的"诗"的价值,即从宗教性的礼赞偈,升格到了文学性的礼赞诗。

本文[2]试图追溯,承绪在行仪方面受到高度评价的善导的净土教、被尊称为"善导后身"(善导化身)、在中国净土教礼赞行仪方面留下巨大功绩的法照,在他逝后是如何受到崇拜的。然后确认,其净土教行仪又是如何走向凋零的。

第一节　四个法照

本文所提到的法照，不用说，是 8 世纪至 9 世纪时，据五会念佛而举行净土教行仪，此后被称为莲宗十三祖第四祖的五台山的法照禅师。[3]但是，同在 9 世纪的中国，至少出现了四位名为法照的僧人。虽然以两字为僧名的场合，有同名之人并不令人惊奇，但相同的时间有四人存在，则另当别论。四位法照如下：

① 五会念佛的法照

这是《宋高僧传》卷 21《感通篇》及《广清凉传》卷中立传的五台山竹林寺法照。其撰述有广略两种《五会法事赞》，在净土教行仪中导入五会念佛法事。塚本善隆（1933）[4]曾作了详细的研究。

② 诗僧法照

《全唐诗》及《全唐诗补编》中收有诗作五首的诗僧法照。首先由河内昭圆（1979）[5]指出，《全唐诗》中有其诗作三首，接着刘长东（1998）[6]又介绍了《全唐诗补编》中的两首诗作。这些都被指出是①五会念佛的法照的诗作。

③ 始兴寺法照

《刘宾客文集》卷 4，以及《文苑英华》卷 818、《全蜀艺文志》卷 38、《文章辨体汇选》卷 562 等收录的《夔州始兴寺移铁像记》中提及其名的始兴寺法照。河内昭圆（1980）[7]曾发表研究，他认为，此法照与①五会念佛的法照系同一人。

④ 陕府法照

《宋高僧传》卷 25《读诵篇》中立传的陕府法照。施萍婷 (2000)[8]有简单的报告。施氏推断，此法照与①五会念佛的法照为同一人。

据资料能够确认的 9 世纪的法照，共有如上四人。如果河内、刘、施诸氏对法照的见解全部都可采信的话，则此四人都为同一人，都是我们所熟知的五会念佛的法照了。然而，果真四人为同一人吗？还是同名不同人呢？

通常，在中国佛教中提到法照，马上就会让人想起的是①五会念佛的法照。其净土教义，在接受了初唐善导的诸多影响的同时，在行仪方面真正地将中华的韵律与和声等导入赞偈中，被评价为善导后身，一生留下了显赫的功绩，确立了此后礼赞行仪的方向性。法照人间形象的另一面，是他也作为在名闻西域、让佛陀波利[9]不远万里前来巡礼的、中国屈指可数的圣地五台山，实践其所提倡的五会念佛，作为五台山竹林寺的法照而广被人知。众所周知，我国由慈觉大师圆仁（794—864）将五台山的念佛请来，对天台净土教产生了很大影响。[10]不过，其他三位法照，至今几乎无人提及，给人的印象，是他们的名声被五会念佛的法照所掩盖了。假使这四人可以确定皆为同一人的话，这里就无需多费笔墨重新论证了。在现今所见资料不充分的前提下，论证四人的异同的确有些困难。不过，由于他们几乎活动于同时代，故此将他们四人锁定为两人或者三人是有可能的。

张先堂（1996）[11]注意到了②诗僧法照的存在。他虽然将之与①五会念佛的法照视为同一人，但并没有提出任何证据，似乎是仅据同名而判断为同一人。如前所述，汉人僧人的法名通常为两个字，名字近似或者有重名并不少见。即便是法照，在同时代有同名的几个僧人存在也不稀奇。降至 13 世纪的天台宗，也有名为法照的僧人存在，即是晦岩法照（1185—1273）。[12]

河内（1979）推定①五会念佛的法照与②诗僧法照为同一人，并进而（1980）指出同时代还有另一名为法照的③始兴寺法照的存在。据他的调查，[13]诗僧法照与提倡五会念佛的法照系同一人固然可信，但将始兴寺法照也视为同一人，则征之无据。河内以日文训读登载了与始兴寺法照有关的资料——《夔州始兴寺移铁像记》，[14]此处恐繁不录。其内容大致是，有名为法照之僧，于德宗贞元二十年（804）挂单于夔州（今重庆市东北奉节县）始兴寺，为奉置其寺的弥勒铁像而发愿建造堂宇，此后奔走二十年募捐，终于于穆宗长庆三年（823）而得落成。

然而，此造像记中见不到有只言片语可以证明两法照系同一人。河内之说牵强附会，[15]让人难以赞同。原本记中说：

> 法照夔人，姓穆氏，年十有五出家，依江陵名僧受具。

而《洋县志》中所收的记录五会念佛法照事迹的《念佛岩大悟禅师碑记》[16]中却说，法照

> 姓张氏，名法照，兴势县大漙里（今陕西省汉中市）人也。

无论俗姓还是出身之地，都不相同。进而，敦煌石室写本伯3792号对五会念佛的法照的介绍是：[17]

其禅师本贯凉（梁）州，年十一出家。

连出家年份都不一样。《夔州始兴寺移铁像记》中，法照在何时何地从江陵名僧得授具足戒没有说明。这虽有进一步探讨的余地，不过，据现存资料而判断两者系同一人，显然难有说服力。

对五会念佛的法照的晚年事迹有明确记载的，是伯2130号。其文曰："贞元四年正月廿二日迎入京。"[18]于贞元四年（788）而入长安，在章敬寺（通化门外，系有四十八院的大寺）的净土院撰述了《略本》。[19]此后，圆仁的《入唐求法巡礼行记》开成五年（840）条下记载道：

曾有法照和尚，于此堂念佛，有敕谥为大悟和上，迁化来二年，今造影安置堂里。（B18，65页上；另参考68页上）

据圆仁所记，法照的寂年为开成三年（838）。故此，如果《夔州始兴寺移铁像记》所记的事迹系五会念佛法照其人的话，这虽可能成为填补法照从贞元四年（788）至开成三年（838）中间五十年历史空白的资料，但如上所述，缺乏证明两者为同一人的决定性证据。

最后，尝试对遗留的④陕府法照稍作介绍与考察。此法照的传记载于《宋高僧传》卷 25《读诵篇》（T50，868 页下）。另外，塚本、张、河内三人，都没有提及此法照。施氏（2000）最先作了简略介绍，并推断系与①五会念佛的法照为同一人。

《宋高僧传》原文是：

唐陕府法照传

　　释法照，不知何许人也，立行多轻率，游方不恒。长庆元年，入逆旅避雨，逡巡转甚泥淖。过中时，乞食不得，乃咄遣童子买彘肉，煮夹胡饼数枚，粗食略尽，且无耻愧，旁若无人。客皆诟骂。少年有欲驱者，照殊不答。至夜念《金刚经》，本无脂烛，一室尽明，异香充满。凡二十一客，皆来礼拜谢过，各施衣物。照踞坐，若无所睹。后不知终所。（T50，868 页下—869 页上）

　　此传之中，只有地名"陕府"与年号"长庆元年"为明确的信息。虽然标题为"陕府"，但传中开头又说"不知何许人也"。显然，"陕府"并非出生之地。这是指文中所载之事实际发生的场所，也即是长安与洛阳之间的陕州（今河南省三门峡市）。此外，"长庆元年"，相当于穆宗初年（821）。从活动年代来看，确实与其他三位法照一致。"立行多轻率"的豪放性格姑且不论，"游方不恒"的行迹，非常符合游历衡山、五台山、太原、长安等各地的五会念佛的法照的履历。

　　但是，在《宋高僧传》中，于卷 21《感通篇》对①五会念佛的法照，于卷 25《读诵篇》对④陕府的法照，都作为正传而立传。从这个事实来看,《宋高僧传》的作者赞宁,是将两者视为不同的人物。《宋高僧传》虽于端拱元年(988)一度成书,但又在得到法照等的新资料后重新加以补订,于至道二年(996)最终完成。这一点,从赞宁

> 遂得<u>法照等行状</u>撰已,易前来之阙如,寻因治定其本。(T50,900 页上)

的跋文中可以得知。赞宁留心于补全法照之传。正因为如此,如果两者系同一人物的话,他不会注意不到,[20] 他不会在同一僧传中立有两传,肯定会汇总为一传。故此,施氏的研究(2000)以出生地不明、去世地不明、生存于长庆元年、好游行四点,作为与①五会念佛的法照的相同特征推断两者为同一人,这断然难以赞同。不论有多少出生地、去世地不明的僧人,以之作为两者的相同点而得出为同一人物的结论,这绝对于理不通。另外,①五会念佛的法照确实曾游历各地,但好游行则未必。还应注意,"立行多轻率"的评语,含有对其人举止行为的贬低倾向。故此,只有生存于长庆元年(821)一点,是两者的共同之处。

以上对活动于同时代的四个法照,即①五会念佛的法照、②诗僧法照、③始兴寺法照、④陕府法照的履历作了简要的分析。①与②系同一人似没有问题,但①②跟③或④作为同一人,则征之无据。另外,③与④的异同,也难以判断。其人事迹中没有决定性的相同点,仅凭生活在同时代又同名,就无端臆测为同一人,这是很不严谨的。

第二节 法照崇拜

法照对中国净土教行仪方面的最大贡献，是在礼赞行仪中导入了有音乐性因素的五会念佛。但他在后世被逐渐神格化，当是由于他在圣地五台山的行状，以及作为国师被迎请到长安等的功勋。法照的神格化，即是对法照的个人崇拜。人物传记，往往随着时间的后移而出现被加工润色的倾向，[21]这一点在法照的传记中也不例外。在此，试图一瞥法照崇拜或者说法照的神格化（严格地说，是从崇拜到神格化）是怎样形成的。[22]

法照的崇拜或神格化形成的推手，在初期阶段，是继承法照净土教的弟子们。故此，首先应确立其亲传弟子。《宋高僧传》卷21《法照传》中，有如下记载：

> 大历十二年（777）九月十三日，照与弟子八人于东台睹白光数四。（T50，845页上）

据此，可知法照至少有八位弟子。紧承此文，传中又提到"弟子纯一、惟秀、归政、智远、沙弥惟英、优婆塞张希俊等"等六人之名。这六人应属于八位弟子之列。此外，在此之前的大历六年（771），法照停留华严寺华严院之际，江东慧从、华严寺崇晖与明谦等三十人随从法照赴金刚窟，并在此建立石碑。慧从、崇晖、明谦等人虽未明确记述为法照的弟子，但应是与他极为接近之人。

又，文谂、少康的《往生西方净土瑞应删传》（成书于774—805年）中，载有受法照所感化的尼悟性的传记：

尼悟性第二十五

尼悟性，洛阳人，于衡州遇照阇梨，发愿念佛万遍。大历六年，入台山，忽染患，闻空中音乐。尼曰："我闻得中品上生，见同念佛人，西方尽有莲华也，身金色光明。"时年二十四矣。（T51，106页下）

尼悟性，于衡州遇见法照，得授念佛之教。法照年轻时入承远门下，曾经策励修行过的衡山即在衡州。据传所言，悟性是大历六年（771）从衡州到五台山的。而感召到灵瑞的法照，于此之前的大历五年（770）四月五日最初登上五台山。据此推测，尼悟性是仰慕法照，故此从衡州追随而至五台山。可知其为仰慕法照的弟子之一。

再有，镜霜也是法照的门人之一。法照于代宗之世被迎入长安，将创建于长安城东通化门外的章敬寺作为活动据点，[23] 在其净土院中撰写了《略本》。此后来到章敬寺的镜霜，在法照逝后经二十年的大中十二年（858），起草了《章敬寺法照和尚塔铭》。遗憾的是，于今此碑只剩碑目，重要的碑石与铭文都已不存。[24] 但镜霜是法照的弟子是确切的。正是由于这些弟子们继承法照及法照的净土教行仪，酝酿出了法照崇拜以及法照的神格化。

据敦煌写本伯2130号，法照在五台山得遇文殊、普贤，

蒙二菩萨开示法要之后，由太原诸僧向节度使请求，被迎请入设置于太原府的般舟道场，成为道场的道场主。其道场中

> 作念佛法事，并作般舟梵。未竟旬日，即有数千人，誓为法照念佛弟子。

通过法照的行仪而结缘的弟子，有数千人之多。[25]

（一）《广本》中所见的推动法照神格化之语

在此将法照亲撰的《广本》中，可作为产生出后世法照神格化依据的文句摘录出来。这样的文句，不见于编辑于《广本》之后的《略本》中。

> 法照自惟，垢障深重，多劫沉沦，有少微因，遇斯净教。……普劝未来一切四众，但依此行，尽此一形，若不生彼国，疾成佛者，法照即愿，舌根堕落，遍体生疮，代为诸子，长处阿鼻，受苦无穷。誓将此身，以为念佛保证。（T85，1253 中）

如果依照五会念佛之法实修而不能往生的话，发誓自身即使舌根堕落，身体生疮，堕地狱受苦也在所不辞。这是以自己的身命——换言之，以牺牲的精神——而为念佛往生作担保，是一种菩萨代众生受苦的精神。

> 深劝诸行人等，若写此法事仪之时，皆须护净，好纸真书，依经抄写，如法装潢。不得粗纸草书，此并是

灭佛法之相，障生净土，永劫沉沦。切须诚慎。何以故？
此中有《弥陀》《观经》，不应轻慢。（T85，1253 页中）

在书写本仪轨之时，要如同抄写经书一样慎重，决不能
用粗糙的纸、潦草书写。善导的《观经疏》，由于在梦中得到
圣僧指授玄义科文，故此自信地宣称"此义已请证定竟，一
字一句不可加减。欲写者一如经法，应知"（T37，278 页下）。
法照亦如同善导，将自己的著作视为圣典。

在《广本》中，承续上段文句，法照谈及自己定中感见
阿弥陀佛的一段感应：

智者当知，此五会念佛诵经法事观门，实非自意，
比常秘密而不述之。今恐后世生疑，堕于恶道，圣教明
说，除同行深信，为利益故，如是之人乃可为说。为愍
此故，今略明之。

照以永泰二年四月十五日……正念佛时，有一境界，
忽不见道场屋舍，唯见五色光明云台，弥满法界。忽见
一道金桥，从自面前，彻至西方极乐世界，须臾即至阿
弥陀佛所，头面作礼。[26] 阿弥陀佛欢喜微笑，告法照言：
"我知汝心，实欲至为利乐有情，无一自利。善哉善哉，
能发斯愿。我有妙法，无价珍宝，今付嘱汝。今将此法
宝，于阎浮提广行流布，普利天人无量众生，遇斯法宝，
皆得解脱。"法照白佛言："有何妙法，唯愿说之，唯愿
说之。"佛言："有一无价梵音五会念佛法门……"（T85，
1253 页中下）

说五会念佛教，是永泰二年（766）于南岳弥陀台的般舟念佛道场直接从阿弥陀佛所亲承的教法，并非出自己意。暗示五会念佛教具有作为"佛说"的权威。又将本书说成是"彼佛国界，佛菩萨众，水鸟树林，皆悉五会念佛诵经。法照粗记少分"（T85，1253 页下—1254 页上），是由于得到了阿弥陀佛的感应而成立。即是，之所以本书要视之为圣典，是因为自己亲赴极乐世界，得到了阿弥陀佛的亲授。

此外，书中可见与法照崇拜有直接关联的文句：

> 普告未来一切道俗众等，及十方法界众生。……法照生净土已，誓来示为同类同学伴侣，常当守护此人。正修学时，若有诸魔鬼神及诸恶人水火毒药，如是诸难来恼行人，行人但于尔时，至心称念法照名字，一声多声，应念即至诸行人所，而为外护立有微感，令彼诸恶应时散灭，发菩提心，称念佛名，同归净土，证不退转，速得成佛。（T85，1255 中下）

发誓在未来世，如果有人正修行念佛三昧之时，遇有魔鬼邪神等来恼害，只要称自己之名字一声乃至多声，应念即至，护持念佛行人，令邪魔退散，使发菩提心，乃至令往生成佛。《广本》中虽宣称应"称念法照名字"，但是并没有在名字之前冠上"南无"。然而，在后出的北 8345、伯 2130《西方净土赞文》之中，已经称呼他为"南无法照和尚"。

像这样在实际存在的人物名字之前冠上"南无"而称呼，在《佛名经》中虽可以看到有"南无龙树菩萨"，梁《慈悲道场忏法》中可以看到有"南无马鸣菩萨"（T14，304 页中）、"南无龙树菩萨"（T45，966 页上）等，但这些都是印度有名的菩萨。在亚洲中央以东所撰述的《佛名经》中，他们已经被崇敬，成为神圣的对象。

那么，在中国，是否有宣称让人称念自己之名的呢？《南岳思大禅师立誓愿文》中，即有这样的记载。忧虑法灭之时经典会灭尽的慧思（515—577），为使佛法传持至弥勒三会之时，而造金字《摩诃般若波罗蜜经》一部，将之供奉于琉璃函中。并且发愿，五十六亿七千万年之后，弥勒出世之时，若称"南无慧思"，即时宝函开启，在场之众皆能睹见。

> 弥勒佛言：彼造经者，有大誓愿，汝等应当，
> 一心念彼，称其名号，自当得见。说是语时，
> 一切大众，称我名号，南无慧思，是时四方，
> 从地涌出，遍满虚空，身皆金色，三十二相，
> 无量光明，悉是往昔，造经之人。以佛力故，
> 宝函自开，出大音声，震动十方，一切世界。
> （T46，788 页中）

法照并未在自己名字之前冠上"南无"，而慧思要求未来的众生冠上"南无"称念自己的名字。[27]两人都显示出了将自己神格化的姿态。法照的"至心称念法照名字"也罢，慧思的"称我名号，南无慧思"也罢，从为救济未来世众生而发愿这一点上来看，虽确实可以看作是菩萨所发的"誓愿"，不过，限于鄙人孤陋寡闻，这样的事例并不多见。[28]

法照立此誓愿之后，在《广本》卷中的末尾，以如下之语作为结句。这是法照在表达自己的誓愿是如何地真挚：

> 此愿如虚空，普遍于一切，不得是愿者，誓不成佛道。
>
> 若发此愿虚，愿身便红烂，命终堕地狱，不生于净土。
>
> （T85，1255 页下）

如果这个誓愿不能成就的话，宁可自身堕于地狱，不生净土。这可以说是为了救济他人而甘愿自我牺牲的精神的表达。

以上是《广本》中有关法照自身营造出的让别人对自己生起个人崇拜、神格化的材料、依据。法照本人是不是对此有所期许另当别论。

（二）法照传中法照崇拜的要素

如前所述，法照崇拜系由人为推动而形成。推动之人，无非是他的直接弟子或者继承他思想之人。作为依据的，是法照的人格、德行，他的思想，以及表显他人格、德行、思想的行仪。其直传弟子之后，作为历史人物的法照成为一种传闻，有关法照的记忆逐渐模糊，法照也从此前受人尊敬的对象，变身为超人间的神格化的对象。最能表现这种变化的，是广泛网罗法照资料而集成的赞宁的《宋高僧传》卷 21《感通篇》中法照传的内容。传中所记述的感应到文殊菩萨，以及定中神游极乐世界、亲见阿弥陀佛、得授无价法音五会念

佛法门的经历，都在宣扬超人间性，进一步转化成为神秘性
的依据。确实，法照自身在《广本》中透露了自己的不可思
议的神秘体验。但是，赞宁对此加以关注，将之收录于《感
通篇》的传记之中，这是显示了法照灭后约一百五十年的宋
代(《宋高僧传》成立于 988 年)对法照的评价。

法照被称为"善导后身"。初唐的善导，在梦定中蒙梵僧
传授《观经疏》，于是宣称自己的疏文

> 此义已请证定竟，一字一句不可加减。欲写者一如
> 经法，应知。(T37，278 页下)

法照也时常从佛菩萨那里得到灵感启示，而且如前所述，
声称"若写此法事仪之时，皆须护净，好纸真书，依经抄写，
如法装潢，不得粗纸草书"。两者都对自己感召的灵异深信不
疑。可以看出，有梦中见佛、梦境中得梵僧传授经历的善导
与行动规范依据佛菩萨感应的法照，在思想根据系求之于神
秘的体验、以此组织自己的净土教、把自己的著作视同圣典
方面，存在着共同性。

此外，法照传记中必须要留意的是新出资料《念佛岩大
悟禅师碑记》(《洋县志》卷 5《艺文志上》)。以下的记载，虽
然在传达法照的神秘性方面与其他资料无异，但有些内容系
此碑记中所独有。其文如下 (节录):

> 每念佛时，常化佛空中显现，声不加大，闻于长安。
> 天子乃遣使者，以礼迎之。既至，赐号为供奉大德念佛

和尚，又号五会念佛法事般若道场主国师，而天子承教
焉。……呜呼！法照禅师者，其西方之圣人乎！不然，
何以游神彼国，行化此方，度恶人于须臾，现色身于没
后，神变自在无碍也。

这段碑记，同样显示了法照崇拜乃至向神格化转变的
过程。

（三）敦煌石室写本所见的法照崇拜

前面的"至心称念法照名字"，是法照自身为救济众生所
立的誓愿。以此作为依据，在后世的净土愿生者之间，形成
了法照崇拜乃至对法照的神格化。对于净土愿生者来说，由
于法照常从净土而来此土护念念佛行人，故此产生了对法照
的崇敬。这一点，在敦煌石室文献中有体现。

敦煌石室写本中，北 8345 号（《敦煌宝藏》110，37 页；
新分类 BD05441，《国家图书馆藏敦煌遗书》73，211 页）以
及伯 2130 号《西方净土赞文》（《敦煌宝藏》115，188 页；《法
国国家图书馆藏敦煌西域文献》6，212 页上）中，有如下
之文：

正作道场时，若有难起魔事起，念法照名，当须至
心称念。当本遗作道场时，若有诸恶事起时，念我名者，
随声即拔（北本作"收"）。若不入道场人，若不入道场
时，空念无益，念佛了欲散时，克数念一百法照名。
南无法照和尚　　　　　散华乐　散华乐　散华乐
奉请释迦如来入道场　　　散华乐　散华乐　散华乐

奉请十方如来入道场	散华乐	散华乐	散华乐
奉请阿弥陀如来入道场	散华乐	散华乐	散华乐
奉请文殊普贤入道场	散华乐	散华乐	散华乐
奉请观音势志入道场	散华乐	散华乐	散华乐

上文的"正作道场时，若有难起魔事起，念法照名，当须至心称念。……克数念一百法照名"，很明显，其根据是前面所示的《广本》"若有诸魔鬼神及诸恶人水火毒药，如是诸难来恼行人，行人但于尔时，至心称念法照名字，一声多声"之文而来。此外，"南无法照和尚"的称谓，带有对法照神格化的意味。

除上资料之外，有龙谷大学图书馆所藏的《法照和尚憬仰赞》，[29] 以及敦煌写本伯2483、伯3216的如下赞诗：

和尚法照非凡僧，故度众生普皆同，
演说言辞等诸佛，元无才学是天聪。
一自发心礼圣迹，台中亲见文殊宗，
传法真言劝念佛，太原一路至京东。
但有初心若登会，同心受学自然通，
发心念佛须呈课，每日期限莫相容。
普劝四众常无退，和上宗正不虚功，
努力及时来念佛，临终定获紫金容。

都证实了法照在后世被神格化的事实。再有，从与此同一时期在敦煌石室中发现的数量众多的法照《广本》的断简中，也可以了知法照的礼赞行仪广为传诵，以及其人被广受崇敬的情形。

敦煌的写本中，有很多出现法照实名的写本。比如，《五台山赞文》、[30]《南凉州禅师法照仰赞文》、[31]《五台山胜境赞》[32]等赞文。这些应该都是法照逝后，由接受其净土教仪礼洗礼、受其感化之人而撰述的。

（四）被视为"善导后身"的法照[33]

在遵式（964—1032）的《往生西方略传》[34]以及宗晓（1151—1214）的《乐邦文类》卷3（T47，193页上）中，称法照为

后有法照大师，即善导后身也。[35]

又，《乐邦文类》卷3《莲社继祖五大法师传》中，作为承继慧远莲风的大德，其名列在善导之后，与善导相连。[36]法照被视为"善导后身"（善导的化身），[37]推为莲宗第四祖，是后人对法照崇敬的结果。[38]其中，他最大的功绩是继承了善导的礼赞行仪。他礼赞行仪中赞偈的格律（押韵、平仄等），受善导影响很大，称他们二人为"善导法照流"毫不过分。

法照的著作，现存的有广略两种《五会法事赞》。《法事赞》继承了善导《往生礼赞偈》等行仪方面的很多特点。故此，他被视为善导后身，评价为莲宗第四祖，主要还是因为他继承了善导的礼赞行仪。法照在礼赞行仪方面的业绩，主要在于他导入了盛唐诗的格律，将礼赞的创作从单纯的"宗教的礼赞偈"提升到作为评价和鉴赏对象的"文学性的礼赞

诗"的高度。他的作品完全脱离了以前的旧态，创造出切合时宜的全新形式。后世赞偈的格律，皆以法照的惯例作为规范。故此从后人的眼中来看，法照是光大善导流行仪的祖师，以至于将他作为崇拜的对象。[39]

但是，仅从礼赞行仪方面来说的话，在善导与法照之间，还有智昇（？—730？）与慈愍（680—748）等也留有礼赞偈，[40]他们也可以被称作善导后身。故此，考察法照被作为善导后身的依据，必须另辟蹊径，比如说，从时代意识与人性观方面。记录法照传记最详细的资料，无过于《宋高僧传》卷21。[41]法照的传被收录于《感通篇》，但仅记录了他的灵异事迹及其与此相关的活动，没有记录他的思想。不过，宋传中有这样一段记述：

> 照入寺至讲堂中，见文殊在西，普贤在东。……照至二贤前作礼问言："<u>末代凡夫，去圣时遥，知识转劣，垢障尤深，佛性无由显现</u>，佛法浩瀚，未审修行于何法门最为其要，唯愿大圣断我疑网。"（T50，844 页中）

划线部分，与道绰《安乐集》卷上第三大门的"去大圣遥远，理深解微"（T47，13 页下）以及善导《观经疏·玄义分》的"但以垢障覆深，净体无由显照"（T37，246 页上）的理念非常符合。这种时代意识与人性观，与末法观相结合，成为隋唐以来净土教思想成立与展开的根本基础，没有这样的意识，则净土教无由成立。这一点上，法照忠实继承了道绰与善导的观点。并且，在这样的时机之中，纠结于"修行于何法门最为其要"的问题意识，也与道绰、善导的观点耦合。

在往生的实践行方面，法照与善导也有相通之处。仔细检阅广略两种《五会法事赞》行仪作法，可以发现法照继承了善导实践行的正行。《五会法事赞》的主体架构，是念佛（五会念佛）、诵经（《观经》《阿弥陀经》）与赞歌（各种赞叹的偈颂）。《广本》的题名中出现有"观行"之语，赞仪中也提到有"中道观""作观"。《略本》中出现有"观佛""观想阿弥陀佛""念佛三昧理事双修"等语句。这都显示了当时净土教的时代趋势——也积极地劝修禅观。礼拜方面，在请佛菩萨入道场的祈请文《稽请文》（T47，475 页下）中，明确记载有"依各一请一别礼"，即是每一迎请一作礼。此外，法照引用了彦琮与善导的赞偈，在各赞文之首加入了"至心归命礼西方阿弥陀佛"之语。很明显，唱赞之时伴有礼拜。在其他的各赞文中，也屡屡要求"顶礼"。这表明，一边唱诵赞文，同时要一边礼拜。这与善导《观念法门》及《观经疏·散善义》中所规定的正行相符。[42] 即是，《五会法事赞》并不是从始到终都是对佛菩萨、净土的赞歌与五会念佛，而是以此为基轴，同时穿插有善导所制定的实践行仪作法。法照制作五会法事仪轨之时，是否有此意图另当别论，但从结果来看，其法事仪轨中编入了善导的正行，是不争的事实。这应该是法照被称为善导后身的原因。

此外，如前所述，两人皆是得到佛菩萨的感应而分别著述了《观经疏》与《五会法事赞》，同样将之当作圣典看待。总之，从结果上，法照继承了善导的遗志，将净土教的礼赞行仪更加大众化。尤其是他的礼赞中，加入了中华韵文中必不可少的条件——韵律，使净土偈颂摆脱了单纯的宗教歌曲的窠臼，具有文学性与音乐性的因素，实现了重要的突破与转变。

第三节　法照净土教行仪的凋零

法照所制定的五会念佛行仪，据《广本》所云，系由阿弥陀佛所亲自传授。这意味着仪轨具有了作为佛说的价值与权威。此外，《略本》中这样述道：

> 专心学取五会真声，传于未来，广度群品。若不师学，滥授与人，转误后学，失其宗旨，即却招其咎，无利福田。(T47，475 页中)

五会念佛必须要师资当面口耳相授，才能够传承正确的发音。即是，五会念佛必须要经由口传，单凭文字记述不能传达音韵细则中的微妙之处。即使记述仪式的《广本》与《略本》流传于世，如果没有口传面授，就无法正确地了解其作法与仪则。

法照强调师资相承的必要性，并期许五会法事能够正确地传承开来。然而事与愿违，早在 10 世纪到 11 世纪之时，甚至连五会的意思都已经被误解。这显示在行仪方面，五会念佛的正确传承已经中断，同时也意味着法照净土教行仪的凋零。以下摘录的，是显示法照净土教衰落的证文。

（一）五会念佛创始者的误传

遵式在《往生西方略传》中谈到"后有法照大师，即善导后身也"，首次揭示了善导净土教与法照的相承关系。但在此之前，他又说：

> （善导）和尚乃曰："可教念佛。"遂立五会教，广行劝化。……后有法照大师，即善导后身也。德宗时，于并州行五会教，化人念佛。[43]

收录于《乐邦文类》卷2的遵式的《往生西方略传序》中，

> 善导和尚，立五会教，劝人念佛。造《观经疏》一卷，《二十四赞》《六时礼文》各一卷。（T47，168页中）

也同样误认法照为善导。一边称赞法照为"善导后身"，一边又将五会念佛归之于善导所创，显示当时的信息已经很混杂。这表明五代、北宋时期，连五会念佛的创始者都已经被误传。这种情形下，如果说还有人在修持五会念佛仪轨，则不免令人惊讶了。

（二）五会的误传（其一）

志磐在咸淳五年（1269）撰述《佛祖统纪》。卷28中，记述了长安李知遥与大众同修五会念佛之事。在小注中，有如下之语：

唐大历中，法照师于衡州开五会念佛。今李知遥为
五会，应是师于法照。五会者，当时五日为一会也。
（T49，285 页上）

五会念佛，不用说，根据《略本》（T47，476 上—下）的
记述，这是法照在大历元年（766）四月，于南岳弥陀台般舟
道场，依据《无量寿经》而创作的。五会的曲调，模仿了西
方净土风吹树华而发出的音声，[44]是五种念佛的音声集合在一
起的音曲念佛，配合有音律的缓急与音阶的高低。第一会与
第四会称"南无阿弥陀佛"，第五会称"阿弥陀佛"。作法之
际，由缓至急，循序进入五个音阶，音色也由低音转至高
音。[45]五会，是有关念佛唱法的作法。

然而，志磐所记的五会，却是以五日为一会。这意味着，
在南宋志磐（13 世纪）的时代，五会的意思也被误解了。法
照的五会念佛，逐渐走向凋零。法照所规定的师资相承而传
承五会念佛的遗志，以及实际的作法，都已经荡然无存了。

（三）五会的误传（其二）

志磐将五会理解为五日为一会（即一个五会二十五日），
明显系误传。那么，下面的资料又是什么情况呢？敦煌石室
写本伯 2130 号卷子中，有如下之语（《敦煌宝藏》115，188
页；《法国国家图书馆藏敦煌西域文献》6，211 页下）：

若欲作道场，五会法事时，先诵《阿弥陀经》，众和
了，即高声念佛得一千口。续诵《宝鸟赞》，和赞了，更
读（续？）念佛三千口已为一会。若愿五会全，具《阿弥

陀经》为两会，《十二（三？）观经》为三会。

这段资料中，规定一会念三千声佛号（即是一五会念一万五千声），又以（读诵）《阿弥陀经》为第二会，（读诵）《观经》为第三会。三会之间，跳跃性很大。这似乎是对五会念佛的内容有误解。但事实真的如此吗?[46]

此外，敦煌写本伯 3216 号《念佛赞文》中，也有同样让人觉得对五会念佛有误解的内容:[47]

> 念佛赞文一卷　　沙门法照集
> ……（缺）……《十往生经》《无量寿观经》《阿弥陀经》云，若有……（缺）……生西方极乐国。心心常行平等，断却贪嗔……（缺）……持诵诸赞，若无间断，现身不被诸横，亦不有殃祸来侵。常得四天王及诸菩萨以为护念，命终定生西方。诸方学者，先须决定不得有疑，若有修道念佛者，先须烧香，面西而礼，次作散花，请佛来入道场。然念阿弥陀佛，并唱诸赞，莫令断绝，念得四千口佛名为一会。学者应知意焉。

这里规定一会念四千声佛号。故此，五会应念满两万声佛号。

这两种敦煌写本中，将一会念佛的数量规定为三千声或者四千声。这是否是对五会念佛的曲解呢? 这里暂时作为问题提出来，具体在下一节中再讨论。

(四) 流派的分流

法照逝后两年，拜访五台山的慈觉大师圆仁，将五台山的念佛、《略本》，以及《五台山大圣竹林寺释法照得见台山境界记》一卷、五台山土石二十块请到比叡山来。[48] 但仅仅过了几十年，在相承者之间就出现了解释上的分歧。[49] 又，敦煌石室中新发现的反映当时状况的资料——经过改订的各种礼赞文以及结构似是而非的多种多样的礼请文——的存在，都显示了礼赞仪的性质随时、随处、随诸缘而不断演变的事实。

这应该视为积极的展开，还是应该看作误传呢？至少法照所力说的五会念佛的师资相承以及口耳相传已经乖离，乃是不争的事实。围绕着五会念佛而产生的各种各种的误解（与展开），其原因是由于行仪的组织形态、规范细则很难由文字记述而正确地传承。法照强调要从师受法，也暗示了这一点。一旦传承中断，误解、改变会导致丧失本来的目的，也会失去传向下一代的意义与价值，又由于没有赋予新的意义，最终的结果，是一个行仪传承的断绝。

第四节　五会念佛的展开

(一) 五会念佛的诸相

如果遵从前面所见的敦煌本伯 2130 的以"三千口"念佛为一会，或者伯 3216 的以"四千口"念佛为一会的记述，则五会念佛就各为一万五千声或两万声，这似乎曲解了五会之义。原本法照在自己撰集的《广本》《略本》当中，对五会念佛并没有规定数量与日期的多少。故此，可以判断这些具体的数量，并不是法照所规定的五会念佛的本来样态。这是后世的误传，还是应作为五会念佛新的展开来看待呢？

伯2130引文的稍后部分，同时记载有法照崇拜的内容。第二节引用过的北8345（《敦煌宝藏》110，37页；新分类BD05441，《国家图书馆藏敦煌遗书》73，211页）中，也能见得到这方面的内容。在此将第二节中出示的引文再次录出如下：

> 正作道场时，若有难起魔事起，念法照名，当须至心称念。……若不入道场人，若不入道场时，空念无益，念佛了欲散时，克数念一百法照名。
> 南无法照和尚　　　散华乐　散华乐　散华乐
> 奉请释迦如来入道场　散华乐　散华乐　散华乐
> ……

设立礼赞道场之时，如果有魔事起的话，当称念"南无法照和尚"百声。这样一面误解五会念佛的同时，又显示对法照崇拜的文献的存在，总觉得哪里有什么不对。

然后，伯3216中，在"念得四千口佛名为一会"稍后，也有这样的文句：

> 和尚法照非凡僧，故度众生普皆同，
> 演说言辞等诸佛，元无才学是天聪。
> ……

有显示法照崇拜的"和尚法照非凡僧"之语。这里也有对五会念佛误解与法照崇拜的文献同时出现的情况。出现这种情况的原因，或许是比较早期的法照崇拜与此后的五会念佛的误传，不知不觉中像这个敦煌写本一样，被无批判地杂糅收集到一书中，未经考证而加以传承。这让我们不能不认为，敦煌石室中的礼赞文的写本中，有许多是被重新编辑改动了的，是既存的赞偈与新撰的赞偈杂糅一起重新组织编纂的作品。[50]

但是，把结论先说在这里，我认为，无论一会念佛的数量是作"三千口"，还是作"四千口"，都不应视为误解。确实，法照在《广本》与《略本》中都没有指定各会念佛的数量与日期。但在实际的仪式操作中，按道理必须根据法事的规模设定五会中各会的念佛数量。出于这种现实的操作，据伯2130、北8345、伯3216举行仪式之时，主事之人会对一会当中念佛的数量作出规定，或者"三千口"，或者"四千口"。各会中定的念佛数量，是依据该法事的规模大小及时间长短等，综合考虑的结果。法照在自己作五会念佛法事之时，应该也会规定念佛的数量，只是《广本》与《略本》中没有具体显示罢了。长时间的大型法会与短时间就结束的小型法会，本身念佛的数量就不一样，数量的指定是据法会规模的大小而调整的。故此，将此视为是后世对五会念佛的误解过于轻率。

如《略本》"今依《大无量寿经》，五会念佛。若广作法事，具在《五会法事仪》三卷。启赞《弥陀》《观经》，广说由序，问答释疑，并在彼文。亦须具写寻读，流传后世。若略作法事，即依此文"所示，若"广作法事"之际，用三卷本的《广本》，"略作法事"之际，用一卷本的《略本》。法照自身也指示，应根据法事的规模灵活运用广略两本。准此，所唱和的念佛数量也应与法事规模相适应，作出相应的规定。

此外，《略本》在此稍后又写道：

> 须观其道场徒众多少，或昼或夜，或广或略，有道场请主，为何善事，切须知时。（T47，475 页上）

法事的规模，依据参加徒众的多少以及道场请主（施主）的要求而作调整。所以，根据法会的不同，或者一会念三千声，或者一会念四千声，又或者有不满一千声的，也有超过一万声的，这些情况都会存在。虽然限于《广本》《略本》所见，法照没有指定念佛的数量，但后世实际举行法事之人，有必要依照法会的规模而规定与此相应的念佛数量。据前面伯 2130 而举行仪式的话，则一会为三千声念佛，五会为一万五千声，适合于彼时的法会。据前面伯 3216 而举行仪式的话，则一会念佛的数量为四千声，五会为两万声，适合于彼时的法会。由此推测，伯 3216 的法会比伯 2130 的法会规模稍大。[51]

又，《广本》卷下之初，有如下的叙述，应该注意：

> 此下一卷赞，从第八赞佛得益门分出，众等尽须用第三会念佛和之。其赞文，行人总须诵取，令使精熟，切不得临时执本读之。亦通大会作法事诵之。若非大会

日，余一切处诵赞，念佛和之并得。广略必须知时，应
知。(T85，1255 页下)

这段文句的大意是，卷下所收的诸赞文，原本是卷中第
八赞佛得益门中所唱诵的赞文，由于分量过多，卷中收录不
尽，分到卷下来。举行法会之人，应在第三会念佛中插入诸
赞。行者需要读诵这些赞文。举行法事之际，要临场背诵，
不要手拿经本而读。又，大会法事必须念诵赞文，又或者没
有大会法事，在所有的道场亦可诵之，也可以插入念佛中诵。
要根据法事规模的大小（广略），即要依据时宜而灵活运用。

这里很重要的一点，是遵照法会的规模大小，适当调整
赞叹文与念佛的数量及长短的叙述。仪式是据不同的要求而
进行的，有的属于寺院的平常日课所作，有的是在特殊斋日
而作，有的是应信众个人的要求而作。根据时间、场所、目
的的不同，临机应变而举行。对此，法照提示说"广略必须
知时"。因此，规定"三千口"或"四千口"为一会，决不是
对五会念佛的误传，仅是显示法会规模的大小而已。关于法
会的大小，敦煌石室的写本中留有不少文献，都显示往昔举
行有各式各样的净土教的礼赞行仪。

（二）《预修十王生七经》与五会念佛

中国撰述的《预修十王生七经》(《卍续藏经》第 150 册，
底本为 1469 年的朝鲜刻本）的卷首，在经文之前有如下记述：

谨启，讽《阎罗王预修生七往生净土经》，誓劝有
缘，以五会启经入赞，念阿弥陀佛。

成都府大圣慈寺沙门　藏川述

《佛说阎罗王授记四种逆修生七往生净土经》赞曰：

如来临般涅槃时，广召天灵及地祇，

因为琰魔王授记，乃传生七预修仪。（**X**1，408 页上）

　　本经的敦煌写本，现存有两种。一种有这段添加文，另一种则没有。一般认为，这段文句是本经撰述之后所添加的。此处"五会""藏川述"相关的问题，塚本善隆在研究（1931①、1975）[52]中，特设了"净土教との結合——大聖慈寺蔵川"一项，作了论述。[53]据塚本氏的研究，经文中插入的赞文（33 偈，132 句），系成都府大圣慈寺僧藏川[54]所添加。塚本并认为，受法照影响的藏川，在当时广为盛行的《预修十王生七经》的经文中插入赞文，是为了搭乘经典之便，欲弘通五会念佛。[55]小南一郎在《十王経をめぐる信仰と儀礼——生七斎から七七斎へ》（吉川忠夫編《唐代の宗教》，朋友书店，2000 年）中，从本经中藏川的赞文与五会念佛的赞文的"形态比较"方面，考察了两者的关系。他指出，两者都是以七言四句为基调，第一、二、四句押韵。又，本经的"藏川述"与《五会法事赞》中各赞文的"法照述"存在有共同点。然而，这两个共同点并没有什么特别之处。前者是唐代韵文中普遍性的近体诗要素，而且藏川的赞文虽然押韵，并不是据净土教的内容而创作，而是根据《预修十王生七经》的内容制作的。后者"某某述"，也不是稀有的用例，中国佛教的章疏之类，根据文献性格的不同，或作"记"，或作"作""造""著""说""钞""集""辑""录""编"等，很多都作"撰"

或者"述"，并不稀奇。

那么，本经与五会念佛是否存在相关联之处呢？从"以五会启经入赞，念阿弥陀佛"来看，《预修十王生七经》似乎在哪里运用了唱和五会念佛的仪式作法，但从现存资料无法判断究竟插入到哪里，也无法确知具体发挥什么样的功用。[56]另外，如本经的全名《佛说阎罗王授记四众预修生七往生净土经》所示，本经的主旨，是述说生前积累生七斋功德，死后不赴冥界，而得往生净土，似与五会念佛有所关联。然而，经中仅说：

> 造经读诵人，忽尔谢报龄，天王恒引接，菩萨捧花迎。随心往净土，八百亿千生，修行满证入，金刚三昧城。（X1，409页上）

仅说"往生净土"，并没有明言往生阿弥陀佛的极乐净土，本经似乎与五会念佛没有什么关联。又，藏川本人的信息也不明，厘清两者的关系，遇到了瓶颈。

不过，藏川所住的成都大圣慈寺，在《佛祖统纪》卷53（T49，464页上）建寺造塔的记述中有提到："肃宗，上皇幸成都，沙门英干施粥就贫馁，愿国运再清。敕建大圣慈寺九十六院八千五百区。"据此，这是肃宗在位时建造的寺院。另据《益州名画录》卷3、《说郛》卷90、《太平广记》卷108、《全蜀艺文志》卷40及卷42等的记载，可知大圣慈寺中收藏了数量众多的稀有佛像佛画及书籍。[57]可以说，是成都府有名的佛教美术艺术品的宝库。然而，即便如此，这与五会念佛也没有直接的关联。

藏川的赞文，近乎诗体。而本经的偈颂，也拥有完美的押韵。[58]胡适对本经的偈颂，这样描述道："每一段的经文之后，或每一段的一小节经文之后，各加七言四句有韵的赞一首"，并将汇集有赞与图的经卷定位为"原始伪经的变文"。[59]现举示五言四四句（或四六句[60]）的数句偈文为例：

> 南无阿罗诃，众生苦业**多**，（平歌）（初句押韵）
>
> 轮回无定相，犹如水上**波**。（平歌）
>
> 愿得智慧风，飘堕法轮**河**，（平歌）
>
> 光明照世界，巡历悉经**过**。（平歌）
>
> ……
>
> 造经读诵人，忽尔谢报**龄**，（平青）
>
> 天王恒引接，菩萨捧花**迎**。（平庚）
>
> 随心往净土，八百亿千**生**，（平庚）
>
> 修行满证入，金刚三昧**城**。（平清）

这是阎罗王对佛所说的五言偈，中间插入了藏川作的七言赞。藏川的赞暂且不论，本经的偈颂似是以十句或八句的形式而集成。藏川以有韵的赞文对经文有韵的偈颂的内容作了重复叙述，从格式上看起来，似有违和感。无论如何，与有韵的偈颂相呼应，藏川也采用了有韵的赞文。

如经题"往生净土"及经文"随心往净土"所示，本经并没有将净土局限于极乐净土。藏川卷首中导入法照的五会念佛，推测应是暗示本经的经题与经文所说的净土就是阿弥陀佛的西方净土。并且，本经不堕冥界、来世往生净土的宗旨，与法照五会念佛教的宗旨：

> 浊恶世中，五苦众生，罪根深者，唯念佛力，即能除得罪根，必离忧恼，生死永断。若不念佛，何以得见阿弥陀佛极乐世界？（T85，1255 页中）

是一致的。藏川将本经没有明示的净土，限定为了西方极乐净土。

仪式仪礼并不固定于一定的常规，时常随着时、处、诸缘而演变。善导、法照的礼赞仪礼，随着时代而变，正说明了这一点。本经的教说，作为世俗信仰而流布于街头巷尾，[61]而很多信众汇聚于寺院而举行的五会念佛礼仪也在盛行。当十王信仰与五会念佛邂逅之时，就被组织成为了新的仪礼。

到底是为了弘通五会念佛而导入本经的塚本说正确，还是与此相反，为了弘扬本经而导入了五会念佛，依然不明了。然而，不可否认的事实是，五会念佛被用作了预修的行仪。这也可以说是法照及其净土教展开并盛行的一个佐证吧。

（三）打佛七与五会念佛

五会念佛在现代中国佛教的法事——打佛七（也称打七、佛七、打念佛七、念佛打七等）中，也被继承下来。在旧历十一月十一日至十七日的七天间，会举行称为打佛七的法会。这是以被视为阿弥陀佛化身的法眼宗第三祖、净土宗第六祖延寿（904—975）的生日十一月十七日作为阿弥陀佛的诞辰，而举行的念佛法会。规定会期为七日，是以《阿弥陀经》的

"若一日……若七日"为依据。佛七期间，时缓时急，反复念佛经行。对此佛七的形态，镰田茂雄在报告《台湾の仏教儀礼——念仏法会について》[62]（中村元博士还历纪念论集《インド思想と仏教》，春秋社，1973 年）中有介绍。镰田氏在台湾高雄元亨寺曾参访过佛七法会。据其介绍说："佛七中的念佛，本质上是念佛禅。在时缓时急称念阿弥陀佛中，进入到念佛三昧，念佛时，自身与阿弥陀佛融为一体，进入主客合一的三昧境界。"在结七的第七天，称念莲宗十三祖并礼祖。然而，尽管法照为第四祖，法照的五会念佛是打佛七的源流这一事实，却不被人知。此外，中国大陆也有很多寺院举行佛七，其形式与台湾似稍有不同。[63]

结　语

中唐以后，佛教法事礼仪逐渐发达，净土教的礼赞法事也不例外。[64]其影响，甚至波及白居易等知识精英层。[65]使之完善并成形的主要推手，是中唐的法照。尤其是他自作的赞偈，在此前的作为宗教作品的"偈"中，真正导入了作为文学作品的"诗"的格律（押韵、平仄等），[66]其著作中所收载的诸师的赞偈，也都是精选的具有韵律之作。[67]中国净土教史上，法照所发挥的作用很大。[68]其不世之功绩，使其逝后成为崇拜的对象，并被神格化。不过，法照的影响之所及，最多到南宋末年为止。虽然法照强调礼赞法事中师资相承的重要性，但事实上，其礼赞仪渐趋凋零，其遗志未被继承下来。

法照逝后两年，到访五台山的慈觉大师圆仁将其念佛请到比叡山来。然而，仅仅过了数十年，在传承者之间就产生了解释上的分歧。再联系历经千年风霜的敦煌石室中新发现的资料所传达的当时的状况——各种礼赞文被加以改订，出现了组织构成似是而非的多种多样的礼赞资料——这些都表明，与法照的意志相反，行仪作法是随时、处、诸缘而渐次演变的。因为若不是这样，就没有生命力，不能广泛地传播，深入民众。

中唐的佛教诗人，同时也是完成净土教行仪规范的法照，其赞偈继承了善导的行仪，再加上如前所述的与善导教理上存在的接点，被评价为善导后身，实至名归。善导处于净土教赞偈由"无韵的偈"到"有韵的诗"演进的过渡期，自身也是重要的推手。[69] 至法照，将赞偈提升到可作为文学诗评价的赞诗的高度，其五会念佛，在动员大众的音乐法会中发挥着重要功能。可以推察，这种具有文学性、音乐性，旋律丰富的赞偈，在中唐至北宋净土教行仪的传播与弘扬中，产生了很大的效果。以《广本》为代表的多达七十件的改订成多种形式的敦煌石室的礼赞文的存在，充分证明了这一点。

2004 年夏，笔者到访法照诞生地陕西省汉中市洋县，对法照的遗迹进行了实地考察。其简介，以《法照禅师生诞の地·汉中市洋県を访ねて》为题，发表于《日中净土》第 16 号（日中友好净土宗协会，2005 年），在本书的资料篇中也有收录，可资参考。

注释

[1]《广本》于大历九年（774）撰述于太原龙兴寺。《略本》当是在贞元四年（788）之后，在参照《广本》的基础上，略述于长安章敬寺。

[2] 本文原发表于《净土宗学研究》2009 年第 35 号，原题《法照崇拜とその凋落》，后收于齐藤先生著作集《中国净土教儀礼の研究：善導と法照の讃偈の律動を中心として》一书。

[3] 在《乐邦文类》卷 3《莲社继祖五大法师传》中，法照作为继承庐山慧远的净土教祖师，排在善导之后，居第二位（即第三祖）。而在《佛祖统纪》卷 26《净土立教志》中，所排的莲社七祖是"慧远—善导—承远—法照—少康—延寿—省常"（法照为第四祖）。莲社十三祖是在七祖之上，另加莲池、蕅益、截流、省庵、彻悟、印光。故此，在莲宗十三祖说中，法照当第四祖。

[4] 塚本善隆《唐中期の净土教——法照の研究——》，京都东方文化研究所，1933 年。后收入《塚本善隆著作集》第 4 卷。

[5] 河内昭圆《法照に関する二三の問題——詩僧としての法照について——》，森三树三郎博士颂寿纪念《東洋学論集》，朋友书店，1979 年。

[6] 刘长东《法照生卒籍贯新考》，《敦煌文学论集》，四川人民出版社，1998 年。

[7] 河内昭圆《再び法照について》，大谷大学文艺学会《文藝論叢》，1980 年。

[8] 施萍婷《法照与敦煌初探——以 P2130 号为中心》，《1994 年敦煌学国际研讨会文集》，甘肃民族出版社，2000 年。

[9] 佛陀波利传，在《宋高僧传》卷 2（T50，717 页下）。

[10] 五大院安然（841—915？）的《金刚界大法对受记》卷 6 中述及
"五会"，并说："昔斯那国法道（照？）和上，现身往极乐国，
亲闻水鸟树林念佛之声，以传斯那。慈觉大师入五台山，学其
音曲，以传睿山。"（T75，179 页中）记载圆仁所传的乃是五台
山念佛，没有明确说是五会念佛。不过，据圆仁开成五年
（840）五月一日到访竹林寺般舟道场，记述的"曾有法照和尚，
于此堂念佛"（卷 2）、"曾有法照和尚，于此堂修念佛三昧"（卷
3）之语，再结合《对受记》的"学其音曲"，则五台山念佛，
可以理解为就是五会念佛。此外，圆仁请来的《大唐新求圣教
目录》中，记载有"净土五会念佛略法事赞一卷　南岳沙门法
照述"（T55，1085 页上）。据此，则仅有《略本》携来。

[11] 张先堂《敦煌本唐代净土五会赞文与佛教文学》，《敦煌研究》
1996 年第 4 期。

[12] 大松博典《南宋天台研究序说——宗印·法照の场合》，《驹沢
大学仏教学部論集》11，1980 年。

[13] 河内（1979）又在各论篇第九章中，将法照的五首诗作全部作
了介绍，对诗作的韵律作了若干解说。

[14] 河内（1979）是据《刘宾客文集》卷 4 翻印。不过，尚有《文
苑英华》卷 818、《全蜀艺文志》卷 38、《文章辨体汇选》卷 562
中收录的版本。故此，有对原文进行校对的必要。

[15] 结论部分，河内对五会念佛的法照与始兴寺的法照，只是说：
"两者系同一人比较妥切"，"两者为不同人物的根据很少，故
此，判断两法照系同一人"。然而，并没有出示明确的根据。

[16] 本书资料篇收录有《念佛岩大悟禅师碑记》的碑文及语译，可资参考。

[17]《敦煌宝藏》130，609 页。《法国国家图书馆藏敦煌西域文献》28，75 页下。

[18]《敦煌宝藏》115，188 页。《法国国家图书馆藏敦煌西域文献》6，211 页下。

[19]《略本》卷首有云："南岳沙门法照于上都章敬寺净土院述。"（T47，474 页下）又云："若广作法事，具在《五会法事仪》三卷。……若略作法事，即依此文。"（T47，475 页上）故此，可知《略本》是法照被迎入长安之后，于章敬寺净土院，为方便举行短的法事活动，而在《广本》的基础上删节、重制而成。

[20] 但是，赞宁也有将同一人物分别立传的先例。例如唐代的般若三藏。《宋高僧传》卷 2 立有唐洛京智慧传，同时又在卷 3 立有唐醴泉寺般若传。看似有两人，其实两者系同一人。小野玄妙在其编著的《仏書解説大辞典　別巻　仏教経典総論》（大东出版社，1936 年，171 页下）中指出："《宋高僧传》中，将《理趣六般若经》等的翻译者与《心地观经》的翻译者视作两人，将般若用两个名字各别立传，这明显是错误的。"

[21] 释迦的神格化即是一个很好的例子。中村元指出，释迦在孔雀王朝时期被神格化，已非人间之释迦。参照中村元选集决定版 20 卷《原始仏教から大乗仏教へ——大乗佛教——》，442—467 页（春秋社，1994 年）。

[22] 其神格化，在生前还是逝后不明。敦煌石室中的礼赞偈写本，大概书写于 9 至 10 世纪。但问题并不在于这些写本的书写时代，而是典籍的成立年代。这些用于日常礼仪的礼赞偈资料，

由于不断改变，并且成立年代没有明确记载，所以现阶段确认起来有些困难。

[23] 章敬寺，系大历元年（766）为肃宗皇后章敬皇后而建，其址在长安城东通化门外，是一个有着四千一百三十间、四十八院的大寺院。贞元六年（790），悟空结束四十年的留印生活归国，奉敕居住该寺院。法照在此撰述了《略本》的法事仪，其弟子镜霜也曾驻锡于此，撰写了《章敬寺法照和尚塔铭》。参照小野胜年《中国隋唐長安·寺院史料集成》（法藏馆，1989 年）史料篇（327、405 页）及解说篇（112 页）。

[24] 南宋《宝刻类编》卷 8 中仅记录碑目。塚本善隆（1933），127 页。

[25]《敦煌宝藏》115，188 页上；《法国国家图书馆藏敦煌西域文献》6，211 页下。文中的《般舟梵》，似是伯 4597 中的般舟梵赞文。其文如下："般舟梵赞文　般舟三昧乐　愿往生　大众固心厌三界　无量乐。"（《法国国家图书馆藏敦煌西域文献》32，132 页下）

[26] 原文另有"阿弥陀佛所，头面作礼"，字句重复，此处作删除处理。

[27] 慧思又曾发誓："若有魔众，竞来恼乱，破坏般若波罗蜜，是人若能一心合掌称我名字，即得无量神通……"，"设我得佛，十方众生，闻我名字，持戒精进，修行六度，受持我愿，称我名字，愿见我身，修行七日至三七日，即得见我，一切善愿具足。若不尔者，不取妙觉"（T46，790 页上）。

[28] 此外，明代《紫柏尊者别集》卷 4（X74，428 页）中，有如下对中国僧侣的称念与礼拜：

　　南无尽虚空遍法界十方三世一切佛陀达磨僧伽耶　　各一称一拜

　　南无千华台上百宝光中华严教主本师释迦牟尼卢舍那尊佛以下俱一称一拜

　　南无东方药师琉璃光如来

　　……

　　南无南岳慧思菩萨摩诃萨　南无智琬菩萨摩诃萨

　　南无西天东土历代传宗判教并翻传秘密章句　诸祖菩萨摩诃萨等　三称三拜

　　南无南岳慧海尊者　以下一称一拜

　　南无让尊者　南无青原思尊者　南无马祖一尊者　南无石头迁尊者

　　南无天台智者颛大师　南无贤首藏大师　南无慈悲基大师

[29] 佐藤哲英（1952②）。又，《西域文化研究》第6，214—222页（法藏馆，1963年）。

[30] 参考龙谷大学图书馆所藏本《法照和尚念佛赞》中收录的《五台山赞》及敦煌写本斯370、伯2483等。

（第1偈）

　　凉汉禅师出世间，远来巡礼五台山，

　　白光引入金刚窟，得见文殊及普贤。

（第6偈）

　　五台山上一垂华，和上摘来染袈裟，

　　染得袈裟紫檀色，愿我众生总出家。

（第21偈）

　　一万圣贤常镇此，佛陀波利肉身居，

法照远投山顶礼，白光直照法身躯。

（第 23 偈）

有缘须来相同学，法照其时到台中，

如梦直入文殊宫，亲自口传念佛教。

（第 27 偈）

法照其时出山里，再三顶礼珍重意。

奉教阎浮行劝化，乞莫天魔相逢迟。

[31] 伯 3792（《敦煌宝藏》130，609 页；《法国国家图书馆藏敦煌西域文献》28，75 页下），记载云：“南凉州禅师法照，恳心礼五台山寺，见圣菩萨，略述行由，号曰《念佛大圣竹林之寺赞佛文》。其禅师本管（贯）凉州，年十一出家，至廿岁在衡州山寺居止。去大历五年春三月，终众堂吃粥处，于钵内遥见五台山，法照亦不敢说，经两日，依前钵内再现，然后具说。其时众中有二老宿，曾到台山（下残）。”

[32] 伯 4617（《敦煌宝藏》134，21 页；《法国国家图书馆藏敦煌西域文献》32，183 页下）、伯 4641（《敦煌宝藏》134，132 页。《法国国家图书馆藏敦煌西域文献》32，268 页上）中，可见有法照之名。尤其是伯 4641，按东台、北台、中台、西台、南台的顺序而作偈，在南台偈中见有法照之名。

金刹真容化现来，光明花藏每常开，

天人共会终难识，凡圣同居不可裁。

五百龙神朝月殿，十千菩萨住灵台，

浮生踏着清凉地，寸土能消万劫灾。

......

南 台

蓬莱仙岛未能超，上界钟声听不遥，

蜀锦香花开际烂，文殊宫殿出喧嚣。

……

文殊火宅异常灵，境界幽深不可名，

金窟每时闻梵响，楼台随处现光明。

南梁法照游仙寺，西域高僧入化城，

无限圣贤都在此，逍遥云外好修行。

[33] 此项内容，在拙文《善导后身法照的诗和礼赞偈》（中国佛学院学报 2003 年《法源》第 21 期）中已述及。

[34]《金沢文库资料全书》第 4 卷《净土篇》（一）206 页上段（神奈川县立金泽文库，1980 年）。

[35] 野上俊静（1971）（《中国净土教の相承について——善导后身と后善导——》，《大谷学报》50—3）认为，因为法照是"善导后身"（善导化身），故此法然不将法照立为净土五祖中。

[36] "莲社之立，既以远公为始祖。自师归寂，抵今大宋庆元五年己未，凡八百九年矣。中间继此道者，乃有五师，一曰善导师，二曰法照师，三曰少康师，四曰省常师，五曰宗赜师。是五师者，莫不仰体佛慈，大启度门，异世同辙，皆众良导，传记所载，诚不可掩。以故录之，为继祖焉。"莲社七祖的排名是：慧远、善导、承远、法照、少康、延寿、省常（《佛祖统纪》卷 26《净土立教志》，T49，260 页下）。十三祖，是在七祖之后，再加莲池、蕅益、截流、省庵、彻悟、印光。

[37] 此外，《宋高僧传》（T50，876 页下）、《乐邦文类》（T47，193 页中）、《佛祖统纪》（T49，264 页中）、《往生净土传》（T51，123

页下）中，称少康为"后善导"（善导净土教的继承者）。善导后身与后善导，虽然意思并不相同，但两者在继承善导净土教方面具有关联性，故此被这样称呼，这个事实是很明晰的。

[38] 笔者是从教理方面与善导有共通性进行论述的。野上俊静（1971）注意到，法照为善导后身之说，出现在善导传记中善导自绝的一段记述之后。

[39] 参照藤原凌雪《後善導としての法照禅師》（《龍谷大学論集》343，1952 年）。

[40] 前者见于《集诸经礼忏仪》，后者见于广略《五会法事赞》以及慧日的《略诸经论念佛法门往生净土集》（T85，1236 页以后）。

[41] 本书成书于端拱元年（988）。然书之后序中云，其后至道二年（996），"遂得法照等行状"。据此，则法照传至迟成于至道二年。

[42] 善导正行说，出于《观经疏·散善义》（T37，272 页中）。不过，其初期著作《观念法门》（T47，24 页下）中，已经出现了萌芽性质的雏形。

[43] 参照《唐朝京师善导和尚类聚伝》，206 页（《金沢文庫資料全書》卷 4《净土篇》，1980 年）。

[44]《广本》中云："如是《无量寿经》说宝树五音声，即斯五会佛声是。"（T85，1253 页下）

[45]《略本》中是这样说的：

　　又释五会念佛，五者会是数，会者集会。彼五种音声，从缓至急，唯念佛法僧，更无杂念。念则无念，佛不二门也。声则无常，第一义也。故终日念佛，恒顺于真性。终日愿生，常

使于妙理。……此五会念佛声，势点大尽，长者即是缓念，点
小渐短者，即是渐急念，须会此意。

第一会平声缓念　南无阿弥陀佛。

第二会平上声缓念　南无阿弥陀佛。

第三会非缓非急念　南无阿弥陀佛。

第四会渐急念　南无阿弥陀佛。

第五会四字转急念　阿弥陀佛。（T47，476 页中下）

又云：

第一会时平声入（弥陀佛）

第二极妙演清音（弥陀佛弥陀佛）

第三盘旋如奏乐（弥陀佛）

第四要期用力吟（弥陀佛弥陀佛）

第五高声唯速念（弥陀佛）(T47，477 页上）

[46] 不过，将《阿弥陀经》与《观经》分别作为第二会与第三会，
似乎可以这样解释：如果五会全部举行，首先第一会诵《宝鸟
赞》，念佛三千声，然后第二会诵《阿弥陀经》，念佛三千声，
至第三会诵《观经》，念佛三千声（第四会与第五会不指定
诵经）。

[47] 虽不见于《敦煌宝藏》126 及《法国国家图书馆藏敦煌西域文
献》22 等文献，然据 20 世纪 30 年代王重民、向达在法国所摄
的伯希和本的照片，有题为《念佛赞文一卷　沙门法照集》的
卷子。参照李德范编《敦煌西域文献旧照片合校》，184 页（国
家图书馆敦煌研究资料丛刊，北京图书馆出版社，2007 年）。

[48] 圆仁《入唐求法巡礼行记》卷 2 "开成五年五月一日"条下，有
如是记载："斋后巡礼寺舍，有般舟道场。曾有法照和尚，于此

堂念佛，有敕谥为大悟和上，迁化来二年。今造影安置堂里。"另外，卷 3 也有重复的记述，并有"修念佛三昧"云云（B18，65 页上、68 页上）。又，圆仁请来的目录《入唐新求圣教目录》中，有"净土五会念佛略法事仪赞一卷　南岳沙门法照述"（T55，1085 页上）、"五台山大圣竹林寺释法照得见台山境界记一卷"（T55，1085 页中）的记录。再又，圆仁巡礼五台毕，携带"五台山土石二十丸"而归，亦为饶有兴趣之事。

[49] 五大院安然的《金刚界大法对受记》卷 6（T75，179 页中），记载圆仁所传的念佛法，为时不久即分裂为诸多不同的派别，且各执己说。

[50] 此外应该注意，记载法照崇拜与其礼仪凋落的敦煌石室写本，所书写典籍的成立年代与书写年代皆不明了。大凡作为日课而常用的行仪书，无论哪个时代都是消耗品，由于使用过程中纸张老化、陈旧，加上意外的油腻、破损，故此需要重新誊写。所以，即使从纸质、字体中能够推断出敦煌写本中这些行仪书的书写年代，也不代表书写年代就是此资料的成立年代。又，敦煌写本的书写年代暂不说，这些礼仪书是何时编辑成立的，现在依然不明。由于行仪书据因缘时节而不断编集，故此未记录作者之名与成立年代的写本占据大多数。

[51] 欲论证此推测，须比较指定三千声念佛的伯 2130 以及指定四千声念佛的伯 3216，弄清两种仪式的规模。不过，做出明确的判断似乎是困难的。

[52] 塚本善隆《引路菩薩信仰について》（《東方学報》第 1 册，1931年。后经改订增补，以《引路菩薩信仰と地蔵菩薩十王信仰》为题，编入 1975 年出版的《塚本善隆著作集》第 7 卷）。

[53] 近年,《十王经》的研究有如下数种。小南一郎《十王経をめぐ
る信仰と儀礼——生七斎から七七斎へ——》(吉川忠夫编《唐
代の宗教》,朋友书店,2000 年)、同人《十王経の形成と隋唐
の民衆信仰》(《東方学報》74,2002 年)。从道教视角展开的研
究,有田中文雄的《道教の十王経とその儀礼》(福井文雅责任
编集《東方学の新視点》,五曜书房,2003 年);着眼于在日本
展开的研究,有本井牧子的《十王経とその享受——逆修・追
善仏事における唱導を中心に》(上下)(《国語国文》67—6、7,
1998 年)。

[54] 塚本善隆(1975)认为,藏川系唐末五代,至迟北宋初之人。
他又据"成都府"而推断与法照为同乡。然而,据《洋县志》
之《念佛岩大悟禅师碑记》,法照并非成都出身。

[55] 塚本善隆说:"可以理解为,是在法照创立的五会念佛教中,引
入了讽诵《阎罗王授记经》。我认为,藏川是同乡兼前辈法照五
会念佛的信仰者,为了让深受民间信仰的冥界十王信仰转入到
弥陀净土信仰中,将经典《阎罗王授记经》与五会念佛结合,
创立出新的法事仪轨,通过五会念佛,将冥王信仰导归到净土
往生信仰中。"

[56] 笔者认为,插入有藏川赞的《预修十王生七经》,或许是讲经
文之类。胡适的观点(《伦敦大英博物馆藏的十一本〈阎罗王授
记经〉》)可资参考。众所周知,敦煌石室中发现很多这样的讲
经文、变文。王重民在《敦煌变文集》(人民文学出版社,1957
年)中,对此有介绍。近年,黄征、张涌泉的《敦煌变文校
注》(中华书局,1997 年)出版,成为非常好用的文本。在实
际的讲经仪式中,通常"经"(经文的朗读)与"白"(解释)、

"唱"（韵文齐唱）反复进行。这是不是在组织成文的过程中，省略了根据实际情况变化的"白"，而留下了"经"与"唱"呢？入矢义高指出，敦煌本的降魔变文省略了"白"，独留下了"唱"（《仏教文学集》，平凡社，1975年，426页）。本经是不是也被应用于讲经仪式（尤其是俗讲）之中呢？再者，现存有不少含有插画的文本。我推测，这是为在家信众而制的图画解说性质的经本。另外，同本经一样，善导的《法事赞》亦留下了"经"与"唱"。

[57] 据《四库全书》。分别为《子部·艺术部》书画之属、《子部·小说家类》异闻之属、《集部·总集类》。

[58] 不过，将《卐续藏经》本（以朝鲜本为底本）与敦煌写本作比较的话，会发现《卐续藏经》本的字数或有多出或有不足，故此导致有的句子不押韵。但敦煌写本是完全押韵的。

[59] 参照《伦敦大英博物馆藏的十一本〈阎罗王授记经〉》(上)》（《胡适学术文集　中国佛学史》，中华书局，1997年，580、581页）。

[60] 敦煌写本的伯2003与伯2870，都是插有藏川赞偈的写本，皆为四四句的句式。《卐续藏经》所收的本经及没有插入藏川赞偈的斯3147，为四六句的句式。

[61] 参照前面所提到的小南一郎《十王経の形成と隋唐の民衆信仰》（《東方学報》74，2002年）。

[62] 本文在大渊忍尔编《中国人の宗教》(福武书店，1983年) 及镰田茂雄著《中国の仏教儀礼》(大藏出版，1986年) 中亦有转载。另外，参考圣凯《中国汉传佛教礼仪》(宗教文化出版社，2001年)。

[63] 有关大陆的打佛七，参考嘉木扬凯朝《中国における念仏打七信仰の形成》(《東海仏教》44，1999 年)、同人《中国における念仏打七信仰の復興と現状》(《同朋大学仏教文化研究所紀要》20，2000 年)、圣凯《中国汉传佛教礼仪》93 页（宗教文化出版社，2001 年）。

[64] 对于唐代佛教行仪的特征，大谷光照（1937）指出，有超宗派的行仪、国家性的规模、行仪的复杂化等；小野胜年（1964）指出，有音乐性的锤炼、大众动员型等。但这些都是广泛意义上佛教行仪的总的特征，作为净土教行仪的特征来说，还要加上赞偈的文学性。

[65]《佛祖统纪》卷 28（T49，282 页）中，设有《往生公卿传（居士附）》，记述白居易等士大夫、文人的净土信仰。长西《净土依凭经论章疏目录·赞颂录第七》中，有《西方净土赞一卷白居易》的录目（小山正文《寬永二十一年本〈浄度依憑浄度経論章疏目録〉》(《同朋大学論叢》62，1990 年，231 页）。汤用彤在《隋唐佛教史稿》(中华书局，1982 年，194 页）中论述净土教深入民间及士大夫时，举出白居易作为例证。然而白居易多达三百八十首的诗作中，与西方净土有关的仅有数首。白氏与净土教的关联不深，更说不上受到法照的影响。

[66] 参考各论篇第九章。此外，隋彦琮也作有带押韵、平仄的作品（《往生礼赞偈》晨朝礼）。但这是作为文学性作品而作，不是供行仪而用的宗教性作品的"偈"。

[67] 例如，《广本》中部分省略地引用了善导的《往生礼赞偈》的日中赞偈。法照在善导逝后，接受了李白、杜甫所制定的格律的洗礼。正因为如此，才能够以近体诗的格律为基准，对赞偈的

优劣作取舍，将合于基准的作品收录于《广本》(参照各论篇第七章)。

[68] 法照的功绩，主要有如下几点：

（1）贞元四年（788）被迎入长安章敬寺，在此撰述了《略本》。其逝后被赠送"大悟禅师"之号，在长安城、宫中传扬其行仪。

（2）受善导影响而被尊称为"善导后身"。此评价主要着眼于他对善导的礼赞行仪方面的继承而言。

（3）整理行仪的构成次第。据此，举行大众动员型的礼赞行仪成为可能。

（4）统一整合此前的诸多礼赞偈，将无韵的偈改组为有韵的偈。

（5）据五会念佛而提倡音乐性的念佛（将单一曲调的念佛发展到富有缓急变化的音曲念佛）。

（6）吸收了李白、杜甫所制定的唐诗格律（将单纯是宗教性的礼赞偈，提升为文学性的赞诗。将彦琮的纯文学与善导的俗文学统合一体，实现了纯文学与俗文学的均衡。规定了仪式的作用，组建了华丽的宗教行仪）。

（7）弘扬超宗派的念佛信仰（经典依据不限于《无量寿经》《观经》《阿弥陀经》，是禅净融合的礼赞行仪）。

（8）扩大了五台山信仰。通过圆仁，日本引入了五台山念佛。

（9）在现代中国佛教的行仪中，五会念佛在"打佛七"中被继承下来。

[69] 此前的净土教礼赞文，例如世亲的《往生论》、昙鸾的《赞阿弥陀佛偈》、迦才的《净土论》等，都没有韵律。善导的《般舟

赞》也没有韵律，至《观经疏》《往生礼赞偈》《法事赞》等礼赞文，才有了韵律。此后的净土教礼赞文，智昇、慧日的作品，《念佛镜》中的偈颂等，开始变得有韵。善导处于从无韵至有韵的分水岭。

法照略年表

本年表①系据与法照有关的以下资料而作。法照的传记，虽有数种传世，但都是取自《宋高僧传》的记述。故此，这里只选取五种传记以为代表。

（资料诸本略称）

宋传　赞宁《宋高僧传》

瑞传　文谂、少康《往生西方净土瑞应删传》

净传　戒珠《净土往生传》

凉传　延一《广清凉传》

略传　遵式《往生西方略传》

塔铭　吕温《南岳大师远公塔铭记》

广本　法照《净土五会念佛诵经观行仪》

略本　法照《净土五会念佛略法事仪赞》

伯①　伯希和 2130《念佛大圣竹林之寺赞佛文》

---

① 译者按：本年表亦为齐藤隆信先生所著，附录于此，以补塚本先生由于未见新出资料《念佛岩大悟禅师碑记》而对法照传考察之不足。法照生卒、籍贯的最新考证，参考刘长东的相关考论，以及齐藤先生《中国净土教仪礼の研究：善導と法照の讃偈の律動を中心として》第三部资料篇所附"资料⑤　法照关联资料"。本年表为其中之一部分。

伯②　伯希和 2483《五台山赞文》

伯③　伯希和 3792（纸背）

行记　圆仁《入唐求法巡礼行记》

洋县　张鹏翼《陕西省洋县志》

天宝五载（746）

出生于兴势县大灢释子山。（今陕西省汉中市洋县）（洋县）

宋传："不知何许人也"。

净传："不知何许人也"。

凉传："本南梁人也，未详姓氏"。

略本："梁汉沙门"。

伯②："凉汉禅师"。

伯③："凉州"。

洋县："姓张氏，名法照，兴势县大灢里人也。少舍家为沙门"。

至德元载（756）

十一岁，出家。（伯③）

永泰年间（765—766）

于庐山东林寺修念佛三昧。继之入南岳承远（712—802）门下，修学净土教。（塔铭、洋县）

※每年夏实践般舟念佛三昧。承远曾从慈愍三藏慧日修学净土教。

永泰二年（大历元年，766）四月十五日

于南岳弥陀台发弘誓愿，为菩提、众生故，入九十日般舟念佛道场。（广本、略本）

永泰二年（大历元年，766）四月二十八日

于第二七日夜三更，定中亲见阿弥陀佛，从阿弥陀佛得授五会念佛法（广本）。略本亦云，此年四月，于南岳弥陀台般舟道场，据《无量寿经》而作五会念佛。

大历二年（767）二月十三日、二月二十七日

于南岳云峰寺食堂，得见瑞相。（宋传、凉传、净传）

大历四年（769）六月二日

于衡州湘东寺（或云湖东寺）楼阁修九十日念佛行中，感得瑞相，于是决意朝礼五台山。（宋传、凉传、净传）

大历四年（769）八月十三日

与同志十人从南岳出发，赴五台山。（宋传、凉传、净传）

大历五年（770）四月五日

至五台山。（宋传、凉传、净传）

四月六日

入佛光寺，感得瑞相。刻石碑以记之。（宋传、凉传、净传）

四月八日

安单华严寺般若院西楼。（宋传、凉传）

四月十三日

与五十余僧同赴金刚窟，感得瑞相。（宋传、凉传、净传）

十二月（净传作"十二月朔日"）

于华严寺华严院断食念佛，誓愿往生。（宋传、凉传、净传）

十二月七日

有梵僧现身，劝法照将所感得瑞相广为流布，以利众生。（宋传、凉传）

十二月八日

梵僧再次现身相劝。于是法照将五台山所遇之事笔之成文。（宋传、凉传）

※此或为后来之《五台山大圣竹林寺释法照得见台山境界记》

大历六年（771）正月九日（宋传作"正月内"）

与江东慧从、华严寺崇晖、明谦等三十余僧至金刚窟，建立石碑。此后，创建竹林寺。（宋传、凉传）

是年，尼悟性慕法照，自衡山访五台山。（瑞传）

大历七年（772）

入北京（太原）龙兴寺。（伯①）

大历九年（774）十月

于北京（太原）龙兴寺再述《广本》。（广本）

※太原，为昙鸾、道绰、迦才、善导等所活动的与净土教有缘之地。龙兴寺，为玄宗皇帝在诸州设置的寺院。

大历十二年（777）九月十三日

与八位弟子（纯一、惟秀、归政、智远、沙弥惟英、优婆塞张希俊等）一同赴东台，感得瑞相。（宋传、凉传）

大历末年（大历十四年，779）以后

此年以后，受皇帝所招，离五台山，入长安，驻锡章敬寺。（塔铭、洋县）

※招法照至长安的皇帝，《佛祖统纪》说是代宗（762—779年在位），《略传》与《洋县》说是德宗（779—805年在位）。而《塔铭》则说："大历末，门人法照辞谒五台。"

贞元四年（788）

入长安。（伯①）

※伯①云："于太原一住十有七年。去贞元元年，节度使马遂入太原，奉敕知昨贞元四年正月廿二日，延入京中。"如果伯①的记述可信的话，则招法照至长安的是德宗皇帝。

开成三年（838）

以九十三岁圆寂。（行记）赐号大悟禅师。（洋县、行记）

※圆仁《入唐求法巡礼行记》开成五年（840）的记述中，这样写道："曾有法照和尚，于此堂念佛，有敕谥为大悟和上，迁化来二年。今造影安置堂里。"（B18，65页上）故此，戒珠《净土往生传》、志磐《佛祖统纪》等将法照去世的年份定为大历七年（772）是错误的。此外，《瑞应传》没有为法照立传。《瑞应传》第三十四传的唐元子平传中，说元子平于大历九年发心念佛。据此推断，《瑞应传》的成立，在大历九年至少康去世之年（永贞元年，805）之间。即存在着这样的可能：《瑞应传》成立时法照还在世，故此没有为他立传。

还有，法照去世的地点也不明确。《洋县志》记载说："法照在长安居章敬寺……法照亦结跏趺坐而入圆寂，敕谥大悟禅师。是日在彼殁已……"据此文脉，法照是在章敬寺去世。然据《佛祖统纪》所述，示寂之地为五台山竹林寺。

跋

辗转东京、京都两地，历时七年，终于翻译完成了塚本先生的这部名作。在书后略缀数语，说明几点序中未言尽之事宜。

一、本书1975年增订版书名《唐中期的净土教》，实包含两篇论考：《唐中期的净土教——以法照禅师研究为中心》以及《南岳承远传及其净土教》。后皆收于《塚本善隆著作集》第4卷（大东出版社，1976年）。

二、如汤用彤先生指出，塚本先生的原书存有不少梨枣之误。这或许是由于作者写作之时，电脑尚未普及，系手写书稿，故此经排版印刷，出现了不少误字、脱字、引文符号错排等问题。对此，译者在多方查询核对的基础上作了校正。

三、根据译者的理解，对原书引文的部分标点、断句作了改动。

四、译稿尽量保持了原文的风格和术语。作为20世纪的域外学者，塚本先生对一些术语有着自己独特的理解。例如，在《南岳承远传及其净土教》中，谈到承远最初出家师从处寂禅师。此处的"出家"，是舍俗离家、出世俗之家之意，并非我们通常认为的剃度出家。承远在惠真门下剃度出家现僧相，在处寂门下时还只是一行者（白衣）。请读者在阅读时自行判断。

五、塚本先生在开篇的序说中即声明："我现在的研究，是对中国佛教事实的研究，即是据实地探究'作为中国人的法照的宗教'，而不是将原始佛教作为尺度来对其加以裁断与批判"，表明自己力图客观研究的姿态。然而，受限于固有的宗学观念，其对中国净土教的认知也不免打上了宗学的痕迹。

盖日本的中国净土教研究，是建立在日本净土宗或净土真宗宗学基础上的，中国净土教被放置在日本净土教教学的延长线上研究与认知。即先由日本净土宗宗祖法然、真宗宗祖亲鸾设定了一个理论框架，后世的研究者在这个预设的框架内展开研究。这种情况下的中国净土教研究，很难说是对"中国的""中国人的"净土教的客观研究。比如，善导大师的研究，故牧田谛亮先生即指出："迄今有关善导的研究，几乎皆属于法然、亲鸾所理解的日本的善导，作为活动于唐初的中国人善导的研究，极为稀少。"（《净土仏教の思想5　善導》，247页）

这种根深蒂固的以宗学立场统率一切的观念，表现在本书中，即是第十一章塚本先生的如下中国净土教批判："中国净土教，在唐初经道绰、善导之手已基本大成，此后在净土教义上少有推陈出新。""中国净土教史的事实是，唐初道绰、善导所倡导的专修一行主义的净土宗的纯一性、独立性，在唐中期以来逐渐显著的综合双修主义中渐渐消失了踪迹，宋元明清时代，净土宗反而成为了他宗的寓宗。"

塚本先生的评价，视之为一家之言则可，若认为这即是中国净土教的历史事实则未必。

六、本书所引藏经文献页码编号，均据中华电子佛典协会电子佛典 CBETA（T：《大正藏》，X：《卍新纂续藏经》，B：《大藏经补编》）。

七、书稿提交后，编辑方强老师提出了若干修改的建议，并做了大量编辑工作，在此表示感谢。

最后，向允诺本书出版的上海古籍出版社致以诚挚谢意。

译者　2023 年　京都